文化吉林

磐石卷

弘揚長白山文化
打響吉林特色地域文化品牌

王儒林

　　吉林有文化，而且吉林文化有底蘊、有潛力、有特色、有希望。從前郭縣王府屯距今約一百萬年的石製工具到距今十六萬年的樺甸仙人洞和距今三萬年的榆樹人，從燕趙文化東進到漢武帝設四郡，從扶餘、高句麗、渤海文明的興衰更替到遼金、清朝問鼎中原，從抗日烽火、解放硝煙到新中國老工業基地的紅色記憶，從二人轉、吉劇、長影到吉林期刊、吉林歌舞和吉林電視劇現象，勤勞智慧、淳樸善良、勇於開拓的吉林人民在白山松水間創造出絢麗多彩的地域文化，成為中國文化版圖上一道獨特風景。

　　文化與山素來結緣，正如泰山之於魯，嵩山之於豫，黃山之於皖，長白山是吉林的象徵、吉林的品牌。吉林文化始終與長白山難捨難分、血脈相連，集中體現於長白山文化之中。長白山文化發源和根植於吉林沃土，是包容吉林各民族文化、蘊含吉林發展歷史、反映吉林人性格特質、凸顯吉林氣派的「大文化」；是中華民族「多元一體」文化的重要組成部分，源遠流長、博大精深，構成了吉林文化的骨骼和脊梁。在地域文化越來越受到人們關注、文化軟實力越來越成為衡量一個地區核心競爭力的重要指標的當今時代，大力弘揚作為吉林文化標誌性符號的長白山文化，把這份寶貴的文化資源保護好、挖掘好、利用好、開發好，對於打響吉林特色地域文化品牌，鑄造極具時代內涵的吉林精神，提升吉林文化軟實力，凝聚吉林改革發展正能量，無疑具有十分重要的現實意義。

近年來，我省大力推進以優秀吉林地域文化為主要內容的長白山文化建設，出臺了《長白山文化建設規劃綱要》，啟動實施了長白山文化建設工程，在長白山文化資源保護研究、挖掘整理、開發利用等方面做了大量工作，取得了顯著成績。我們要進一步加強長白山文化理論研究，豐富長白山文化內核和外延，進一步加強長白山文化遺產的發掘、保護和展示推介力度，擴大長白山文化的影響力，進一步加強對長白山文化內涵的拓展和提升，把長白山文化資源更好地轉化為文化產品、文化事業和文化產業，推動長白山文化建設躍上新臺階，推動吉林文化大發展大繁榮，為實現富民強省目標、中華民族偉大復興、中國夢做出貢獻。深入挖掘、研究、整理長白山歷史文化，既是一項宏大浩繁的系統工程，又是一項功在當代、利在千秋的基礎工程。希望有更多有識、有志之士投身長白山文化建設事業，讓這份寶貴的文化資源更好地服務於當代，惠澤於未來。

　　由省委宣傳部組織編撰的《長白山文化書庫》系列叢書，是長白山文化建設工程的重要標誌性成果。叢書從基礎研究、地方特色、主要藝術門類三部分，對長白山文化的歷史資源進行了全面細緻的挖掘和整理，堪稱長白山文化研究與普及的鴻篇巨製，不僅對研究和宣傳長白山文化大有裨益，而且對培育吉林文化品牌、樹立吉林文化形象也將產生積極的促進作用。在叢書即將付梓之際，謹表祝賀並向全體工作人員致以問候。

主編寄語

莊嚴

　　長白奇迤蘊靈秀，松江悠長毓文傑。千百年來，雄渾壯美的白山松水賦予了肥沃豐饒的吉林大地以生機和活力，滋養了吉林人民勤勞睿智、堅韌進取、寬容開放的精神品格，積澱了多元融合、底蘊深厚、色彩斑斕的地域文化。這獨具魅力的吉林特色地域文化猶如一株馥鬱芳香的花朵，在中華民族文化百花園中爭妍綻放。

　　文化是經濟發展之根，是社會發展之源。省委、省政府高度重視文化建設，制定出臺了《長白山文化建設規劃綱要》，把吉林省歷史文化資源工程列入宣傳思想文化工作「六大工程」之一。省委宣傳部深入貫徹落實省委、省政府的要求，開展《長白山文化書庫》建設，啟動實施了《文化吉林》叢書編撰工作，將其作為全省宣傳思想文化工作的重要舉措，周密部署，精心組織，強力推進，取得了預期成果，為全省人民奉獻了一份珍貴的精神食糧。

　　《文化吉林》叢書是《長白山文化書庫》中全景展現特色地域文化的重要組成部分。年初以來，我省廣大宣傳文化工作者以對家鄉、對歷史、對文化事業的高度責任感和使命感，不畏繁難，勤勉執著，嚴謹認真，精益求精，在資料收集、遺產挖掘、書稿撰寫等方面付出了大量艱辛的努力，進行了許多開創性的探索和實踐，圓滿完成了這次編撰任務。叢書編撰秉承傳播和弘揚吉林文化的理念，梳理總結吉林文化資源，提煉昇華吉林文化精髓，激發增強吉林人的文化自覺、文化自信，使優秀文化更好地服務於吉林的發展振興。

《文化吉林》內涵豐富，圖文並茂，辭美情摯，引人入勝，是人們認識吉林、瞭解吉林、研究吉林的概覽長卷，是吉林文化走向全國，面向國際的真誠心聲。叢書真實勾勒了吉林文化歲月滄桑的歷史縱深，生動展現了吉林文化多姿多彩的時代律動，帶我們走進吉林地域文化演進的舞臺，親身感受風雲激蕩的文化事件，出類拔萃的文化人物，領略淵深源遠的文化景觀，妙趣橫生的文化傳說，體驗琳琅紛呈的文化產品，淳樸濃郁的文化民俗。叢書將吉林文化的發展脈絡、現狀和未來，客觀詳盡地展現給廣大讀者，是一部能夠讀得進去、傳播開來、傳承下去的佳作精品。

　　鑒往以勵志，展卷當奮發。《文化吉林》這套融史料性、知識性、可讀性於一體的叢書，為我們進一步保護、研究、開發吉林地域特色文化提供了重要史料資源。作為後繼者，當代吉林人有責任、有義務肩負起將吉林文化充分融入社會主義核心價值觀，推動吉林文化發展進步的歷史使命，讓優秀傳統文化在繼承中創新，在創新中前行，在全國文化發展大格局中唱響吉林「聲音」，打造吉林文化品牌，樹立文化吉林形象。

弘揚長白山文化　打響吉林特色地域文化品牌

主編寄語

第三章‧文化名人

第六章・文化風俗

第一章──

文化發展概述

　　這是一塊往古之時遺落人間的磐石，她得日月之精華，經歲月之洗禮，是那麼厚重而又沉靜，溫潤而又富有光華。她是詩人心中永恆的主題，歷代謳歌，經久不衰；她是令人甘願俯首奉獻的豐碑，歷經風雨卻風采依舊，令人敬仰；她是女媧補天遺落的五色石，斑斕的色彩，昭示著美好的未來……

磐石市位於吉林省中南部、吉林市南部，地處松遼平原向長白山過渡地帶，東經 125°39'-126°41'，北緯 42°39'-43°27' 之間，屬於丘陵半山區。東接樺甸市，西鄰梅河口市、東豐縣、伊通縣，南界輝南縣，北與雙陽區、永吉縣接壤。土地面積三九六○平方公里，轄十三個鎮、一個鄉、三個街道辦事處、二個省級經濟開發區，戶籍人口五十四萬。土地資源肥沃，有「七山一水二分田」之稱。

磐石市旅遊資源獨特，境內山巒起伏、河流縱橫、景觀奇秀、氣候宜人。數億年大自然偉力創造的奇異景觀官馬溶洞與蓮花山森林公園、黃河水庫風景區相映成趣，成為風景獨特的旅遊勝地。磐石的自然與人文景觀可用「一洞」「兩山」「四水」來概括。「一洞」即官馬溶洞，為吉林省內最大的地表熔岩洞。洞內有天然形成的「彌勒佛」、落差三十三點五米的「百尺泉」、楊靖宇曾經停留過的「將軍壁」等景觀。洞外建有全國最大的唐詩宋詞書法碑林，一二五塊石碑上的碑文由國內著名書法家書寫，由能工巧匠鐫刻。另有十塊碑刻有磐石詩人詠官馬溶洞的詩詞，由磐石書法家撰寫。「兩山」即蓮花山與仙人

▲ 城市品牌「堅如磐石」

洞山。蓮花山已被批准為國家級森林公園。最高峰雞爪頂子海拔一〇四九米，其餘各峰狀如蓮花，森林翁鬱。山中建有八條雪道的滑雪場，積雪期可達六個月。建有蓮花山會館，是文學創作、書畫家寫生的極佳場所。仙人洞山海拔四八五米，山中有一天然古洞，為磐石老八景之一。這裡林木豐茂，水源充沛，森林覆蓋率達百分之八十，距離市中心僅一點五公里。其「洞府仙人」的傳說，引人入勝，令人神往。「四水」即「黃河水庫」「柳楊水庫」「亞吉水庫」「官馬水庫」。這四座水庫集餐飲、

▲ 磐石河岸邊高樓林立

住宿、旅遊於一體，皆坐落在山川秀美之地。近水，可把桿垂釣；臨山，可採山珍野果。「四水」風景各異，其招牌菜「大鍋燉魚」肉質肥美、鮮嫩可口。「青山隱隱當釋懷，碧水悠悠為養頤」正是「四水」的真實寫照。

磐石是革命老區，是抗聯英雄楊靖宇、李紅光曾經戰鬥過的地方。楊靖宇在磐石紅石碬子山建立抗日根據地，磐石抗聯在楊靖宇帶領下譜寫了抗日戰爭可歌可泣的壯麗詩篇。這裡是愛國主義教育基地，這裡的抗聯醫院、被服廠、修械所和密營地可供參觀。遊人可以沿著當年抗聯的足跡進行一次紅色旅遊，又將是一次心靈的洗禮。紅石山抗日根據地已被列為吉林省重點文物保護單位。

一代代磐石人根植在這片沃土上，以堅強不屈的意志和鍥而不捨的精神，

求索開拓，奮力拚搏，乘勢而起，打造了「堅如磐石」的城市品牌。它昭示著磐石人民堅定不移、奮發向上的意志和品格，同時也彰顯了磐石人民為創造美好未來的決心和信心。磐石以獨特的文化魅力和深厚的文化底蘊連續二十年榮獲「全國文化先進縣」，連續十年榮獲「全國縣市科技進步考核先進集體」榮譽稱號。二〇一三年，磐石市獲「中國最具投資潛力中小城市百強縣市」和「中國最具區域帶動力中小城市百強縣市」榮譽稱號。

磐石印象

「磐石」在詞典中釋義為「厚而大的石頭」，然而作為地名「磐石」卻增添了更加豐富的內涵，她的萌生與發展始終烙印著文化的痕跡，她的沉寂與繁盛始終伴隨著文化的蹤影。

磐石，原名「磨盤山」。此地城東北有一山，因山之東坡有一天然巨石，形如磨盤，故以山為名，取名「磨盤山」。清光緒八年（1882 年），因此地人煙日稠，山獸遠避，曾經的皇家圍場已無「貢鮮」可打，故解禁放荒並設磨盤山巡檢。光緒十四年（1888 年）改升分防州。光緒二十八年（1902 年），因轄境寬闊，地勢袤延，民戶繁庶，經吉林將軍奏請清廷改設縣治，名為「磐石縣」，取「安如磐石」之意。這既包含著當時的統治者祈願江山穩固長久之意，又寄寓著磐石人希望國泰民安、風調雨順的美好願望。

在這方沃壤百里、富庶可期的地方，勤勞、勇敢、智慧的磐石人為建設美好家園篳路藍縷，生生不息；無數的磐石文化人傾情於這方熱土，他們用自己的才情潤色著磐石，用自己的靈性謳歌著磐石。

歲月變遷，山河流轉，當今磐石的文化人面對滿園春色、日新月異的磐石，更加詩情勃發，逸興遄飛。

▲ 磐石市區景色

一首情真意切、華彩綻放的《磐石辭》，盡可以表達磐石人對家鄉的熱愛和讚美之情……

磐石辭

　　傳女媧氏補天，餘其石，擇祥瑞之地存之，故生磐石。

　　遠古茫茫，林脈濤濤。白山極盡而走平沙，松水輕迂則生沃野。鶯鳴鹿躍，虎嘯猿嘶；皇家狩獵，旗旌浩浩；川澗古木，清溪飛瀑；「磐石險峻，傾崎崟隤」。

　　小西山古墓蕭瑟，青銅劍入簡春秋；二道溝石器零丁，肅慎人怒發穴居；小梨河團山鬲罐，八面佛遼金香火。扶餘玄菟渤海，契丹女真輝發。清季放荒移民，始見百年衙署。紅石山巍峨，燃燒抗日烽火，擋石河湍急，見證共和曙光。老城五門，湧動文傑巨賈，孔廟朝陽，訓育八方子弟。洋教堂暮鐘聲遠，

▲ 磐石高速公路遠景

磨盤山臥佛霞煙，仙人洞古剎默默，七頂峰蜈蚣款款。

　　襟南衢通遼瀋，北越地接哈大；東臨天池之水，西行鶴鳴之鄉。民風淳樸，好客中外賓朋，生活殷實，勞作小康之家；人心向背錘定興衰，大道厚德荷載萬物。時值盛世，雨順風調，人逢喜事，吐氣揚眉。

　　萬頃良田，千村新貌，百里商工，民生福祉。隆冬飛寒，蓮花山戲雪健兒騰躍，盛夏納涼，鹿鳴湖垂釣老者忘懷。漁舟收夕陽，官馬溶洞億年造化，捧人間瑰寶；曠野沐詩林，一代書法英傑賢集，獻當世游峰。

　　慨嘆人生，白駒過隙；韶光易逝，歲月如歌。昔壯志未酬失之東隅，然雄心勃勃收之桑榆；人在旅途，春風得意之時，江流可以喝止；驛站林泉，秋碩成熟之際，毫釐充滿敬畏。少時妄談南山伏虎，老來閉口北海降龍，此時間之功也。

　　覽四千里山川，莽莽蒼蒼，景物沐浴日月精華；顧五十四萬眾，奮發圖強，文明桓通中外今古。

　　身土不二，一方水土一方人，凝結多少壯士之汗水；遊人歸鄉，一草一木總關情，蘊藏無限赤子之情懷。繼往開來，指點經緯縱橫；眾志成城，同心力拔山河。

　　極目未來，風光旖旎，掩卷遐思，滄海桑田……

文明曙光

　　距今一萬年以前磐石地域曾是氣候溫和、草木茂盛、動植物種類繁多的地方。一九八四年，磐郊鄉村民在東紙房平房小屯挖河沙時，挖出多塊猛獁象化石。其中一塊為保存完好的門齒，另兩塊為殘斷的腿骨。據考證，這些古化石不是出自一個個體，分屬幾個猛獁象個體。由此證明，磐石一帶當時曾有成群的猛獁象出沒。

　　磐石地處半山區，這裡山清水秀，土質肥沃，漁產豐富，百草豐茂，是古代人類理想的生活環境。從西元十一世紀起，磐石地區進入青銅器時代，磐石

的先民們便在這裡繁衍生息。建國以來，磐石市經過三次全國文物普查，共發現古遺址三一〇處，古墓葬二十五處，古城址十二處，古窯址六處，摩崖石刻三處，近現代遺址二二一處，採集徵集文物三八〇〇餘件。其中國家級重點文物保護單位有吉昌小西山石棺墓群、煙筒山余富西山遺址；省級重點文物保護單位有：紅石砬子抗日根據地、天主教堂、小梨河後山遺址、驛馬兩道溝遺址、石嘴馬宗嶺山城、寶山紙房溝城址；吉林市級重點文物保護單位有：吉昌馬蹄屯老爺山遺址、煙筒山杏樹北屯石棺墓群、南石遺址、取柴河八甲後山遺址、東興屯遺址；磐石市級文物保護遺址有：明城生柴溝鐵工場址、明城生柴溝抗聯醫院址、明城豬腰嶺會議紀念址、黑石富太古城址、煙筒山石虎溝整編紀念地等。

從三次全國文物普查所發現的遺存看，磐石具有代表意義的是西團山文化，主要分布在飲馬河及其支流小黃河流域。另外，在輝發河的支流亮子河、擋石河、富太河流域也有分布。

余富西山遺址面積四十三萬平方米，為已發現的吉林省境內面積最大的西團山文化遺址。驛馬鎮兩道溝石器加工場為省內發現的唯一一處大型石器加工場。吉昌小西山石

▲ 小西山出土的陶罐

▲ 余富西山出土六耳鐵鍋

棺墓群是磐石唯一一處做過考古發掘的西團山文化墓葬。出土的文物主要有石器、陶器和青銅器。這一時期的經濟形態以農業為主，兼營畜牧漁獵和採集。從已發現的動植物標本看，那時的人們在維持溫飽的同時已經產生了審美追求，我們從中可以感知到磐石的先人們原始樸茂的精神文化世界。

西漢、三國時期（西元前206年至265年）磐石一帶屬扶餘國地。據文獻記載：「在長城之北，去玄菟千里，南與高句麗、東與挹婁、西與鮮卑接壤，北有弱水，方圓兩千里」，磐石一帶恰屬這一範圍之內。近代歷史記載：「扶餘國地跨吉、長」，也與上述記載相符。漢武帝時，開始在北方設郡縣，扶餘國是漢的屬國，屬玄菟郡。東漢末年，又改屬遼東郡。上述史料，都證明當時磐石一帶，屬於扶餘國地。

晉、北魏、隋時期（265年至618年）磐石一帶屬高句麗北境。三國以後，扶餘、高句麗、挹婁的勢力都曾先後到達過吉林一帶。歷史記載，西元四一〇年（東晉義熙六年），高句麗廣開土王發兵，大敗扶餘，磐石一帶遂屬高句麗。西元四九〇年（北魏太和十四年）勿吉南遷，趕走扶餘，勿吉七部之一的粟末靺鞨占據涑沫水（現松花江一帶），磐石一帶為靺鞨地。但南北朝至唐初，粟末靺鞨屬於高句麗，所以儘管這個時期有扶餘、靺鞨等部族間的爭戰和進退變化，磐石一帶仍屬於高句麗地是無疑的。一九六〇年以後，磐石境內先後發現了安樂鄉大馬宗嶺山城、寶山鄉城子溝壩城、寶山鄉紙坊溝壩城等古城遺址，充分證明了在高句麗時期磐石境內的馬宗嶺、鍋盔山一帶就曾被看作是軍事要地而修築成城，重兵把守。

唐朝時（618年至907年），磐石一帶屬渤海顯德府地的顯、鐵、興三州。渤海，是粟末靺鞨人大祚榮於六九八年所建，開始時稱震國。唐開元元年（西元713年），唐朝皇帝封大祚榮為驍衛大將軍，授渤海郡王為勿汗州都督，改震國為渤海國，磐石一帶屬於渤海長嶺府地和顯德府地。

宋朝時，北方各民族紛紛崛起，先後在東北一帶建立遼、金兩個王朝。

遼，是契丹人耶律阿保機於西元九〇七年所建。當時流動在磐石一帶的是

女真人的回跋部，磐石屬遼的東京道管轄，磐石一帶屬遼東京道大王府回跋部定安國地。

金，是靺鞨人女真完顏部首領完顏阿骨打於西元一一一五年所建。十年後，於一一二五年滅遼，磐石一帶遂為金國領地。初屬咸平路，後屬上京路會寧府地。

遼金遺址在磐石發現較多，磐石一帶曾先後發現小梨河後石嘴子山城、煙筒山砲臺山古城、明城古城、細林金家古城、細林下柳家古城、黑石富太古城、黑石翻身古城等多處遺址。這些古城都建在依山臨河的險要地帶或交通要道上。城多為方形，其中翻身古城還築有甕城。從這些古城的制式看，除了明城古城、後石嘴子山城城牆各邊超過百米外，其餘小城城牆每邊二十五至七十米不等，都是用於軍事戰略的戍防駐守的衛戍城。這種布局嚴密、扼守要衝、可攻可守的戍防設計，充分體現了遼金時代當權者的軍事思想，也可看出當時磐石一帶軍事活動的頻繁和活躍。二〇一四年在煙筒山西梨河境內發現了八面

▲ 八面佛經幢構件

佛遺址，遺址面積為一一五〇平方米。發現了大量的佛教建築遺存，屬石幢亭閣式建築。這在金代遺址中尚屬首次發現，全國範圍內也實屬罕見，對研究當時磐石地區宗教及政治、經濟、文化發展的狀況具有重要的意義。

元朝時（1271 年至 1368 年），磐石一帶屬咸平府地。先為開元道，後屬遼東宣慰司。

明朝時（1368 年至 1644 年），磐石一帶初屬塔山、雅哈河、伊敦河、拉克山、法河等衛，後屬輝發、葉赫等部。

清問鼎中原後，於順治元年（1644 年）將磐石一帶闢為「盛京圍場」，後改為「吉林圍場」，從此禁止百姓進入墾荒和狩獵，並有八旗兵營駐守。那時，磐石一帶曾經是獐、鹿、狐、狍出沒，野狼、山貓顯蹤的地方。許多河流中還盛產給朝廷進貢的「貢鮮」東珠。因而經常有皇帝攜大臣來此狩獵或駐蹕。據《清高宗實錄》載，西元一七五四年（乾隆十九年）乾隆皇帝東巡時曾先後在位於磐石境內的布爾罕（今呼蘭鎮西柳樹一帶）、呼蘭河（今呼蘭鎮附近）、都林河（今紅旗嶺鎮都力河附近）、紐磨順河（今牛心鎮細林附近）四座大營駐蹕。

▲ 乾隆東巡時磐石境內布林罕一帶

建于1893年的磐石城天一门俗称北门

▲ 天一門

建于1893年的磐石城阜城门俗称小南门

▲ 阜城門

建于1893年的磐石城崇礼门俗称大南门

▲ 崇禮門

建于1893年的磐石城东来门俗称东门

▲ 東來門

▲ 磐石鄉村一角

光緒初年，磐石一帶荒禁初開，起初是流民私自入圍場偷獵，進而在圍場邊緣地帶偷開荒地。後清政府雖幾次大規模驅趕，甚至用重刑重罰來禁止開荒，但流民日多，又因圍場內獵物減少，較難捕到「貢鮮」，遂於光緒八年（1882年）開禁放荒，從此百姓開始大量進入，開荒種地，生產生活，古老的磨盤山開始逐漸繁盛起來。

　　光緒十四年（1888年）磨盤山城初建時，即按照中國傳統文化經典《易》的理論，籌謀建城，城的布局依山形水勢，上律天時，下襲水土，二儀分明，四象俱全。光緒十九年（1893年）建城時，五個城門的譽名更具有傳統文化的意蘊，分別譽名為「崇禮門」「東來門」「麗澤門」「阜城門」「天一門」等。光緒二十八年（1902年）在縣下屬的各鄉命名時就有「崇信」「仁惠」「溫恭」「智敏」等儒雅的名字，這些名字一直鐫刻在磐石人的記憶中，至今仍然影響著磐石人的文化生活。

　　清朝末年，由於大量滿漢人民私自越境墾荒或捕獵，致使每逢捕打「貢鮮」竟無所獲。清廷開始解禁放荒並在磐石設巡檢、分防州，直至光緒二十八年（1902年）因磐石地廣事繁、新政數端而改設縣治。而後，這裡建城垣、興學堂、設郵局、訓團練、緝盜賊，使昔日的皇家圍場變成一片滋民物昌的可開墾之地。

　　清末民初之際，磐石的文人名士為磐石的山水風光情動而辭發，他們結伴而行，遍訪山川，吟詠磐石八景，賦山川以生命，以筆墨抒情懷。他們將山嶺命名為「左旗右鼓」「東筆西硯」，渴求磐石文具武備的英才輩出。

　　「解禁放荒」，是磐石繁榮富庶的起點。原來人煙稀少，由清軍大營兵士把守的皇家圍場，一旦解禁便煥發了勃勃的生機。百年磐石，鐘靈毓秀，伴隨經濟與社會的發展，磐石的文化藝術事業不斷繁榮、發展和壯大。

烽火號角

　　一九三一年，九一八事變後，東北淪陷，百姓塗炭，不屈不撓的磐石人民

毅然舉起了抗日救國的大旗，與日本侵略者展開了堅苦卓絕的鬥爭。磐石既是東北抗聯第一軍的發祥地，又是抗聯文化的中心。一九三二年，磐石工農反日義勇軍改編為中國工農紅軍第三十二軍「南滿」游擊隊。為了宣傳抗日，激發全民抗日救國的信心和決心，磐石中心縣委創辦了《紅軍消息》。刊登紅軍宣言、戰鬥消息、英雄人物的先進人物事蹟、人民擁護紅軍以及偽軍嘩變抗日的通訊、評論等，起到了宣傳發動、鼓舞鬥志的作用。而後又創辦了《人民革命軍畫報》《人民革命軍報》《青年義勇軍報》《吉海工人報》《戰鬥青年》等報紙，這些報紙除刊載黨的指示、宣言和軍事鬥爭會議消息外，還反映戰士的生活、英勇作戰的事蹟以及減租減息、抗捐抗稅等鬥爭消息，同時也刊發各地人民募捐擁軍的消息。這些報紙在當時抗日鬥爭的緊要關頭髮揮了重要作用。各級黨團組織還組織了粉筆標語隊，將報刊上的消息改成簡短的反日口號，書寫在道路、樹幹、院牆、大門上。在硝煙瀰漫的抗戰年代，抗日革命報刊在「南滿」游擊區廣大軍民中廣泛傳播，成為鼓舞軍民浴血奮戰的衝鋒號角。

抗聯部隊的文化宣傳工作者們在楊靖宇的帶領下，創作出了大量的抗日救亡文藝作品。在戰鬥間隙，楊靖宇親自創作了《東北人民革命軍歌》《反帝大同盟》《人民革命軍少年營歌》《四季游擊歌》《中朝人民聯合起來》等抗日歌曲，這些抗日歌曲成為抗聯戰士的精神食糧。

在強大的抗日文化影響和感召下，磐石地區的廣大民眾中流傳著許多無名作者所寫的抗日民謠。如《十二月盼抗聯》《紅軍生產忙》《窮人盼著共產黨》《跑到紅石打游擊》等。

在國破家亡的危急時刻，不甘做亡國奴的磐石文化人，一部分投筆從戎加入抗聯隊伍；一部分以筆為刀槍，控訴日本帝國主義的侵略暴行。

受中國共產黨抗日救亡思想的影響，一九三二年十月，磐石縣女子高等小學校長吳秀雲等人，組建了磐石抗日救亡文學社，組織文學青年從事抗日救亡活動。一九三三年七月，文藝社取名「曦虹社」。一九三四年三月，為了躲避日本統治者對書報機構的查禁，更名為「晨風社」。

磐石的抗日救亡文藝活動是在抗日鬥爭及其特殊的歷史環境下形成的，是磐石文化人向日本帝國主義發出的戰鬥檄文，是向人民發出的衝鋒號角，是不堪日本帝國主義奴役的磐石人悲愴的吶喊和怒吼。磐石的抗日救亡文學，從一開始就帶有鮮明的時代特色，並旗幟鮮明地表明聽從中國共產黨的將令，所發表的詩文都標有「cp（共產黨一詞的英文縮寫）」字樣。不屈的磐石文化人奮筆疾書，他們發表了大量的小說、詩歌、散文，通過文章痛斥日本帝國主義的暴行。

　　磐石的抗日救亡文學，是磐石人民轟轟烈烈抗日鬥爭的一個縮影，體現了磐石文化人捨生取義、頑強戰鬥的高貴品格，是他們用生命譜寫了抗日鬥爭的壯麗篇章。

大地新生

　　一九四九年，新中國誕生，磐石大地煥發了青春和活力。在黨的「百花齊放，百家爭鳴」的文藝方針指導下，磐石的文化事業進入嶄新的歷史時期。文學藝術創作出現了前所未有的繁榮局面，湧現出了一大批文學藝術創作者。他們帶著對新生活的摯愛，懷著對家鄉的一片真情，潛心於自己所鍾愛的事業，創作出了大量源於生活、符合時代主題的優秀作品。這一時期，在磐石這塊土地上成長起來的專業作家于黑丁、王宗漢、王宗昌等人，在全國享有盛名。

　　磐石的文學藝術創作進入了黃金時期，文學藝術創作隊伍不斷發展壯大，形成了一個群體。代表作者有王宗昌、王宗漢、張振國、高慶山、潘溪、韓挺楓、高宇飛、周廣君等。獲吉林省政府長白山文藝終身成就獎著名作家王宗昌（筆名王汪），從一九四九年就開始從事文學創作，經常在《吉林日報》等報刊上發表詩歌、小說等文學作品。張振國一九五〇年在《吉林文藝》上發表的小演唱《歌唱馬德江》獲得省文藝會演一等獎。高慶山一九五三年在《吉林日報》上發表的小說《搬家》被省作協收錄到《青年文學創作集》。潘溪一九五七年創作的系列民間故事《英雄石義》由黑龍江出版社出版。一九五八年九月

三十日，磐石成立文學藝術工作者聯合會，下屬作家協會有會員二十多人，有青年業餘文學創作組二十多個。一九五八年以後，農民作者周廣君先後在《吉林日報》《吉林農民報》和《長春文學月刊》發表詩作近百首，時稱「百首詩人」。一九七八年，著名作家王宗漢被抽調到磐石縣評劇團，創作了現代戲《林海哨兵》，榮獲吉林省和吉林市創作一等獎，並發表了在全國具有影響力的「傷痕文學」代表作之一《高潔的青松》。

　　建國之初，磐石的文化事業得到了蓬勃發展，磐石的戲劇演出轟動東三省。一九五〇年，磐石縣在民眾教育館的基礎上成立了磐石縣人民文化館，負責群眾文化的組織、輔導工作。在人員少、任務重的情況下，文化館仍把磐石城鄉的文化工作開展得有聲有色。同年八月磐石縣人民文化館派人參加了東北地區宣傳工作會議，並在會上介紹了開展群眾文化工作的經驗。一九五二年十月，縣文化館、黑石鎮文化站應邀出席在瀋陽召開的東北地區文化館、站工作會議，並介紹了經驗。一九五六年，縣文化館獲吉林省和吉林市先進館稱號。始建於一九五二年的磐石的評劇團深受觀眾追捧，曾走紅東北許多大中城市。

▲ 磐石老電影院

一九五四年在大連市演出時，曾應邀到蘇聯紅軍駐地慰問演出，受到了熱烈歡迎。

一九五四年，在我國進入第一個五年計劃的社會主義建設高潮時期，由縣財政投資、群眾出義工，在磐石城內西側（今新時代百貨的位置）建起一座適合當時發展需求的、高標準的電影院，這是當時全縣的第一大工程。為趕工期，磐石一中、磐石朝中等學校積極響應，組織學生參加義務運磚勞動，經過多方努力，電影院主體結構於年底冰凍前基本建完。此後，經過近一年的內部設施安裝和裝修，一九五五年十月一日正式投入使用。新電影院占地二七〇〇〇平方米，建築面積九百平方米，觀眾座席九六五個。其中觀眾廳一樓有六六〇個座席，二樓環形看台有三〇五個座席。前邊銀幕下設有舞台，可供大型劇團進行演出，磐石人民終於有了自己的電影院。

電影院首映的影片是原東北電影製片廠錄製的影片《八女投江》和蘇聯影片《夏伯陽》，讓廣大觀眾既享受了藝術之美，又接受了愛國主義教育和革命傳統教育。此後多年，電影院天天觀眾爆棚，一票難求。電影院的建設是當時

▲ 磐石文化大廈

▲ 社區書屋

磐石的一件大事，為改善和提高磐石人民的文化生活提供了良好的條件，是磐
石文化事業蓬勃發展的一個重要標誌。

與此同時，磐石的農村電影放映工作普遍開展起來，有六支電影放映隊深
入到全縣各鄉鎮放映電影。上世紀六〇年代，根據群眾需要，磐石的大部分鄉
鎮所在地分別建設了電影俱樂部，農民群眾可以在室內觀看電影。在此時期，
磐石群眾性民間曲藝、書法、繪畫、攝影等活動也逐漸興起，湧現出了一批愛
好者，活躍了廣大人民群眾的業餘文化生活。

近年來，為提高人民群眾幸福指數，磐石市不斷加大城鄉公共文化服務設
施建設力度，公共文化基礎設施建設步伐明顯加快。二〇〇八年六月，磐石市
文化大廈正式投入使用。它是一處集文化館、圖書館、博物館、影劇院為一體
的文化綜合樓，整合之後的文化大廈占地面積為 11000 平方米，建築面積為

6500 平方米，總投資三千萬元。其中文化館為國家一級館，建築面積 3000 平方米，擁有八個專業活動室，二個五百平方米的多功能專業活動室，音響、燈光、服裝、樂器等活動設施設備價值八十萬元，日接待文藝團體四個，接待文藝骨幹三百人次。圖書館為國家二級館，建築面積二五〇〇平方米，藏書總量達十六萬冊，報刊三百餘種，設外借部、閱覽室、少兒閱覽室、採編部、科技部、輔導部、電子閱覽室、盲人閱覽室等八個部室。二〇〇九年，磐石市成立了「磐石市博物館」、恢復了「磐石市抗日鬥爭紀念館」（以下簡稱「兩館」）。這「兩館」設在新建文化大廈影劇院二樓，面積近一百平方米。另將影劇院四樓部分房間作為展覽廳。館藏文物三八〇〇餘件，其中國家二級文物二件：青

銅劍、車轄，國家三級文物三十八件。二〇一二年獲「吉林省第三次文物普查工作先進單位」榮譽稱號。影劇院建築面積 3000 平方米，演藝大廳面積 1000 平方米，五百個座席，擁有現代放映設備兩套。整合後的文化大廈體現了綜合性與先進性的理念，較好地體現了公益性的功能，充分發揮了群眾文化活動組織管理與服務的職能作用。

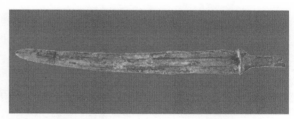

▲ 春秋時期青銅劍

　　二〇一二年「磐石市博物館」被列為國家免費開放博物館，並得到國家免費開放資金扶持。幾年來，磐石市堅持「以人為本」和「貼近實際、

▲ 春秋時期車轄

貼近生活、貼近群眾」的原則，充分發揮「兩館」的職能作用，利用館藏文物舉辦了固定和流動展覽二十三次。這些展覽大多以磐石古代文化、抗聯文化和當代藝術品為題材，直觀生動地展示給廣大觀眾並留下了深刻的印象。三年來，累計接待觀眾十五萬人次，其中青少年觀眾七點三萬人次。

農村文化事業蓬勃發展，全市共建成標準化文化站十四個，社區文化活動中心三個，文化活動室十二個，每個文化站都配備了文化信息資源共享設備和文化活動設備，並全部實現了免費開放。全市二六八個行政村實現了農家書屋、文化大院全覆蓋。建成鄉鎮及村級文體廣場九十個，每個鎮村級文體廣場面積都在 1000 平方米以上，並配備了公共體育健身器材，切實讓文化發展成果惠及廣大百姓。

伴隨著磐石各項事業的發展，為了給群眾提供更多休閒、健身的好去處，磐石市在市中心建設了人民廣場後，陸續建設了站前廣場、東來廣場、順城街廣場。人民廣場占地面積 30000 平方米，站前廣場占地面積為 18200 平方米，東來廣場占地面積 6000 平方米，順城街廣場占地面積 5000 平方米。城市健身路徑六條，分別為順城街二處、人民廣場一處、阜康大街一處、干溝橋一處、站前廣場一處。

▲ 廣場文化活動

花開爛漫

　　改革開放如春風化雨，磐石的文化事業、文化產業迎來了百花齊放鼎盛發展的時期。文學藝術創作碩果纍纍，王宗漢的小說《高潔的青松》、盧新華的《傷痕》、劉心武的《班主任》等小說成為二十世紀八〇年代中國文學創作占主導地位的文學作品。李吉明以「響馬小白龍」王正坤為原形創作的長篇小說《龍行林海》出版發行，他創作的電視劇本由長影拍成電視劇在吉林省台播出。陳雷、張成達創編了現代評劇《風起磐石》《父母心》等劇本。一九九〇年為進行革命傳統教育，全縣集體創編的歌舞劇抗聯組歌《紅石魂》在省、市縣演出三十五場，觀眾達二十一萬人次，並獲得了第二屆「松花湖秋音樂會」特別獎和綜合藝術獎。由磐石藝術團創作排演的以永吉縣搜登站黨委書記為原型的七場話劇《劉保忠》，通過吉林市委組織部審看，在吉林市地區演出獲得成功。該劇還在吉林省二〇〇一年創作劇目展演中獲得了「劇目獎」。

▲ 評劇《父母心》劇照

▲ 薛貴良繪畫作品

美術與書法創作成果斐然。薛貴良以其表現北方特色的「雞」畫稱名於世。人民美術出版社出版了只有國內著名畫家才能出版的大紅袍系列《薛貴良畫集》。書法作者傅新立以創作小楷作品見長，並帶出了一個小楷作者的團隊，被專家稱之為「磐石小楷現象」。這一時期，為推動磐石文學藝術創作的發展，一批批磐石文化人不辭辛勞、不計功名，編輯出版刊載磐石鄉土作者的文學藝術創作作品和反映磐石人文歷史的刊物和書籍，主要有《三餘詩稿》《磐石歌聲》《吉林省民間故事集成‧磐石卷》《磐石縣志》《磐石文史資料》（共十七輯）《磨盤山往事》等。

經過多年的培植、扶持，磐石的文化產業已初具規模。形成了包括出版印刷、廣電傳媒、文化藝術、網絡文化、休閒娛樂、圖書音像、文化用品銷售等多個產業在內的綜合型文化產業體系。全市共有文化產業單位三二〇戶，從業人員二一三四人。這些文化產業的發展在磐石多元發展的經濟環境中，已經占

▲ 磐石作者出版的書籍

▲ 《磨盤山往事》叢書

有一席之地，並以日趨成熟的
態勢迅速發展，成為諸多產業
中的朝陽產業，為增強磐石文
化軟實力發揮了重要作用。磐
石的民間藝術日益成熟，形成
了以根雕、奇石、剪紙為主的
特色文化品牌。這些根植於磐
石黑土地的民間藝術，從題材
到材料的運用大多取材於磐石

▲ 民間剪紙

本地，並完全適應了磐石人欣賞習慣和審美需求，闖出了一條從藝術走向市場
的新路。這些民間藝術在為廣大人民群眾提供豐富文化生活的同時，也為磐石
的經濟發展和社會進步提供了強大的精神動力和智力支持，在不斷提升城市品
位的同時，也創造了巨大的經濟財富。

▲ 秧歌會演

▲ 舞蹈大賽

　　群眾性文化活動豐富多彩。為了讓廣大群眾在家門口就能看到高質量的藝術精品，磐石市按照「政府買單、群眾受惠、社會參與」的模式，積極開展「四送」活動，每年送戲下鄉一百餘場、送電影下鄉 3000 場、送文化輔導下

▲ 和諧大家園演出

▲ 春節聯歡會

鄉三十餘次、送圖書下鄉 5000 餘冊，將黨的惠民政策、精品文化、農村實用信息和致富技術等送到農村的田間地頭，受到了農民群眾的歡迎。

元旦、春節、元宵節、國慶節等傳統節日期間，磐石市組織開展送春聯下鄉、秧歌會演、迎新春聯歡會、燈謎競猜、焰火晚會等活動，營造祥和節日氛圍，豐富群眾的節日生活。目前，「石城之夏」系列廣場演出已經成為磐石市的品牌文化活動，每年演出二十餘場，觀眾十萬餘人次，不僅受到了市民的高度讚譽，也得到了省和吉林市相關部門的認可。群眾書法、繪畫、攝影大獎賽、歌唱、舞蹈比賽、農村文化能人、社區文化能人評選活動等文化活動開展得有聲有色，形式多樣的群眾性文化活動有效帶動了文化事業的發展，豐富了群眾文化生活。

隨著經濟的飛速發展，磐石境內各類文化藝術隊伍如雨後春筍，生機盎然，形成了由政府主導、群眾自覺自願參加和群眾自發組織共存共榮的態勢。經過多年的孕育和培植，磐石現有各類群眾文化藝術組織六十四個，總人數近

萬人，其中全市性的組織機構有四十三個，文學類有：作家協會、三餘詩社；
書畫類有：美術家協會、書法家協會、山花書畫社、老年書畫研究會；音樂類
有：音樂家協會、舞蹈家協會、京劇票友協會、二人轉協會、秧歌協會、紅歌
會、夕陽紅藝術團、人間晚晴藝術團；民間藝術類有：根雕藝術協會、觀賞石
協會；體育舞蹈類有：歌舞健身隊、健身舞協會。鄉鎮群眾性文化藝術組織有
二十一個。各協會充分發揮自身優勢，創作了一批高質量、高水準的優秀文藝
作品。二〇一一年「紅歌會」在參加吉林省第四屆「長白之聲」合唱節中演唱

▲ 豐富多彩的廣場文化活動

的《長征組歌》獲得優秀表演獎；二〇一二年市老幹部大學藝術團的舞蹈《社區裡快樂的老大媽》被吉林市春晚節目選中並參加演出；二〇一三年老幹部大學藝術團的歌伴舞《家在東北》被吉林市春晚節目選中並參加演出；二〇一四年在吉林地區廣場舞展演中，我市組建的代表隊在三十二個代表隊中獲得第一名的殊榮。

▲ 2013 年春節聯歡會

▲ 全民演武大賽

▲ 2014 年春節聯歡會

第二章——

文化事件

歲月流逝，沖刷或湮沒了許多大大小小的往事。世事更迭，人們在注重當下的時候，卻往往忽略了以史鑑今。我們已無法將浩繁的歷史全部追憶，但是我們能夠盡力淘瀝磐石某一段時期裡金子般閃光的文化記憶，拾取在磐石發生的影響深遠的文化事件……

挖沙人挖出一萬年前的生物化石

一九八四年七月至八月間，磐郊鄉東紙房村民在村前二道河子南岸挖沙時，挖出一具長二點三米、直徑〇點一五米、重四十公斤的頭粗尾細的「彎形物體」，既不像古樹的樹幹，也不像古樹的樹根，表面光滑而無枝杈。村民們在滿腹的猜疑中，將此情況向縣裡有關部門進行了報告。縣文化局派人將「彎形物體」運回，並存放到縣圖書館的庫房裡。後經省有關文物專家鑑定，這是一顆保存完好的猛獁象門齒化石，距今一萬年之久。不久，縣文化局在省文物專家的指導下，在二道河子一帶長約二百米、深約四米的河床上進行七次挖

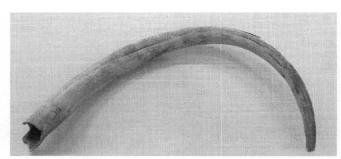
▲ 猛獁象象牙化石

▲ 猛獁象

掘，又覓得臼牙二顆，小腿骨、膝骨各一塊。經專家鑑定，這些化石不屬於同一個猛獁象個體。這證明一萬年以前，曾有猛獁象群體在這裡生息繁衍。

猛獁象，又稱毛象，遠古哺乳動物，屬長鼻目，大小近似現代象。這種動物身軀高大，體披長毛，一對長而粗壯的象牙強烈向上向後彎曲並旋捲。主要分布於歐洲、亞洲、北美洲的北部地區。在西伯利亞和美國阿拉斯加的凍土層中，曾發現過皮肉保存完好的猛獁象個體。然而，在磐石境內發現猛獁象群體的生命化石，給磐石這座歷史文化古城又增添了一絲神祕的色彩。

發現吉林省唯一一處新石器時代石器加工場

二〇一一年在全國第三次文物普查過程中，磐石文物普查隊在磐石市驛馬鎮北新村兩道溝屯北崗南二百米處發現大量的已經加工完成的石器和石器半成品。經吉林省文物局專家組對兩道溝石器加工場論證，確定該遺址為吉林省境內已發現唯一一處的新石器時期加工場，具有重大的歷史研究價值。

該遺址位於一條東西走向漫崗處，相對村中高度約三十米，最高點海拔四七五米，地勢平坦，東高西低，北面有一自然山谷。東側為大突山，北為懸羊

▲ 兩道溝採集的石器半成品

砬子，西側為兩道溝小孤山，南為兩道溝屯，面積約為八萬平方米。在遺址中心區東西四百米、南北二百米的耕地地表層上，陸續發現一八二件石器，器型有：砍砸器、刮削器，器物有：石刀、石斧、石球、石鎬等。

此外，在遺址內還發現了一些石堆，石堆內有大量石器斷塊、碎片。石製品岩性單一，通常只有一兩種岩性，顏色呈淺灰色，石質細密堅硬。這些石器人工打製的痕跡非常明顯，有的製作非常粗糙，多是利用天然器型稍加打製而成。有的製作精細，石刀、石斧等半成品已經初具形狀。採集的石器中，石核占有一定數量，這些石核打擊點明顯，它是製造其他石器的殘留物。形狀有長條形、圓形和三角形，石片一般都有較鋒利的邊刃，可以充當刮削器用。

這一重要發現填補了吉林省內新石器時代石器加工場遺址的空白，證明了磐石地區有早期人類存在的歷史。

乾隆磐石賦新詩

乾隆十九年（1754年）秋，乾隆皇帝攜太后、皇子、大臣等從北京出發，經承德沿西線一路到達盛京（今瀋陽市），恭謁祖陵（東陵、北陵）後，一路北上，巡幸吉林。

一天，乾隆皇帝來到磐石都林河附近，見一戶人家吹吹打打在辦喜事。乾隆心想，今天又不是黃道吉日，喜事是犯忌的，這家咋這麼糊塗。於是派人問當地老者，老者答道：「昨日天象，今天有真天子駕到，一切事情定能逢凶化吉，今天是上上吉日。」乾隆聽後大悅，進入院內，見一個簡樸的木桌上放著鹿肉、野豬肉等，看到屋角的小木箱上放著山參、蚌珠等，這些都是皇家指定的貢品。乾隆看後道：「此地真是個人傑地靈，物華天寶的好地方。」

乾隆酷愛漢字書法和賦詩，是中國古代題詞最多、作詩最多的皇帝，到了磐石也不例外。車駕未到之前就遠遠望見駐蹕大營高高的木煙筒，滿語煙筒的發音是「摩忽郎」，音轉為呼蘭。見此情景，乾隆隨即寫《呼蘭》詩一首：

呼蘭

中通外直求材易，
暮爨晨炊利用均。
曲突徙薪誠上策，
焦頭爛額更何人。
疏煙土銼烹蒸便，
夜雨荊筐蓋覆頻。
卻有千年遼河鶴，
鶱疑華表話前身。

八月十八日晚，乾隆駐蹕紐磨順河大營（今磐石市牛心鎮細林村，古稱細鱗河，滿語紐磨順意為細鱗魚）。當年呼蘭河、都林河、紐磨順河流域水草叢生，遍布塔頭甸子。在看到彌望的塔頭之後，興致勃勃地寫下《塔爾頭歌》。

塔爾頭歌

一

深林大谷大古然，
林有落葉谷有泉。
泉停葉積成鏽水，
漬泥漫草相連牽。

二

草腐為垠垠生草，
月長日引經霎潦。
禹乘四載不敢問，
付之地媼任濕湫。

▲ 磐石都林河

三

高低羅列窣堵波，
明駝負重愁若河。
驚獐駭鹿每遁蹤，
獵騎縱射還得多。

四

南人款遝忽見此，
下馬扶奴勞步履。
豈繞舍利學苾芻，
不報無道稱君子。

　　八月十九日，車駕一路南行準備過輝發河到輝發城一帶狩獵。這天晨起遇雨，道路泥濘難行。行至茶尖嶺後崗時已是人困馬乏，只得到在這一帶活動的打牲烏拉的丁戶那裡去找些食物打尖。由於皇帝傳膳進食稱為「上茶」，因而在磐石留下了「茶餞嶺」（後轉化為「茶尖嶺」）這一地名。

　　當時磐石一帶的輝發河流域是盛產東珠的地方，皇帝必不可少地要到河邊巡幸。河邊有丁戶使用獨木船（滿語稱作「威呼」）渡人過河，馬可泅水渡河，人則乘坐「威呼」而渡。由於這裡沒有「龍舟」可以乘坐，乾隆只好乘坐獨木舟過河了。當年的過河處，於二十世紀六〇年代已架起了大橋。如果乾隆皇帝能夠看到當今的盛景，一定會感慨萬端，詩興大發……

編輯出版磐石第一部鄉土志

　　鄉土志是記錄一個地方歷史沿革、風土人情、自然物產重要的史籍，是一件功在當代、利在後世的善舉。磐石撰修地方志始於一九一五年（民國四年），在縣知事黃守愚的倡導下，由縣視學兼總董韓紹琦撰修。

▲ 磐石縣知事黃守愚

　　修這本志書的目的，不僅是記寫了磐石的歷史沿革、風土人情，而且注重了其教化的功能，以使人民「有愛鄉土之觀念」，志書定名為《磐石縣鄉土志》。

　　此書是在韓紹琦等人經過大量的採訪和勘查工作，對磐石境內山脈河流遊歷殆遍，人情風土考查已詳的基礎上形成的。

　　這本志書主要從磨盤山建置、沿革歷史、改設縣治、官員政績、兵事、禮俗、耆舊、戶籍、宗教、實業、土地、物產等十二個方面敘寫。

　　這本珍貴的磐石鄉土志比較全面地記敘了磐石歷史及風土人情，作者在儘力蒐羅與磐石有關的史料同時，在個別章節還將作者的個人感悟寫了進去。首先，在追記磐石歷史方面，對磐石早期的歷史記述得比較準確，從唐虞三代開始記述，明確了虞時為息慎，夏至周為肅慎等內容；其次，作者將當時磐石名士詠磐石八景的詩詞列於書中，為我們更好地瞭解磐石八景的命名提供了珍貴的史料；第三，這本書詳細地介紹了磐石禮俗、民風「性情樸野、不尚浮華」等內容，為我們當今以史育人提供了可資借鑑的資料。

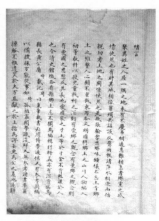

▲ 鄉土志書稿緒言

河北梆子傳唱磐石

　　一九一八年，磐石縣的簡易戲園子建成後，河北梆子戲班子便落戶磐石。這個戲班子有演職員四十多人，行當齊全，是東北三省較有名的戲班子之一。知名的演員有王玉霞、韓福同、榮豔秋、劉月伶、吳福奎、草上飛、鄧九宵、銀娃娃、趙永海等。上演的劇目有《四郎探母》《空城計》《珠簾寨》《群英會》《武家坡》《白馬坡》《古城會》等。

　　一九二二年，在縣城麗澤門（俗稱西門）外路北窯子街胡同，建起一座木結構的戲園子，內有前台、後台、池座、包廂。戲台的正上方懸掛著士紳贈送的墨地金字陰刻的「歌舞雲聲」匾額。在「出將」「入相」處，掛著篆書「追雲」「摩月」門楣聯，戲台兩側的對聯為「二三人可做千軍萬馬，三五步走遍天下九州」。演出分早晚場，事先在縣城的五個城門洞裡張貼海報。河北梆子戲班子開始到這裡演出，演出劇目有《對銀杯》《鐵公雞》《蝴蝶杯》《珠簾寨》《打棍出箱》等。演出幾乎場場爆滿，深受磐石觀眾的歡迎。鑒於磐石演出市場前景看好，河北梆子戲班子便紮根在磐石城。

　　一九三四年，縣城西門外成立共和茶園一處，河北梆子戲班子也經常到這裡演出。日偽統治時期，官紳和地痞流氓看白戲的越來越多，戲班子入不抵出，很多人被迫遠走他鄉，另謀出路。

五功俱全的四合福鼓樂班演出頗有聲望

一九二五年，王永福在磐石縣辦起了四合福鼓樂班。四合福鼓樂班開辦初期是個家樂班，掌櫃王永福及其弟弟合稱「王雙子」，他們率晚輩王長青、王長海、王長林等小哥兒幾個做買賣。一九三五年，王長青做了四合福鼓樂班掌櫃。王家兩輩人演奏功夫較深，在全縣城鄉頗有聲望。到一九四六年，四合福鼓樂班成了江湖班。這一時期鼓樂班的買賣也達到了鼎盛時期，班中夥計多達二十四人，少時也有十餘人。無活時也都在班裡吹吹打打，研究業務，傳授技藝。

以王長青為代表的四合福鼓樂班的特點是「五功俱全」，即：吹、打、咔、拉、彈全行。

在樂器的使用上，武場使用板鼓、堂鼓、銅鼓、梆子、木魚、碰鐘、三角鐵、鐃鈸、手鑼、大鈸、疙瘩鑼、九雲鑼、細樂、大鑼等。文場使用大喇叭、二喇叭、中嗩吶、海笨子、管子、笛子、笙。

拉絃樂器有：板胡、京胡、揚琴、大號、咔碗等。

四合福鼓樂班常用的樂曲可分三類：

漢曲曲目有：大紅梅，鐘鼓樓，雁子落，梅鹿下山，上山，下山，趕山，跨山，天下童子，老來花，棉連絮，大梁叫，南進宮，大、小歐天歌，將軍令等。

大牌子曲曲目有：四來，四破，鷓鴣令，三節本，小麥子，西洋賓，冬來尾，一枝花等。

雜曲曲目有：八條龍，九條龍，花池，萬年歡，鬥寒蟲，柳河吟，水龍吟，小開門，柳青娘，祭腔，海清歌，洞房贊，金連鎖，工尺上等。

當時辦紅、白事都需要鼓樂班演奏。鼓樂班這一行在舊社會屬於下九流，是為有錢有勢的官紳服務的。錢多勢大人的家辦事情，有的雇幾伙鼓樂班賽著

演奏。因為聲響，不能同時吹打，自然是這伙演奏一通、那伙接著演奏一通。
伙與伙之間都充分發揮集體與個人的優勢，都賣力氣地吹打，以展示本家功
夫，直到比得技不如人的鼓樂班「撤棚」為止。

創辦抗聯報紙

　　磐石是國內最早創辦革命報刊的地區之一。由於受條件限制，當時出版的報刊都是刻板油印，而且多為不定期。由於當時文盲占 90%以上，經常在報刊上畫有生動的插圖，並由讀報員進行讀講。

　　一九三一年四月，中共磐石縣執行委員會責成縣農民協會在玻璃河套（今屬明城鎮）創辦《磐石農民報》。該報以通俗易懂的文字宣傳黨的方針政策，報導各地農民協會組織農民進行鬥爭的消息。一九三二年六月，磐石工農反日義勇軍第一分隊在磐石東部郭家店附近宿營遭到游擊隊奸細化振國的突然襲擊。《磐石農民報》在報導中不僅痛斥了化振國犯下的滔天罪行，而且還配上一幅長著狗頭、狗尾的化振國漫畫，讓讀者形象地認識到這個奸細的醜惡嘴臉。

　　楊靖宇十分重視報刊宣傳工作。一九三二年十一月，他把磐石工農反日義勇軍改編為中國工農紅軍第三十二軍南滿游擊隊之後，立即安排中共磐石中心縣委宣傳部長化儒林和縣委秘書趙傑在玻璃河套生財溝三里密營（後人稱作「紅軍辦公室」）祕密創辦《紅軍消息》報。此報到一九三三年九月成立東北人民革命軍第一軍獨立師時，共出刊八期，主要刊載紅軍的戰績。一九三四年一月三十日，傅世昌在寫給中共滿洲省委的《關於磐石反日游擊運動情形的報告》中，提到的「攻大興川走狗兵營」等七次戰鬥情況時，除了親自做採訪瞭解之外，同時也參考了《紅軍消息》對這些戰鬥進行的報導。

　　一九三三年初，中共磐石中心縣委又以趙傑為主創辦《革命畫報》。該報以漫畫、連環畫的形式，揭露日軍的侵華罪行，歌頌紅軍取得的勝利。此報深受廣大愛國軍民的歡迎，在其他抗日武裝的士兵中也爭相傳閱。此報至一九三三年九月共出刊十三期。

　　一九三三年春開始的反「圍剿」鬥爭中，紅軍南滿游擊隊為了擴大宣傳和

鼓舞士氣，從游擊隊政治部抽出兩名有文化的青年團員，負責不定期出刊《紅軍捷報》，該報對游擊隊四次反「圍剿」取得勝利的情況都進行了報導。

一九三三年九月十八日，紅軍南滿游擊隊擴編為東北人民革命軍第一軍獨立師後，中共磐石中心縣委根據省委的指示加強了報刊宣傳工作，並責成中心縣委委員、宣傳部長（後改任軍事部長）化儒林全面負責這項工作。報社起初設在玻璃河套溝裡的小蔡家，後遷到鐵東葫蘆頭溝一帶的密營中。《紅軍消息》也先後更名為《人民小報》和《人民革命報》。這一時期還出版了《人民革命軍報》《青年義勇軍報》《吉海工人報》三種報紙和《人民革命畫報》《青年義勇軍畫報》二種畫報。

一九三四年一月，中共磐石中心縣委在《關於縣委宣傳工作的決議案》中規定，《人民革命報》每月出四期，《吉海工人報》每月出三期，《人民革命畫報》每月出三期。每期報導消息、記事稿件不得少於十篇。同年春，根據中心縣委指示，共青團磐石中心縣委先後創辦《革命青年畫報》和《反日青年報》。

一九三五年三月七日，根據中共南滿臨時特委的指示，中共磐石中心縣委又創刊《反日民眾報》，在磐石印刷向南滿各地發行。在化儒林調任中共南滿臨時特委任組織部長後，報社工作由李永浩（化名）具體負責。同年九月，《人民革命畫報》第十七期刊登了東北人民革命軍第一、第二軍在那爾轟會師慶祝大會的畫頁，真實地記錄兩軍會師的場景。

一九三六年四月六日，《吉海工人報》報社印刷處的密營和油印機遭到日偽討伐隊的破壞，報社被迫轉移到那爾轟山區（時稱江南遊擊區），並劃為特委管理，最後轉移到恆仁山區。

▲ 抗聯報紙殘頁

血雨腥風中的磐石抗日文藝救亡活動

磐石人民除了與日本侵略者進行武裝鬥爭之外，也開展了以當時磐石女子高等小學校長吳秀雲為旗手的文藝救亡活動。

一九三二年十月，胸懷文藝救國志向的失學文學青年楊舒恆、于黑丁、楊青山聚在一起商議成立磐石抗日救亡文藝社，開展文藝救亡活動，推舉經常在報上發表作品且集國難家仇於一身的吳秀雲為領導。一九三三年七月，文藝社正式取名為「曦虹社」。「曦虹」意在取其諧音「希紅」之意，用以表示希望天下一片紅。有社員吳秀雲、綺嵐（楊舒恆）、洗園（馬超仁）、文冰（武慶生）、疏影（楊青山）等十多人。這樣一些有志從事文藝救亡活動的青年聚集在曦虹社的旗幟下，他們開始以筆作刀槍與日偽反動當局進行鬥爭。他們意氣風發、鬥志昂揚地發表了許多在東北淪陷區很有影響的作品。其中，吳秀雲的文章《寄給外祖母》在報紙上發表後，引起東北淪陷區廣大讀者的同情和共鳴。

▲ 《磐石抗日救亡文藝社作品選》

由於曦虹社的作者們寫出的作品直接觸動了日偽統治當局敏感的神經，引起日偽文化特務機關的注意。於是，不得不更名為「晨風社」，並於一九三四年三月十八日寫下晨風社的立社宣言《寫給晨風》，表達了繼續從事文藝救亡活動的信心和決心。

晨風社成立前後，各地的學校陸續恢復上課，雖然一些成員已陸續到外地學校去就讀。但是社員們沒有忘記「我

本是野草，是曦虹社的一份子」，繼續發揚磐石抗日救亡文藝社的優良傳統，開展文藝救亡活動。其中馬超仁在長春市省立第二師範學校組建「浚水新流社」，李逢勳在遼寧某師中組建「衍賓春水社」，武慶生在奉天教會中學組建「野草文藝社」。一九三四年三月一日，在侵華日本關東軍的挾持和導演下，偽滿洲國又改稱為偽滿洲帝國，把淪陷區的人民進一步推向做亡國奴的苦難深淵。由於激憤難眠，作者綺嵐當即寫下《深夜》一詩，於三月三十日發表在報刊上。詩的前四段如下：

「沒有了光，月去星藏。深夜啊！淒涼淒涼。」
「魂兒飄飄，跳出夢鄉。夢園裡，見著故去的娘。」
「憔悴枯黃，『孩啊！卻怎這般模樣？失去了青春，苦添愁腸。』」
「母親，親愛的娘：樹木——改色，人間——虎狼，我消失生活的總量。」

　　一九三四年秋，中共地下黨員「左聯」成員于黑丁來到磐石指導磐石抗日救亡文藝工作，傳達黨在淪陷區的文藝工作方針和鬥爭策略，對社員們的鼓舞很大。于黑丁走後，晨風社的社員們仍然繼續堅持進行文藝救國鬥爭。一九三六年一月，文藝社成員楊青山、叢耀琛被逮捕。一九三六年初，伴隨著日本侵略者對抗日軍民越來越殘酷的鎮壓，開始對新聞出版工作進行嚴酷的特務統治。包括磐石抗日救亡文藝社及《泰東日報》上註冊的五十多個文藝社團全部被迫停止了活動。

　　磐石抗日救亡文藝社的救亡活動雖然被日偽統治當局封殺了，但是他們流傳於世的「挑剔貧富」「說述鬥爭」的作品仍在喚起人們向日本侵略者進行不屈不撓的鬥爭。作品採用的體裁比較廣泛，有詩歌、散文、短篇小說、劇本、文學評論等。其中詩歌《心靈上的斑痕》《夜間》等，直接號召人們去參加抗日救國鬥爭；詩歌《期待》《迷羊》，散文《夜半愁思》《懷念母親》，短篇小說《苦戀》《兩天日記》等，揭露了日本侵略者給淪陷區人民帶來的無窮災難；

詩歌《少婦的咽聲》、短篇小說《夜哨》等，揭露了日本侵略者屠殺中國人民的滔天罪行；散文《不死的心靈》《向文藝女神告別》等，抨擊了日本侵略者推行的殖民主義文化政策；詩歌《兩個腦袋》《田野之秋》《不夜的 P 城》，散文《哪有我走的路》，短篇小說《灰堆中》《生計》《雨天》《畫家的煩惱》等，揭露淪陷區兩極分化嚴重、貧富差距懸殊的不合理現象；短篇小說《一個早晨》《哀音》等，揭露財主闊少們的醜惡嘴臉；短篇小說《等著吧》等，歌頌了工人階級對騎在人民頭上的剝削者和無賴所進行的英勇鬥爭。

《東北人民革命軍歌》誕生

　　一九三三年一月，在中國工農紅軍第三十二軍「南滿」游擊隊主要領導孟潔民、初向辰、王兆蘭相繼犧牲之後，中共「滿洲」省委候補委員、代理軍委書記楊靖宇臨危受命，接任紅軍「南滿」游擊隊政委。在五個月的時間裡，同日偽軍進行大小戰鬥六十多次，粉碎敵人四次圍剿，擊毀日軍鐵甲車一輛，擴大了紅軍在「南滿」人民抗日救國鬥爭中的影響。在實際鬥爭中，他進一步體會到：應當創編一首軍歌用以鼓舞士氣和不斷地指明鬥爭方向。

　　同年五月，楊靖宇回哈爾濱向中共「滿洲」省委匯報工作和參加省委擴大會議期間，住在省委宣傳部幹部姜椿方家中。一天，楊靖宇對姜椿方說：「我們紅軍游擊隊到現在也沒有軍歌，一定要寫一首。」並同姜椿方多次商討，請姜椿方幫助創作。姜椿方是搞宣傳的，但是從來沒有寫過歌曲。只好找來一位會吹口琴的同學吹奏《國際歌》，讓楊靖宇按照《國際歌》的旋律去仿照寫。據姜椿方回憶：「楊靖宇在他家居住那段時間並沒有寫成，是他回到「南滿」的磐石縣之後，在實際的抗日救國鬥爭中不斷地積累革命經驗，飽含創作激情，在反覆吟唱《國際歌》的過程中，寫成了《東北人民革命軍歌》。」譯成漢語的《國際歌》用的都是長句子。由於從《國際歌》的歌詞中得到創作靈感，以至他在寫這首歌和之後創作的一些歌中，經常使用長句子。

▲ 楊靖宇

同年九月十八日，東北人民革命軍第一軍獨立師在磐石縣玻璃河套根據地豬腰嶺屯（今永興村）長壽宮廟前廣場宣布成立時，公布了由楊靖宇創編的《東北人民革命軍歌》，從此這首歌開始在抗日軍民中傳唱開來。而後楊靖宇根據革命鬥爭形勢的需要陸續創作了多首歌曲，但是這首《東北人民革命軍歌》始終作為抗聯官兵主唱的歌曲，它像衝鋒的號角激勵著抗聯官兵衝鋒陷陣，英勇殺敵。

東北人民革命軍歌

我們是東北人民革命軍，共產黨領導下的紅色戰鬥隊。
我們的鬥爭綱領無比正義，為了貫徹綱領我們戰鬥不息。
日本強盜無恥占領「滿洲」大地，妄圖把殖民地統治維持下去；
瘋狂派遣大量的陸海空軍，構築的軍事設施數也數不清。
日本鬼子不斷加強軍事準備，屠殺「滿洲」的民眾罪行纍纍。
我們要趕走鬼子的陸海空軍，把鬼子一切軍事設施全部粉碎。
日本鬼子的傀儡政府「滿洲國」，鬼子的警備隊警察隊自衛團，
還有各種各樣的走狗偽軍，這些工具專門鎮壓東北人民。
日本鬼子壓迫民眾無比殘暴，我們向「滿洲國」士兵發出號召：
不當亡國奴不替鬼子賣命，發動兵變共同趕走日本強盜。
惡毒的日本鬼子和「滿洲國」，發表了許許多多亡國奴法令；
巧立名目搜刮各種苛捐雜稅，擴充軍備瘋狂屠殺「滿洲」人民。
日本鬼子妄圖消滅「滿洲」人民，處處販賣鴉片手段無比狠毒；
鬼子為了麻醉人民的思想，強制學習日語使人數典忘祖。
日本鬼子無惡不作慘無人道，我們向一切群眾發出號召；
起來抵制鬼子和走狗的法令，一齊奮起堅決消滅日本強盜。

解放戰爭時期的黑石青年劇團演出活動

一九四五年抗日戰爭勝利後，磐石縣黑石鎮呈現出一派歡騰景象。一些青年經常到黑石鎮小學操場的平台旁聚會，傾訴偽滿十四年亡國之苦，抒發抗日勝利的喜悅。這些青年有煤礦職員田林、火車司機李金玉、郵政職員隋守信、鄉郵遞員欒耀閣、小學教員張維國、唐樹林等，還有從城市返鄉的職工白建文、白鵬文以及數名偽滿國民高等學校的學生。

田林口才好，能說善講，能寫會畫，在青年中很有威望。他首先提議組織青年劇團，義務演出，與民同樂。大家聽後異口同聲地表示贊成，並推選田林為導演，黑石青年劇團就這樣成立起來了。當時沒有劇本，他們就根據東北的實際情況，按百姓、鬼子、漢奸等不同人物編故事。接著，根據故事內容進一步商定人物性格表情、舉止言行，分配角色進行試演。試演時，場次排列、人物上場順序、語言、動作表情等，均由田林具體安排。演員上場無固定台詞，只要切合人物身分和故事情節，讓大家看了有意思就行。就這樣，黑石青年劇團開始演出沒有劇本的劇目。

青年劇團試演成功後，準備公演。要找木桿、木板搭戲台，要裝備道具，劇團本身解決不了，便由田林出面找當時的維持會解決。田林與維持會長梁君佐進行了洽談，最後決定由維持會出人、出木桿、木板等物資，配合演員共同動手搭台，不派民工。

▲ 田林

戲台設在黑石鎮小學操場，搭起了像野台戲那樣的戲台，沒有幕，三面圍上葦席。一九四五年九月上旬青年劇團正式公演，鎮內和附近村屯農民紛紛趕來看劇。其中，劇目《抓勞工》深受農民歡迎。由唐樹林扮演被抓的貧苦農民，田林扮演勞工妻子（男扮女裝），蔣紹武扮演老漢，張振國扮演老太太（男扮女裝），由一名小學生扮演勞工的兒子，張維國扮演日本鬼子。劇情是一個貧苦而和樂的農家，唯一的勞力被抓去做勞工，使這個家老少三輩無法生活，妻離子散，四處乞討，直至抗戰勝利，又相繼組織起一個新家庭。由於劇情是根據黑石鎮的實際情況編出的，因而引起了觀眾的共鳴，觀眾看了無不流淚。這個劇揭露了偽滿鬼子漢奸的滔天罪行，在觀眾中引起了極大反響。

　　一九四五年，東北人民自治軍進駐黑石鎮，劇團又補充了兩名從吉林市返鄉的女學生佟霞和方玉潔當演員，黑石青年劇團共演出十餘場，直到成立民主政府。這樣一個看似不起眼的劇團，卻排演了反映時代聲音和百姓心聲的劇目，為剛剛從日本侵略者鐵蹄下解放出來的群眾帶來了勝利後的喜悅。

怒吼劇團和東北文工團二團到磐石演出

　　一九四六年二月八日，吉林省民主政府主席兼吉遼軍區司令員周保中將省政府和吉林省軍區司令部從永吉縣岔路河子遷到磐石縣城，東北民主聯軍吉遼軍區怒吼劇團也隨之來到磐石縣城。演出數場新編現代話劇《鐵血男兒》，熱情地歌頌淪陷區人民同日本侵略者進行不撓不屈鬥爭的光輝業績，深受廣大人民群眾的歡迎。

　　緊接著，剛剛成立不久的中共吉遼省委由海龍縣城遷到磐石縣城，東北文藝工作團二團也隨之來到磐石縣城（東北文藝工作團二團，是以延安派來的魯迅藝術學院師生為主要成員組建起來的）。到磐石後，演出了由李之華編劇，呂朋導演的三幕話劇《血債》，演出三十餘場，使觀眾受到深刻教育，有志青年紛紛參軍。東北文工團二團還上演了《霧重慶》《三江好》《裁縫之死》等大型劇目，活報劇《放下你的鞭子》、歌舞劇《兄妹開荒》到街頭演出，反響強烈。

　　東北文藝工作團二團除了搞文藝宣傳演出外，還舉辦了學習班。學習班雖然只辦了一個月，學員卻由數十人發展到上百人，為磐石培養了一批音樂人才。此後，無論在城鎮，還是在鄉村，人們用歌聲宣傳黨的方針政策，用歌聲推動土改、支前、參軍等各項工作的順利開展。每逢召開群眾大會都要進行拉歌，既烘託了會場的氣氛，又鼓舞了人們的鬥志。從此，《咱們工人有力量》《團結就是力量》等革命歌曲，響徹磐石大地。

成立吉林市第一個縣級廣播站

　　一九四九年八月，磐石縣人民政府設立了一個小小的收音站。收音站的設備僅有日偽時期留下的二十瓦小擴大機、收音機各一台、低音喇叭二個、話筒一只。低音喇叭固定在縣政府二樓平台上，利用每天上班時間進行新聞轉播或播放唱片、報紙。一九五○年九月，收音站被移交給縣文化館，將擴大機改裝成一百瓦，並設一名兼職播音員。一九五一年初，配備一名專職播音員。

　　一九五二年，在省人民廣播電台的幫助下成立磐石人民廣播站，同年十月一日正式開播，仍以轉播為主。一九五三年，縣廣播站陸續興辦磐石新聞、農業技術講座、綜合節目等欄目。同年，在縣城內架設專線，安裝五個二十五瓦高音喇叭，機房擴大機增至四百瓦。縣廣播站設播音員、編輯、線務員、技術員各一人。一九五四年，縣廣播站設立廣播服務部。同年秋，增設上海產五百瓦擴大機一台，縣廣播站工作人員增至六人。一九五五年八月，中央廣播事業管理局在北京召開各省電台經驗交流會，磐石廣播站站長王恩元應邀參加會議並做經驗交流。磐石的經驗，在中央人民廣播電台播放三十四分鐘，並被收錄到經驗專集和《廣播愛好者》期刊上。接著，副站長高慶山在省裡召開的座談會上介紹經驗，並被刊登在《廣播業務》上。一九五七年，增設三台錄音機。一九六一年起，縣廣播站的經驗材料經常發表在省、市出版的《廣播業務》上。一九六三年，省

▲ 「文革」期間磐石廣播站全體成員

廣播局在磐石縣石嘴公社召開全省農村廣播網整頓現場會，磐石廣播站代表在會上介紹經驗。

一九六八年起，縣廣播站陸續增設調頻機、錄音機、電唱機等設備。一九七一年，全縣二十四個公社全部建立廣播站，二一三個生產大隊和一六二〇個生產隊全部通有線廣播。縣、社廣播設備三十五台，總功率一點六萬瓦，專職工作人員五十人。

一九八六年五月十日，磐石縣人民廣播電台建成，實現無線廣播全覆蓋，開闢六個欄目，開始進行試播。廣播電台的發射功率為三百瓦，調頻功率八十九點四兆赫，總投資四點五三萬元。發射台設在縣城西山電視轉播台院內，用十瓦調頻發射機和一五六兆赫頻段，將節目信號由城內廣播電視發射到西山發射台後，向全縣播出。此後，用收音機就可以聽到磐石廣播電台播出的節目。同年，編輯王岩採寫的《培養雛鷹的人》、常青採寫的《第二課堂放異彩》二篇稿件分別獲得吉林地區優秀廣播節目一、二等獎；楊偉超採寫的《縣長遺產》、陳建國和盧道達採寫的《他兩袖清風地走了》獲得吉林地區通訊稿一等獎，並分別獲得省級一、二等獎。一九八七年，《縣長遺產》獲得省委組織部、省委宣傳部頒發的「先鋒模範譜」佳作獎，並被收錄到《先鋒模範譜》專集。

▲ 設備先進的磐石廣播電臺直播間

舉辦首屆藝人學習班

　　東北地區，農閒時間長。一向有「打正月、鬧二月、漓漓拉拉到三月」的習慣。因此，在春節前後，便成了民間盲藝人和二人轉藝人最活躍的時節。他們走村串屯，只要有一間屋、一鋪炕就可以熱熱鬧鬧地演起來、唱起來、跳起來。正是他們這種簡單的演出形式極大地豐富和活躍了當時農村的業餘文化生活，但同時也帶來了一些低俗的、不健康的負面影響。如盲藝人除了唱東北大鼓和彈三弦說評書外，還經常搞一些算命、跳大神等封建迷信活動；二人轉藝人在表演過程中也經常夾帶一些低俗的說口和唱詞。

　　新中國成立之初，為了對這些民間藝人進行改造，破除迷信、移風易俗，使他們成為適合新社會需要的民間藝人，磐石縣文化館於一九五〇年舉辦第一屆藝人學習班。此後，舉辦盲人文藝培訓班（後改稱學習班）九次、二人轉藝

▲ 首屆盲人文藝培訓班成員

人學習班五次，培訓藝人達四百多人次。通過學習班的培訓和學習，在引導學員破除迷信、移風易俗的同時，著重向學員們宣傳黨的為工農服務的文藝方針，走與工農兵相結合的道路，堅持為新中國的革命和建設服務的大方向。

舉辦學習班期間，極具影響力的盲藝人張相林、劉文瑞和二人轉名演員王金山、閻永富等表現非常活躍，充分發揮了示範作用，取得了教育一個人帶動一大片的良好效果。學習結束後，學員都被文化館吸收為義務宣傳員，並自願編成小組或戲班子，由文化館開介紹信，利用農閒季節到各村演出新的曲藝和地方戲節目。每到一處，由村裡安排食宿，給予一定報酬，並對藝人的演出情況做出書面鑑定，年終由文化館進行總結。

文化藝人學習班的成立，不僅為從舊社會過來的民間藝人找到了生活出路，也極大地推動了新中國成立之初農村文化事業的發展。

磐石縣評劇團在東北演出引起轟動

評劇作為流行於中國北方的優秀劇種，深受磐石人喜愛。早在一九五二年，根據觀眾的需求，磐石便組建起了評劇團。歷經六十多年的演藝和不斷地學習與創作，磐石評劇藝術曾經取得了令人交口讚譽的業績，磐石評劇團演出的許多劇目至今令人難忘。磐石評劇團在初創時期主要以演藝傳統戲為主。當時演出的主要劇目有《桃花庵》《貂蟬》《紅娘》《萬花船》《沉香扇》《碧玉簪》《鐘離劍》《紅樓夢》《張羽煮海》《雷峰塔》《孟姜女》《岳飛》《御河橋》《西施》等。這些劇目除在磐石境內演出外，還到瀋陽、遼陽、大石橋、梅河口、通

▲ 評劇《禦河橋》劇照

▲ 評劇《金爐記》劇照

▲ 評劇《鐘離劍》劇照

化、大連等地演出。由周麗娟、李佩超主演的大型歷史評劇《岳飛》《西施》在東北各大城市演出，引起一時轟動，受到了觀眾的熱烈歡迎。一九五四年七月，磐石縣評劇團受邀到蘇軍駐地進行演出，演出的劇目為《梁山伯與祝英台》《白蛇傳》和《西施》。前來觀看的軍官、士兵和軍官家屬讚不絕口。一九五七年戲劇《西施》參加吉林省第二屆戲曲觀摩大會，獲優秀劇目獎。此後的十二年裡這兩個劇目成為磐石評劇團的保留劇目，在東北各大城市演出近六百餘場，久演不衰。那個時代，磐石評劇團的主要演員有：周麗娟、李佩超、孫玉舫、關鳳霞、顧寶貴、馮毅、劉麗霞、蒼鐵英、劉萬才、金中名等。

隨著社會的發展和演藝市場的需求，磐石評劇團根據時代的要求，精心排演了一批現代戲。主要劇目有：《風起磐石》《年青的一代》《江姐》《智取威虎山》《蘆蕩火種》《苦辣酸甜》《林海哨兵》；排演了大型現代評劇《老林森森》《關東風流女》；排演了八場話劇《血染映山紅》、五場話劇《少年鄧小平》、

▲ 文化部領導接見評劇團演員

七場話劇《劉寶忠》等。這些劇目緊扣時代主旋律，弘揚正能量，起到了戲劇宣傳教育的作用，其中許多劇目在省、市會演中獲得多個獎項。這一時期磐石評劇團的主要演員有：周桂鳳、劉尚書、張洪濤、劉秀鳳、袁朝剛、張敏石、孟慶康、商寧、高洪波等。

　　磐石評劇團歷經幾十年的發展，雖然期間曾幾易其名，但作為看家本事的「評劇」始終沒有丟。根據國家有關規定，磐石市評劇團實行了改制，重新組建成了一個民間演藝團體。雖然演出市場環境不同了，演員隊伍不同了，但他們仍然沿襲著老評劇團的傳統，每場演出都要有一段評劇的劇目。近年來他們活躍在北京順義、平谷、密山等地演出，每年演出一百場左右，並參加了北京「灶王爺本姓張」「鞭打春牛」等民俗文化演出，受到了當地群眾的熱烈歡迎。

▲ 評劇團演出後演員合影

京劇名旦荀慧生到磐石演出

一九五六年五月，一張海報在磐石引起轟動，中國著名京劇旦角表演藝術家、四大名旦之一荀慧生（藝名白牡丹）將來到磐石縣演出。聽說荀慧生到磐石演戲，戲迷們興奮不已紛紛前來買票，不到半天時間就一票難求了。

四大名旦外出巡演，一般只到大中城市，基本上不到縣城演出。據當時縣委宣傳部和縣文化局有關領導介紹，當時荀慧生到東北的瀋陽、大連、哈爾濱、長春、吉林等大城市巡演。因在吉林聽說磐石縣是抗日民族英雄楊靖宇組建東北抗聯第一軍的老革命根據地，而且又新建成了有九六五個座位的標準電影院，演出條件比較優越，於是決定在路過磐石時下車進行演出。他這次到磐石進行演出是帶有慰問性質的，因為在其他城市演出票價最低是每張十元至十五元，而到磐石則每張票只賣三元。原計劃演出兩天，演出的劇目是《香羅帶》和

▲ 荀慧生演出劇照

《荀灌娘》。後因磐石觀眾的熱情挽留，又加演了一天，演出的劇目是《紅娘》。他的表演感情細膩，生動活潑，扮相俊俏，文武兼備，一出場便光彩照人，滿台生輝，讓觀眾耳目一新。每場演出，掌聲和喝采聲不絕於耳。

京劇名家四大名旦之一到縣城演出是絕無僅有的事，而荀慧生能夠到磐石演出，而且連演三天，也是當時磐石人民的一大幸事，給磐石人民留下了美好的印象和難忘的回憶。

成立磐石人民出版社

二十世紀五〇年代末，在各項事業快速發展的形勢下，出版事業在縣一級蓬勃發展起來。一九五八年十月九日，「磐石人民出版社」正式成立，出版社的社址在當時的縣政協樓下。

磐石人民出版社只有三人，社長王寶才兼總編，負責校對和出版發行。總務徐文基和編輯郭景斗二人也積極參與校對、發行工作。三人既有分工又有合作，工作熱情很高。

磐石人民出版社雖然只存在一年，但在這一年中，卻熱心扶持業餘作者，出版了一批在群眾中較有影響的書籍。如中醫大夫楊鳳桐總結祖傳秘方寫出的《針灸歌訣》一書，公開發行三百多冊。張成達寫的喜劇二人轉《鬧洞房》，公開發行二百多冊。還出版了《磐石民歌》《詩歌民歌選》《大豆、苞米技術措施綱要》《怎樣防治農作物病蟲害》《水稻技術措施綱要》等。

▲ 磐石人民出版社出版書籍

建立磐石人民抗日鬥爭紀念館

一九五九年經縣委決定，在廣泛徵集文物的基礎上開始籌建磐石人民抗日鬥爭紀念館，這項工作曾得到時任中央統戰部部長于毅夫的高度關懷和省博物館館長王承禮的大力支持。一九六○年三月一日，磐石人民抗日鬥爭紀念館正式建成並開館。由王長林同志兼任副館長，設編制二人，並吸收義務解說員三人。

磐石是一個具有光榮革命鬥爭傳統的縣份。早在大革命之後，磐石一帶就有共產黨的活動。一九三○年春，成立了中共磐石縣委，一九三一年改建為磐石中心縣委。「九一八」事變後，磐石又成為抗日活動最活躍的地區。一九三

▲ 磐石抗日鬥爭紀念館

二年五月，中國工農紅軍三十二軍南滿游擊隊（原磐石游擊隊）在這裡組成。它是中國共產黨在東北組織領導的第一支抗日武裝。在楊靖宇將軍的領導下，這支隊伍不斷發展壯大，成為東北抗日的勁旅——抗聯第一路軍，而磐石又是首創的抗日根據地之一。因此，英雄的抗日業績、群眾抗日組織、革命文物的資料和戰地實物極為豐富。這些就是紀念館建成的特定條件，加之社會主義教育運動的興起，紀念館就應運而生了。一九五八年吉林大學歷史系部分師生對抗聯在磐石的活動進行了大量的調查，不但留下了豐富的資料，而且提供了調查線索。在此基礎上，磐石縣舉辦了社會主義教育展覽、階級鬥爭展覽等。而後又徵集了很多抗聯時期珍貴的文物，這就為紀念館的建立奠定了基礎。

紀念館共分兩個展室：

第一展室的正中是楊靖宇將軍英姿勃勃的半身雕像。兩側順牆是一溜玻璃櫃，內展革命文物，牆上懸掛有圖表、照片。南側牆角處是複製的「中國工農紅軍三十二軍南滿游擊隊」的旗幟；北側牆角處是實物——大二抬桿子（土炮）。整個展室旗幟鮮明，槍枝林立，盡顯抗日浩然正氣。

第二展室的正中設立景箱，順牆排列實物櫃，牆上懸掛圖表、照片。景箱塑造的是寒風凜冽、冰天雪地大森林中的一個小地餃子。展示著抗日戰士們在篝火旁嬉笑取暖，冒著天寒地凍堅持抗日鬥爭的革命英雄主義氣概。在展室最末端的一個角落裡放著個暗灰色、低矮的陳列櫃，內有日本旗、戰刀、被擊透的日寇鋼盔等實物，它標誌著磐石人民抗日勁旅的鬥爭的勝利成果。

紀念館展出內容共分為四個部分：第一部分是日寇的侵略與人民的反抗。第二部分是抗日鬥爭的興起與革命根據地的建立。第三部分是艱苦鬥爭和英雄事蹟。第四部分是抗日鬥爭的勝利與侵略者的可恥下場。

磐石人民抗日鬥爭紀念館，是對全縣人民進行愛國主義和革命傳統教育的課堂。它不僅在歷次運動中發揮了應有的作用，在日常的開館與陳列中同樣也收到了良好的效果。少先隊員們經常到這裡來接受革命傳統教育；共青團員和新入團的青年分別到這裡來過團日和入團宣誓；新兵也到這裡來上入伍的第一

堂教育課；還有省內外的領導幹部和部隊首長以及當年參加過抗聯鬥爭和支持過抗日活動的群眾也到這裡來瞻仰和紀念。這裡每月接待參觀群眾近千人次，成了磐石人民生活中不可缺少的精神食糧。

十年動亂期間，為了保護文物，吉林市博物館把館內的文物全部轉移到吉林市，磐石人民抗日鬥爭紀念館被迫停館。

創編磐石戲

中國戲劇，傳承悠久，劇種繁多，大到京劇和各省的省劇，小到以縣命名的地方戲，如山東省莒劇等，但也有些省、縣沒有具有本地特色的劇種。二十世紀六〇年代初，沒有自己劇種的省份開始創編具有本省特色的劇種，如吉林省創編吉劇、黑龍江省創編龍江劇。在這種強勁東風的影響下，磐石戲誕生了。

經過精心組織和嚴密分工，從一九六〇年三月起創作組開始工作。首先討論新劇種劇本的創作提綱，然後按照這個提綱創編台詞和腔調。腔調的基調以影調為主，結合流行在東北的一些民歌進行創編。創編過程中，注意生、旦、淨、末、丑行當齊全，使之真正成為一種新劇種。

經過三個月的辛苦創編，新劇種磐石戲《紅葉記》創作完成。十月，在磐石縣劇場進行磐石戲的首場公演。此後，又陸續演出了十三場，收到很好的演出效果。磐石的觀眾都為有了自己的新劇種感到高興。十一月，吉林市市區及外五縣的領導和專家到磐石觀看演出，肯定了磐石戲的創編成績，同時也指出存在的不足，並提出改進意見。

一九六一年，由於國家進入三年經濟困難時期，縣文工團進行精簡下放，只保留了評劇演出隊，並恢復了縣評劇團的名稱。磐石戲的創編演出就此宣告結束。

以磐石「南滿」游擊隊為原型創編的《紅燈記》家喻戶曉

上世紀七八十年代，提起《紅燈記》可以說是家喻戶曉，無論是大人還是小孩都會哼上幾句。其中，李鐵梅的一段唱詞：「我家的表叔數不清，沒有大事不登門……」一直唱響在一代代人的耳際。然而，卻很少有人知道現代京劇《紅燈記》中提到的柏山游擊隊原型就是磐石紅軍「南滿」游擊隊。

京劇《紅燈記》是根據一九六三年長春電影製片廠錄製的電影《自有後來人》改編的，最初改編為劇本《革命自有後來人》，最後改編為京劇《紅燈記》。在電影劇本《自有後來人》裡，把這個游擊隊稱作北山游擊隊。據有關人士回憶，不管這個游擊隊叫什麼名字，都是以當年活躍在吉林市南部磐石的紅軍「南滿」游擊隊為原型的。

▲ 《紅燈記》劇本

一九三二年十一月初，中共滿洲省委巡視員楊靖宇到「南滿」巡視，把原來由中共磐石中心縣委領導的吉林支部改為吉林特支，把磐石中心縣委領導的磐石工農反日義勇軍改編為中國工農紅軍第三十二軍「南滿」游擊隊。此後，在楊靖宇的領導和指揮下，迅速發展成為東北淪陷區黨領導的最有影響力的抗日勁旅。

一九三三年春節過後，吉林特支書記李維民按照楊靖宇的指示，把一名抗日救國的年輕大學生張維

顯送到紅軍「南滿」游擊隊根據地。當時，楊靖宇向李維民提出：「吉林特支要與磐石地方黨組織建立密切的連繫，把從吉林得到的日本人的軍事情報及時地通過磐石黨組織傳遞給紅軍游擊隊。要把蒐集情報工作作為吉林特支的重要工作之一。」可見，當時由吉林向活動在磐石的紅軍「南滿」游擊隊傳遞軍事情報的工作是確實存在的。這支抗日遊擊隊活動十分活躍，為抗聯部隊帶路、隱匿轉運戰略物資、收集傳遞日偽情報、運送糧食、張貼傳單、購買藥品等，為抗日戰爭勝利做出了重要貢獻。

　　文學創作的素材來源於生活，劇本《自有後來人》和《紅燈記》的創作也不例外。作者在創作時，用在吉林城東的龍潭車站去迎接黨的地下交通員，暗示交通員來自北方中共滿洲省委所在地哈爾濱；用松山根據地暗指位於江邊的城市哈爾濱；用北山游擊隊暗指紅軍「南滿」游擊隊。

創刊《磐石歌聲》

《磐石歌聲》創刊於一九六三年九月，由縣文化館館長李菲任主編，文化館創編組組長謝廷陽任責任編輯。創刊的宗旨是：為繁榮磐石縣群眾歌詠活動和音樂創作活動，創作出更多更好的具有社會主義內容、民族特色形式以及強烈地反映時代精神的群眾歌曲，豐富群眾的文化生活，使之更好地為農業生產服務，為社會主義建設服務。

《磐石歌聲》創刊後受到各方面的重視。省藝術館出刊的《說演彈唱》、省音協出刊的《吉林歌曲集》和市藝術館出刊的《松花湖》分別轉載了《磐石歌聲》第一期和第二期中的七首歌曲。在一九六三年省音協召開的音樂工作研討會上，表揚了磐石的音樂創作活動，肯定了《磐石歌聲》的創刊方向和質量。十年動亂，《磐石歌聲》被禁錮了。

黨的十一屆三中全會後，黨的工作重點轉移到四個現代化上來，文學藝術如雨後春筍又繁榮昌盛起來。經上級主管部門批准，被禁錮長達十二年之久的《磐石歌聲》在億萬人民歡慶建國三十週年的歡呼聲中復刊了。

《磐石歌聲》復刊後，得到了省內外音樂界領導和同志們的支持和贊助。先後收到省、市音協領導王冠群、趙星德同志以及全國著名詞曲作家汪玲、李

▲ 《磐石歌聲》書刊

幼容、程凱、鄭南、黃持一、黃田、扈邑、李川等同志的信件和稿件。收到了《上海歌聲》《兒童歌聲》《嶺南音樂》《寧夏歌聲》《吉林歌曲》《松花江歌聲》等十幾家音樂期刊的信件，並互相交換了資料。

中央芭蕾舞團詞曲作家程凱來信說：「收到這期《磐石歌聲》很高興，小冊子排版、印刷都很精緻，內容也豐富多彩，使人愛不釋手。它是一朵開在北方沃土中的小紅花，散發出沁人肺腑的泥土芳香。」文化部文學藝術研究院音樂研究所來信給予了高度讚譽。這一切都給磐石音樂工作者以極大的鼓舞，推動了磐石音樂創作活動的蓬勃發展。

《磐石歌聲》自創刊起，共刊用刻印、謄寫、複寫、鉛印等不同樣式出刊二十餘期。發表詞、曲作品三百餘件，在國家、省、市、縣文藝期刊及中央、省、市電台、電視台刊登或播放作品一六〇多件，獲徵歌和會演創作獎二十六項。在社會上產生了一定影響。

▲ 《磐石歌聲》書刊

歌曲《最大的幸福是讀毛主席的書》唱遍全國

一九六七年五月一日，解放軍戰士王樹慶在執行戰備線路巡視任務時，他的戰友不慎落入磐石境內洪水猛漲的擋石河。為了救戰友，他獻出了年輕的生命。他捨己救人的事蹟感動了千萬人，人民群眾稱他為毛主席的好戰士，瀋陽部隊為他追記一等功，瀋陽部隊黨委和通訊兵部隊黨委做出宣傳他的事蹟和向他學習的決定。磐石縣也召開萬人學習王樹慶大會，並把縣內的南細林屯更名為樹慶屯。他的家鄉黑龍江省雙城縣，也把他的出生地更名為樹慶屯。

創作素材來源於生活，創作靈感也來源於現實生活對作者心靈的撞擊。在英雄事蹟的感召下，音樂工作者謝廷陽備受感動，夜不能寐。他反覆閱讀王樹慶生前的日記，內心充滿了對英雄的無限崇敬之情，產生了為英雄譜寫歌曲的衝動。經過反覆修改和演奏，一曲《最大的幸福是讀毛主席的書》終於譜成，此曲寄往瀋陽部隊政治部後，受到了部隊的獎勵。同年，歌曲《最大的幸福是讀毛主席的書》在《解放軍歌曲》第三期上發表，中央人民廣播電台立即進行播放，並且持續播放達七年之久。這首歌作為當年開展的「讀毛主席的書，聽毛主席的話，做毛主席的好戰士」活動的主唱歌曲，風行一時，唱遍全國。

▲ 歌曲詞譜

風靡一時的磐石木偶戲

　　中國木偶戲歷史悠久，三國時已有偶人可進行雜技表演。二十世紀七〇年代初，磐石木偶戲曾風靡一時。一九七四年，在「百花齊放」「百家爭鳴」和推陳出新的文藝方針指引下，磐石縣教育局校外輔導站站長車秀媛帶領李植偉等人先後到北京、錦州、瀋陽等地學習木偶戲的表演和木偶的製作工藝，之後成立了磐石木偶劇組。

　　該劇組由李植偉負責，他心靈手巧，木偶的服裝和道具都由他設計和製作。演員是從磐石鎮內小學四年級以上的學生中選拔的，品學兼優，身體素質好，具備一定的表演能力。演員每天下午到輔導站練基本功，他們首先要練臂

▲ 磐石校外輔導站木偶戲全體演員

力，兩手高舉整塊紅磚，每次要十五分鐘以上，同時還要學習一些舞蹈方面的動作和步法。練完基本功後，還要用木方做手，用報紙泡紙漿做人頭模型，幫助老師做木偶和道具。在半年多的苦練下，演員們練就了能獨立表演的能力。表演時，演員在幕下一邊操縱木偶，一邊演唱，並配以音樂。木偶大約在七十至八十釐米左右，四肢活動靈活，木偶人表演各種舞蹈身段及武打技藝的水準，完全取決於藝人的操作技巧。

一九七四年七月，木偶戲的首場演出在磐石劇場正式拉開帷幕，演出的劇目是《放學以後》。當時，劇場內座無虛席，精彩的表演使劇場內多次響起了熱烈的掌聲。劇組的老師和演員們不辭辛苦，他們冬天排練夏天演出，走遍了磐石的大小鄉鎮。先後到二二一醫院、八八七廠、吉化明城礦、中小學校、部隊演出，演出深受廣大觀眾的歡迎和好評，同時也受到了省、市有關部門的表彰和獎勵。劇組先後編排了反映學雷鋒、舊社會地主剝削農民和反映階級鬥爭等方面的劇目，其中《放學以後》《周扒皮》《爭奪》以及歌舞劇《我愛北京天安門》等劇目在當時影響較大。

一九七七年全國恢復高考，演員回校就讀，多數考上了大學，磐石木偶劇組解散。

編輯出版《吉林省民間文學集成・磐石卷》

蒐集、整理、出版《吉林省民間文學集成・磐石卷》，是吉林省重點文化工作內容和工作項目。磐石縣委、縣政府對這項工作十分重視，把這項工作列入全年工作的重中之重。一九八七年初，成立了編委會，具體抓這項工作。組織館裡骨幹力量參加採風和整理工作。縣教育局、石嘴備件廠、明城石灰石礦、縣史志辦等單位的工作人員鄧曉溪、郝永、宋景瑞、郭景斗等不僅積極進行蒐集採編，還選送出多年積累的民間文學資料，形成本書的精華。採編人員走遍全縣二十四個鄉鎮，經過一年多的宣傳發動和蒐集整理，從蒐集

▲ 吉林省民間文學集成・磐石卷

到的四〇八篇（首）故事、民歌、民謠中，篩選出各種民間故事一一二篇、各類民間歌謠七十首、各類民間諺語一三五條，編輯成書。同年十一月，《吉林省民間文學集成・磐石卷》印刷出版。

磐石一帶在古代就有許多東北的少數民族先民在這裡繁衍生息，特別是經過近現代的開發和磐石人民英勇的抗日鬥爭後，在民間流傳著許多有關生產、生活和抗日救國鬥爭等方面的故事、歌謠。豐富的民間文學積澱，是此書得以成書的關鍵。此書對研究磐石一帶的政治、經濟、思想文化的歷史具有重要的參考價值。

創編抗聯組歌《紅石魂》

中國共產黨領導磐石人民抗日鬥爭的光輝業績具有深遠的影響。為了弘揚抗聯精神，用歌舞的藝術形式再現抗聯鬥爭史實，縣政協委員謝廷陽提出創編《抗聯組歌》。

提案引起磐石縣委的高度重視，組成精幹的創編隊伍，由教育系統和文化系統以及有關單位選拔出文藝表演骨幹一二〇人組成合唱隊，七十人組成舞蹈隊，二十人組成樂隊，並由縣教育局藝術教育中心的董傑任樂隊指揮。

《紅石魂》組歌由四章十四部分組成。一九九〇年七月二十日，創編隊伍開始進行歷時一個月的創編和排練，於八月二十一日開始進行首場公演。《紅石魂》組歌共演出二十五場，收到前所未有的演出效果。八月二十四日，到吉林市江城劇場進行演出時掌聲不斷。大幕落下之後，被激情感染的觀眾仍不肯離去，紫色的大幕只好第二次拉開，全體演職人員再次向觀眾謝幕。而後《紅石魂》組歌參加吉林市「第二屆松花湖金秋音樂會」演出榮獲特別獎。九月二日，《江城日報》以《一曲〈紅石魂〉牽動萬人心》為題報導了演出的盛況。

▲ 《紅石魂》演出劇照

「三餘詩社」成員詩詞創作廣受關注

二十年前，磐石的幾位古典詩詞愛好者組織成立了一個文化社團，名為「三餘詞社」（現為三餘詩社）。白駒過隙，彈指一揮間，三餘詩社走過了二十年。期間，出版詩集十餘本，有八位詩友出了個人專輯，發表了三千多首詩詞。在《詩刊》《中華詩詞》《長白山詩詞》等國家、省各類刊物上也經常看到他們的詩作，有五位詩友的作品還被收入《中華詩詞文庫‧吉林詩詞卷》。詩社現有會員七十四人，國家詩詞學會會員十七人。

磐石市三餘詩社註冊成立於一九九二年一月。「三餘」，源於三國時期名

▲ 《三餘詩稿》全集

儒董遇名言「冬者歲之餘，夜者日之餘，陰雨者時之餘」。寓意詩社社員惜時苦學，勤於吟詠。詩社社員以創作學習格律詩詞為主，以歌頌祖國、讚美家鄉、弘揚正氣、抒發情懷為宗旨。詩社成立二十多年來，在兩位社長趙貴福與岳金安的帶領下，創作了許多關注國計民生，抒發個人情懷的詩篇。並在格律詩詞的學習與創作上，經歷了由初期不識格律到現在可以嫻熟運用格律創作的過程。詩社為實現相互切磋，提高詩詞創作水平，每年都要組織兩次採風活動，並舉辦一次年會，總結本年工作，佈置下一年工作要點。詩社自二〇〇〇年開始陸續編輯出版登載社員作品的《三餘詩稿》，並組織部分社員專題創作以歌頌磐石城市建設為宗旨的詩詞創作活動，結集出版了《磐石新詠》專輯。

春遊牧野山莊

馬云生

草長鶯飛日，梨花伴李花。
桃枝初孕子，榆葉已包莢。
亭暖留新燕，池清泳幼蛙。
返程回首望，半嶺透紅霞。

辛卯臘月訪霧淞

王少剛

日短寒嵐重，蔬林裹素紈。
冰花攢野渡，玉帚拂雕欄。
抱雪柔枝細，依根霜葉殘。
風塵猶未染，疑向月中看。

第三章

——

文化名人

　　歷史鐫刻著他們的名字，歲月鑄就了他們的精神。磐石的文化名人在自然
中吸吮甘霖，在生活中汲取養料，在進取中開拓創造，他們或溫柔而細膩或厚
重而深沉，他們是傳續優秀文化的粒粒種子，是描繪磐石歷史的點點朱紅，他
們用深厚的文化底蘊和博大的情懷抒寫著磐石美麗的傳奇。

清末名士——朱繼經

　　朱繼經（1861 年-1930 年），字六詒，出生於河北省灤縣榛子鎮。灤縣舊志記載：朱繼經「自幼誠樸，五六歲時言動舉止如成人」。一八八一年，以第一名成績考取永平府學，為知府游智開所器重。一八八五年，考取乙酉科拔貢，入北京國子監。一八九四年，順天府鄉試考取舉人。一八九六年，考入《大清會典》館繪圖處擔任謄錄官。一八九七年，補充《大清會典》館繪圖處擔任校對官。因參與重修會典過半，授獎補同知銜，賞三品蘭花頂戴，授通議大夫。因重修會典勞績突出，被保舉磐石知縣。後歷任吉林省審判廳推事、刑科推事、濱江廳同知、臨江府知府。曾掌管吉林省城書院。

　　據《磐石鄉土志》記載：他到任後重教興學，創辦了磐石縣第一所高等小學。在磐石任內，他改革葬俗、提倡植樹、整頓幣制。他自學中醫、施藥救民。每逢因公下鄉，輕車簡從，自帶乾糧，只飲民間一杯水。對以往的各種貢禮一律罷除，離任後鄉民為其樹立德政碑一塊。

　　他教育子女有方，其後代大部分成為國家棟梁之材。女婿張申府是中國共產黨的早

▲ 朱繼經書法作品

期創始人之一，我國著名的哲學家、數學家，北京大學、清華大學著名教授。

　　朱繼經才藝雙全，品學文章為士林崇仰，他是近代著名書畫家。書法學歐陽詢及白陽山人且自有創新，擅長篆、隸、楷書。尤長繪事，所繪花卉清拔超俗，而指頭畫尤佳。當時人們得其書畫都會欣喜收藏。他存世的書畫在當今的拍賣會上價格不菲。至今在市場上能見到公開拍賣的他的作品雖然不多，但卻十分珍貴。如：河北灤縣榛子鎮保存他的手書對聯：「松煙瀟灑成珠玉，□字光彩垂虹霓」（對聯下一句缺開頭一字），運筆遒勁有力，猶如刀削；從日本回流的書畫作品成扇《神仙富‧楷書歸去來賦》，字跡如行雲流水，畫面高潔淡雅，與《歸去來賦》相得益彰。

　　辛亥革命後，他寓居北京，對袁世凱竊國以後的種種倒行逆施堅決抵制。聲明「不吸菸、不打牌、不做官、不當議員」，並因此自題堂號「四齋」。朱繼經不僅勤政愛民、為官清廉，而且也是近代文人雅士仰慕的書畫家。他的傳世書畫作品，一直受到書畫愛好者和收藏家的青睞。

▲ 朱繼經成扇作品

清末民初風雲人物 —— 齊耀琳

齊耀琳（1863 年-1949 年），祖籍山東省昌邑縣龍池莊。光緒二十一年（1895 年）考中進士，授翰林院庶吉士侍講編修。他擅長行書和草書，在當朝享有盛名。他為官二十二年，始終結緣翰墨，勤於書法。

齊耀琳自幼隨叔父齊紳甲練習書法，行書和草書功底紮實。在他中進士做官之前，書法作品就相當有名。他在光緒八年（1882 年）寫給「景唐仁兄」的立軸，至今出現在拍賣市場上，仍然價格不菲。

▲ 齊耀琳

特別是在這幅立軸中，他引用古代大書法家米芾的名言來談論毛筆書法大字與小字的難和易：「大字難於結密而無間，小字難於寬展而有餘，猶非篤論。若米老所云，則以勢為主，差近筆法。榜書如米老之寶藏第一山，吳踞之天下第一，皆在趙承旨之上。」可見，他在未入仕之前，就對許多古代書法名家的書法成就有過深入的學習和探討。

中進士為官後，仍研習書法不輟。他的書法作品在當朝堪稱上品，時至今日仍保存在他的宗室後人和收藏家手中。他於一九二七年二月撰寫的《齊氏家譜》用的是工筆小楷，字字珠璣，達到了爐火純青的程度。此譜書，至今仍保存在國內和海外族人的手中。他用小楷為名畫家題詞的扇面，乃至他在為官時用小楷書寫的政府公文，都成為收藏家青睞的拍賣品。作品《羨魯先生》《太夫子大人訓正》等，都是收藏家難得的珍品。

一八九八年起，他歷任清苑縣和宣化縣知縣、磁州和遵化知州、安徽省按察使、保定知州並署天津知府、授永定河道。一九〇八年，任天津道。一九〇九年起，歷任直隸提法使、按察使，河南省布政使、河南巡撫兼安徽巡撫皖北

吏詔軍務，並兼鹽務大臣。

中華民國成立後，任河南都督。一九一三年六月起，歷任吉林省民政長、吉林省巡撫使會辦軍務。一九一四年七月起，歷任江蘇省巡按使、江蘇省長，後兼代督軍。一九二○年十二月，去職到天津當了寓公。一九二八年，應徐鼎霖之邀，同鄉人成多祿等捐資修建吉林先哲祠，祀勳勞國家和有功德於社會的吉林先哲十三人。

磐石苕條頂子建有其族人的墓葬。一九三一年「九一八」事變後，關內外隔絕，此後未能回鄉掃墓，僅同他的三叔丈爺孫永魁和內弟孫繼清有過書信來往。

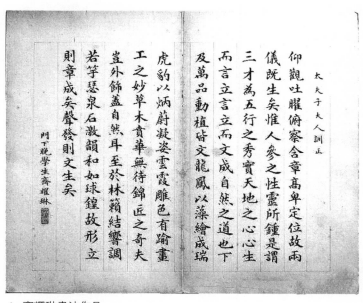

▲ 齊耀琳書法作品

戰地詩人 —— 曹格非

曹格非（1892年-1946年），原名曹乃
心，字心古，號格非，曾化名曹鵬舉，曹
慕康，綽號「草上飛」。出生於奉天省遼陽
縣大平安鄉三官廟村。他受能詩善賦的李
云甫老先生的薰陶，長於格律詩創作。一
九二〇年，到磐石縣城第二小學任教。一
九三一年九月十八日，日本帝國主義侵華
的一聲槍響，把東北三千萬同胞推向了災
難的深淵。為了抗日救國，身為吉林省磐
石呼蘭區區長的曹格非，毅然辭官，組建
起抗日義勇軍，開始了抗日救亡鬥爭。當

▲ 曹格非

時，日本侵華之勢咄咄逼人，他寫下不少愛國詩篇。一九三二年八月，他在磐
石南部組建義勇軍曹團時，寫下一首壯志詩，內容是：

痛心祖國難當頭，
立志除倭誓不休。
北戰南征沙場上，
願將熱血灑神州。

一九三三年春夏之交，他帶領部隊轉戰到輝南縣石道河子一帶時，村莊已
被日軍燒燬。扶老攜幼、哭天喊地的難民到處都是。一路上，義勇軍戰士無不
義憤填膺，憤怒地指責蔣介石、張學良，為什麼坐視東北骨肉同胞被殺害而無
動於衷。見到此情此景，他也十分憤慨，為了鼓舞士氣，作詩一首：

男兒立志矚八方，
投筆從戎赴戰場。
報國何愁援救少，
殺敵血染舊軍裝。

　　為了抗日救國，他帶隊轉戰磐石、伊通、雙陽、輝南、樺甸等地，還先後赴北平和瀋陽取回軍餉。為了抗日救國，他家子侄輩四人被捕遭到殺害，但他仍矢志不移，除了參加和指揮武裝抗日鬥爭外，還經常在戰鬥的間隙寫詩，成為當時活動在磐石一帶抗日義勇軍中的戰地詩人。

　　一九三二年，宋國榮在黑石鎮組建義勇軍時，曹格非任義勇軍曹團團長，後被編成獨立混成旅，任少將旅長，直至一九三四年肺心病加重，才不得不離開隊伍。一九四六年三月，病逝於遼陽縣蘇麻鋪。

　　曹格非生前著有手抄本格律詩十六冊，由他的表弟董任天保存，後在「文化大革命」中被毀。現在能被人們記起的僅有十幾首。

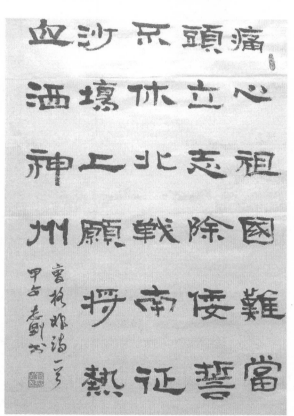

▲ 磐石書法家用隸書書寫曹格非壯志詩

抗日救亡文藝戰線上的女旗手——吳秀雲

吳秀雲（1900 年-1938 年），女，出生於山東省昌樂縣。一九〇八年，隨父母逃荒到磐石縣城。一九一八年，考入吉林省立女子師範學校。畢業後，回到磐石縣女子高等小學任教。一九二三年，任學校校長。

▲ 吳秀雲

一九三一年「九一八」事變，在外地做官的丈夫張孝博因拒絕向日本投降而被折磨致死。她的母親和幼子張磐生也在戰亂中殞命，只剩下她與幼女張熙春相依為命。在日本侵略者肆意蹂躪我國東北大好河山的災難歲月裡，遭受夫死子亡沉重打擊的煢煢少婦吳秀雲，不僅沒有被血雨腥風所嚇倒，還高舉文藝救亡的大旗，帶領文學愛好者們沖上文藝救亡的戰場。

一九三二年深秋的一天，兩位失學青年楊舒恆和楊青山找到她，同她商量成立文藝社，從事文藝救亡活動事宜。她當即寫下愛國詩人李清照的名句：「生當作人傑，死亦為鬼雄。至今思項羽，不肯過江東。」鑒於她的社會地位和聲望，同事推薦她為文藝社的負責人。當她想起曾以紡線資助她讀書的遠在山東的外祖母，此後天各一方，再難相聚，不覺潸然淚下。為此，在報紙上發表《寄給外祖母》一文，引起淪陷區廣大讀者的共鳴。一時間，從淪陷區各地寄來的慰問信達數百封。吳秀雲不僅擅長寫詩歌和散文，繪畫功底也非常深厚，至今仍有很多作品被世人保存。

一九三三年起，她的創作進入了鼎盛時期。她寫的散文《夜半愁思》《清明的一天》《母親的週年》和詩歌《一縷哀思》《心靈上的斑痕》等都在這一時期發表。

心靈上的斑痕（節選）

朋友！上帝讓我決心不再去回憶。

趕快跳出這苦惱悲傷的囚獄！

啊！我已探得了人生的真意。

今日在人類面前慷慨宣誓：

──今後，今後我連頭也不回地去！

去！去！去！

殘餘的靈魂，

含蓄了一點怨氣，

盡可如輕煙般的逝去！

月兒呼呼的夾著冷嘲熱諷，

彷彿是頒布命運的神俠臨到。

毒蛇似的老朽喲！

執著毀愛的證券獰笑。

嘿！它那張著的巨口，

伸著的牙爪，

吞食了愛情，

搗毀了成約！

不體貼人情的豺狼惡獸呀！

玩弄了痴情人的心竅，

彌補你的殘暴！

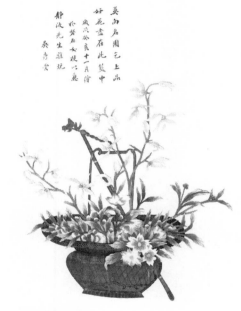

▲ 吳秀雲繪畫作品

一九三四年，日偽反動統治當局在磐石一帶實行歸村並屯，到處放火燒房，以切斷抗日軍民之間的連繫，她所領導的文藝救亡活動也陷入了困境。這時，中共地下黨員「左聯」成員、《青島晚報》副刊編輯于黑丁（化名為于雁）

返回磐石，給救亡文藝社社員帶來很大的鼓舞。吳秀雲除了創作以抗日救亡為主題的作品外，也開始創作揭露階級矛盾和階級鬥爭的作品，如《不夜的 P 城》等。在她的培養和帶動下，社員們的寫作水平和組織能力有了很大的提高，部分社員升學到外地後陸續組建了「浚水新流社」和「野草文藝」，把文藝救亡活動擴展到長春、瀋陽等地。

　　一九三八年春，迫於政治壓力，吳秀雲不得不離開磐石，遠嫁樺甸。同年秋，她被跟蹤的日偽特務殺害，年僅三十八歲。

享譽省內外的地方戲演員──張寶慶

張寶慶（1900 年-2002 年），藝名「小金枝」，出生於磐石縣，為民國初年磐石縣地方戲的出名藝人。一九一八年起，開始在縣城阜城門外（俗稱小南門）道西的簡易露天戲園子唱「蹦蹦」（地方戲二人轉的俗稱），角色是「包頭」（即男扮女裝）。他和藝人閆永富（綽號「大洋蠟」）合演地方戲《摔鏡架》等，當時在磐石一帶享有盛名。後來，他和地方戲老藝人高蓓蕾、吳麻子、趙雲霞（女，藝名「小白菜」）等搭班子進行演出。演出不僅在磐石縣內，也去過樺甸、吉林、瀋陽等地。

一九四七年五月磐石解放後，因先前曾受到過東北文工團二團的影響，除演出一些傳統地方戲劇目外，也開始演出一些現代戲，如《白毛女》《小二黑結婚》等。

一九四八年春，正當磐石人民歡度翻身後的第一個春節時，他同閆永富等一些地方戲藝人帶著鼓樂班子到磐石城西的聶大窩棚（今集中村）、向陽屯、枴子炕等村屯演出，受到農民的熱烈歡迎。演出的劇目和演出形式也比較多樣，如地方戲傳統劇目《蘭橋》《張廷秀私訪》，話劇《小二黑結婚》，歌劇《白毛女》片段，以及根據縣人民政府處決漢奸的案例創編的活報劇《槍斃蘇興周》等。同時，還演出器樂合奏「咔戲」。他們的演出，受到觀眾的熱烈歡迎。

評劇老生名角 —— 蒼鐵英

蒼鐵英（1913 年-2002 年），原名蒼保林，曾用名周稚奎，出生於北平。

一九二一年，年僅八歲的蒼鐵英，奔赴長春、哈爾濱學演京劇，專攻短打武生，出徒後到河北、吉林等大城市演出。曾到吉林省長春市龍春戲院拜周凱亭為師，學習京劇。後赴哈爾濱，入周少樓京劇科班，他練功刻苦，出徒後，隨團先後到石家莊、承德、吉林、長春等地演出。由於技藝精湛，演出深受觀眾好評。

▲ 蒼鐵英

一九三五年起，改演評劇，先後在瀋陽、長春、吉林、撫順等各大劇團當演員。一九五四年，轉到磐石評劇團，成為劇團的頂梁柱。他給磐石評劇團帶來的巨大改革是：在傳統的評劇中，加進武打場面，以吸引更多的年輕觀眾爭相前來進行觀看，一掃過去評劇只能吸引老年觀眾的局面。自他在縣劇團任武打設計指導之後，演出幾乎場場爆滿。一九五七年，在戲劇《西施》中任武打設計，並扮演吳王夫差，在省首屆專業劇團會演中獲優秀劇目獎。在五十多年的舞台藝術生涯中，成功地塑造了《西施》中的吳王夫差、《岳飛》中的牛皋、《碧血揚州》中的兀朮、《天霸拜山》中的黃天霸、《武松打虎》中的武松、《逼上梁山》中的魯智深、《潘楊訟》中的潘仁美、《貂蟬》中的董卓等鮮活的人物形象。

一九七六年退休後，仍致力於培養評劇後備人才。在培養的近百名學員中，有的被輸送到省戲曲學校，有的進入省內各劇團，部分留在磐石評劇團成為劇團骨幹。

著名作家——于黑丁

于黑丁（1914 年-2001 年），原名于敏道，曾用名于雁，筆名黑丁，出生於山東省即墨縣蘇村。其家祖孫三代闖關東，其父定居在吉林省磐石縣城，他的青少年時代是在磐石度過的。

▲ 于黑丁

一九三〇年，在著名作家王統照的精心指導下開始文學創作，並發表了第一篇描寫鄉情的短篇小說。一九三三年，經中共黨員喬天華、俞啟威的介紹，在青島參加了「左翼作家聯盟」，投身左翼文藝運動。一九三四年，加入中國共產黨。這期間，他一邊主編《青島民報・副刊》，聯絡各個文藝小組，開展文藝活動；一邊從事寫作，通過文學作品揭露日本的侵華罪行，謳歌中國人民的反抗精神，先後發表了小說《憤起》《野居之群》《深夜出擊》《九一八之夜》《抗爭》《魔窟》等。一九三五年，中共青島地下組織遭破壞，于黑丁奉黨組織指示撤離報社，先後輾轉於北平（今北京市）、上海，在尋找黨組織的同時繼續從事文學創作。在上海的《申報・自由談》《文學界》《作家》《創作》《文學》等十餘家報紙、期刊上發表了大量文學作品。

一九三七年抗日戰爭爆發後，于黑丁奔赴抗戰前線，輾轉華北各地，參加戰地抗日宣傳活動。一九三八年，于黑丁赴武漢，與臧克家一起聯合一批作家、藝術家組成文化工作團，並擔任副團長，赴第五戰區進行抗日宣傳，這期間發表了中篇小說《沁河岸上》和《戰地報告》等作品。一九三九年，于黑丁到達重慶參加中華文藝界抗敵協會的活動。一九四〇年奔赴延安，於一九四一年九月

▲ 于黑丁選集

重新加入中國共產黨，先後擔任延安文藝界抗敵協會理事、秘書長及《穀雨》雜誌編委。一九四二年，參加了毛澤東同志召開的「延安文藝座談會」和整風運動。一九四五年秋，隨晉冀魯豫幹部隊到達大別山。一九四六年，任晉冀魯豫區文聯理事，主持《北方雜誌》編委工作。一九四八年冬，他奉命南下中原，在鄭州任中共中央中原局機關報《中原日報・副刊》主編、中原文藝界協會副主席，並和李季一起籌辦《長江文藝》。一九四九年七月，任中南五省文藝界赴京代表團團長，率團赴北京參加全國第一次文代會，會後，返回武漢，籌建中南文聯，任文聯黨組副書記、文聯副主席，主編《長江文藝》。

▲ 于黑丁作品

新中國建立後，于黑丁先後擔任中南作協主席、武漢作協主席，係第五、六、七屆全國人大代表。曾先後任作家代表團團長兼黨支部書記出訪蘇聯、菲律賓等國。于黑丁結集的作品有《炭窯》《母子》《北大荒之夜》《戰友》《火場》《沁河岸上》等。結集的文藝理論著作有《文藝論集》《作家・時代》等。部分作品被譯成英文和俄文在國外發表。二〇〇〇年，于黑丁被授予「河南省文學獎・終生榮譽獎」。

▲ 于黑丁作品《炭窯》

著名畫家──劉煜

劉煜（1919年-2015年），
出生於吉林省磐石縣。在磐石
縣城讀小學和中學時就酷愛美
術。中學畢業後，曾任磐石縣
稅捐局文書一職。東北淪陷
後，他更加刻苦鑽研考入偽新
京（即長春市）美術學院，後
赴日本留學三年，專攻西洋美
術，尤以油畫著稱，被譽為台
灣地區的著名畫家。

▲ 劉煜

畢業後，曾到祖國西北去考查和寫生。在返回途中，見一隊駱駝在前行，
而被遺棄在路邊的一個瘦弱的駱駝雖瀕臨死亡，仍奮力地支起前腿做最後的掙
扎。由此，他聯想起積貧積弱的中國被日本侵略者無情地踐踏，山河失色，江
河悲鳴。此時此刻，國家需要的就是這種抗爭的精神，而不是「不抵抗主
義」，在悲憤和慨嘆中創作了題為《垂暮》的畫作。每每談到他的藝術生涯，
他總會滿懷激情地說：「這幅畫是我一生中最滿意和最珍貴的畫作。雖然初看
起來結構單調、色調比較冷，但它卻像徵著一種不屈不撓精神。」

他回到杭州後，承恩師呂霞光的推薦，赴寶島台灣任美術藝術學校教師。
從教期間，一直創作美術作品不輟。作品涉及題材廣泛，有山水、人物等，多
次在台灣舉辦畫展，台灣地區政要馬英九、劉兆玄等觀看了他的畫展，並與之
合影留念。出版了個人畫集，畫集封面是他記憶中的一座巍峨的磐石縣城「南
阜門」。二〇一三年，九十四歲高齡的劉煜回到眷戀已久的故鄉磐石，受到親
友和有關領導的熱情接待。

▲ 《劉煜畫集》部分作品

▌「河北梆子戲」名角──鄧豔秋

鄧豔秋（1920 年-1936 年），女，出生於吉林省磐石縣城，藝名為榮豔秋、吳豔秋。其父鄧玉祥係劇團老刀馬旦，藝名肖九宵，生有二女，豔秋為長女，從小聰明伶俐，五六歲時就跟父親學彎腰、踢腿、踩寸子，舞劍弄槍棍，學唱武旦戲，得到父親的真傳。她學習非常刻苦，後入河北梆子劇團演戲。一九三三年，年僅十三歲的鄧豔秋在戲班子裡脫穎而出，成為劇團中刀馬花旦女主演。

一九三四年，日本侵略者開始在東北淪陷區實行文化管制。一旦台上的某一句話或某一個動作觸動了日本侵略者的神經，就會被扣上所謂的反滿抗日的帽子，遭到刑訊。戲班子也被管制，圈定在城西茶園演出。即使是這樣，只要人們聽到鄧豔秋演出時，都會爭相購票觀看。

她在傳統古裝劇目《四郎探母》《珠簾寨》《武家坡》《穆桂英掛帥》中，扮演女主角刀馬花旦，不僅做工嫻熟，扮裝光彩照人，而且一舉一動、一顰一笑也都表演得與劇中人物神似。十五歲那年出演《鳳還巢》《穆柯寨》《雙瑣山》，轟動全城。她的唱腔高亮圓潤，吐字清楚，帶有濃厚的童聲氣，而且功底深厚，她扮演的穆桂英、劉金錠受很多觀眾的喜愛。她踩著「鋼寸兒」邁碎步，英姿颯爽，觀眾掌聲不斷，成為當時最「叫座」的女主演。戲班子經常到省內外演出，因此，她在省內乃至東北三省頗有名氣。

書法詩詞名家——李國芳

　　李國芳（1925 年- ），字杏
園，吉林省磐石人。李國芳出生於
書香世家，祖孫三代從事教育工
作。他自幼喜愛書法，曾多年臨摹
歐陽詢的《九成宮醴泉銘》、王羲
之的《蘭亭序》，並取法於歐陽詢
的結字三十六法，逐漸形成了自己
的風格。曾任吉林市周易研究會理
事。現任中國（國際）書畫研究會
會員、中國老年書法家協會會員、
吉林省書法家協會會員、吉林市北
山畫院顧問。

▲ 李國芳

　　一九五七年他畢業於東北師範大學中文系，是著名詩人、學者、書畫家，
對《易》《論語》《菜根譚》等有深入的研究。他為人樂觀豁達、幽默詼諧，
因而書風明快敞朗。觀其書法，猶如行雲流水，靈秀蒼潤，筆法沉實，力貫毫
端，似游雲之輕盈，含驚龍之形骸。橫，像千里之陣雲，豎，如百歲之枯藤。
洋洋灑灑，氣韻生動，錯落有致，整體美感極強，令人讚歎！

　　他的行書《蘭亭序》，獲全國「91 重陽活塞杯」一等獎，並在北京軍事博
物館展出。書法作品二〇〇二年獲東方藝術研究院詩書畫大賽金獎。二〇〇五
年中國書畫藝術家協會授予他「中國當代傑出書畫家」稱號。二〇〇八年一月
在長沙舉行「紀念週恩來誕辰 110 週年」活動中，他的書法作品《早庭散步》
在大賽中獲金獎。

　　李國芳先後出版了《杏園詩鈔》《杏園詩存》《杏園詩餘》《花語》《詩律》

▲ 李國芳出版的書籍

《詞律》《曲律》《啟東錄》《杏園文集》《雞塞集》《東北三省政略學務篇》等十四部文集，創作詩詞三千多首，著文百餘篇。其中《菜根譚真味試解》刊於「中國作家世紀論壇」，被《當代作家文萃》評為一等獎。小說《山鬼之戀》在「中國作家世紀論壇」中獲二等獎，被收入《獲獎作家文集》。

　　二〇〇三年，李國芳被世界科教文衛組織授予「專家成員」稱號；中國國際名人院授予他「世界文化名人成就獎」；中華詩詞發展研究會授予他「當代詩神」榮譽稱號，這是當代詩詞界的最高榮譽。我國著名書法家劉廼中先生評價李國芳時說：「國芳先生，邃於學，嫻於詩，勤於筆，游於藝。」中國著名書法家葉天廢撰聯讚揚李國芳：「松竹梅三友，詩書畫一家。」

　　二〇〇八年「5‧12」汶川大地震後，李國芳徘徊於松花江邊，滿含深情地寫下了：「青山綠水奈何天，佇立江邊興索然。遙望汶川無所寄，心花淚水伴辛酸。」並積極投入了抗震救災的行列中，他不但多次捐款，還多次參加賑

災筆會，可見一顆赤誠之心。

李國芳以文人的敏銳時刻關注著祖國發展變化。二〇〇八年奧運會期間，他欣喜若狂，夜不能寐。從奧運聖火點燃那一刻起，僅僅一五〇天，便寫出了五五〇首讚美祖國大好山河、謳歌體育健兒的詩篇，還用小楷將這五五〇首詩寫成了百米長卷，並出版了專集《聖火融詩》。

李國芳不但詩詞、歌賦、書法、繪畫樣樣皆通，還精通國學。多年來，他秉承文以載道、武以安邦的古訓，始終自覺地把傳承祖國優秀文化為己任，嚴於律己，寬以待人。他不僅講國學，寫國學，還用國學規範自己，用自己的言行影響著人們。長篇歷史題材小說《神拳》，從民間的角度對歷史進行了輔證，對帝國主義的侵略暴行進行了控訴，對中國人民的反抗精神給予了高度評價。二〇〇八年榮獲中國國學研究「創作成果」金獎，並被授予「國學功勛藝術家」稱號。

李國芳為人和藹可親，為藝一絲不苟。如今，雖年至耄耋，但創作熱情仍不減當年，他立下了「生命不息、筆耕不輟」的誓言。「著書驚日短，舞墨伴星稀。」他還在不分晝夜地耕耘著。

▌著名小說家──王宗昌

　　王宗昌（1930 年- ），筆名王汪，滿族，出生於吉林省磐石縣黑石鎮。是新中國成立後磐石最早的一級專業作家，長期從事省級文藝期刊的編輯工作，經常在《吉林日報》等報刊上發表詩歌、短篇小說等文學作品。

　　一九五六年，發表短篇小說《我的爺爺》，並獲得東北地區短篇小說三等獎。同年六月，被調入省文聯《吉林文藝》編輯部任編輯。一九六九年九月，走「五七」道路，為梨樹縣青溝「五七」幹校學員。不久，被調回省創編室

▲ 王宗昌

工作。一九七一年起，先後被評為創編室先進工作者三次。一九七二年二月，任省文藝創編室《吉林文藝》編輯組組長。一九七八年五月，任省文聯《長春》月刊編輯組組長。一九八〇年，為中國作家協會吉林分會專業作家。一九八一年，出版中篇小說《古廟裡號角》，長篇小說《她從大海那邊來》。一九八二年，出版長篇小說《孤城殘夜》。同年，被省作家協會評為先進工作者。一九八三年，出版中篇小說《寡婦門前》，並獲得省作家協會創作優秀獎。一九八五年，出版中篇小說《人逢亂世》。他的小說素材多取自磐石，如他的長篇小說《孤城殘夜》就是以抗戰勝利前夜的磐石為背景進行創作的。

　　他先後出版四部長篇小說、八部中篇小說和四十多篇短篇小說，著有《王汪中長篇小說選》。二〇〇五年，獲得吉林省人民政府頒發的「長白山文藝獎·終身成就獎」。

名噪東三省的鐘幡表演高手——楊耀君

　　楊耀君（1931 年-2008 年），回族，出生於吉林省磐石縣。祖籍是習武之風甚濃的河北滄州，他的祖父輩兄弟二人，身高體壯，武藝超群，體力過人。

　　一九四三年，開始跟表兄金鏡新學習武術。一九四四年，父親病故，家中姐弟七人他居長，於是過早地挑起全家的生活重擔。當時，山上的野獸、河裡的魚特別多，他便靠打獵、捕魚維持家庭生活。他白天忙於上山、下河，晚上堅持習武。一九四八年，正式拜高志平為師。先後學習了躍步拳、少林拳、青風刀、八仙劍、子龍槍、春秋刀、七節鞭、繩鞭、鐘幡、扔沙袋及徒手器械對練。經過十年的磨煉，練就了強壯的體魄和一身真功夫，成為高志平的得意門生。曾同師傅一起闖蕩江湖，足跡遍及東北各地。同時，也得到許多名師高手的指點。

　　一九五三年，他參加了在瀋陽舉行的東北地區體育表演大會，他參賽的項目是青風刀和鐘幡，並獲得獎章一枚，被譽為名噪東北三省的鐘幡表演高手。二十世紀五〇年代，他先後參加吉林省武術比賽四次，參賽項目有躍步拳、青風刀、繩鞭、七節鞭等，榮獲過一、二、三等獎。一九五九年五月，他同師傅高志平及冷靜秋代表磐石一起參加吉林省第六屆運動會武術比賽，獲得總分第三名。

　　他擅長的表演項目是鐘幡、春秋刀和繩鞭：鐘幡竹竿高一丈有餘，加上銅鈴、大小幡和三角旗，總重量三十多斤，竹竿底部在手、足、頭、背等處上下移動，沉穩自如；春秋刀重十一斤，舞動起來迅猛生風；繩鞭表演得心應手，令觀眾眼花繚亂，目不暇接。在當時的東北三省，練此功夫者也只有他一人。

　　他先後收了十多名弟子，主要傳人有劉偉傑、林寶山、王孝和、王景祥、王洪海、鄒興山。

攝影藝術家 —— 劉忠

劉忠（1932 年- ），出生於吉林省磐石縣。從上個世紀五〇年代開始從事攝影工作，雖歷經半個世紀，但對攝影工作熱情不減。曾先後任吉林省攝影家常務副主席，省青年攝影家協會名譽會長和香港大眾攝影協會顧問。

一九五九年他在新華社吉林分社擔任攝影記者時，曾榮幸地為朱德、陳雲、葉劍英、賀龍、徐向前、董必武等老一代革命家攝影，留下了寶貴的影像資料。在五十多年的攝影生涯中他創作了大量的攝影作品，其

▲ 劉忠

中有數百幅作品在吉林省、東三省和全國各種大型攝影展中入選，有的作品還獲得了大獎。《高溫造肥》《冰島奇觀》《奔鹿圖》入選全國影展；《冰島捕魚》入選首屆全國農業影展；《油龍穿梭》入選全國工業展；《霜華》入選中國舉辦的首屆國際影展。此外，還有數十幅作品在法國、西班牙、日本、朝鮮等國家攝影展中入選。他的攝影作品《奔鹿圖》懸掛在中國駐美、英、法等二十四個國家大使館內。有百餘幅作品在《人民日報》《人民畫報》《解放軍報》《人民中國》《吉林日報》等報刊發表。其中《鹿仔圖》《秋染樺林》在《中國攝影》上刊登，《鹿仔圖》還入選中國攝影四十年優秀作品年鑑。

劉忠的作品厚重樸實、生動蓬勃，與時代同步，與百姓相關，因而具有極強的生命力和感染力。由於劉忠在攝影界的貢獻和影響力，中國攝影家協會在成立四十週年之際授予他「榮譽金盃」，省政府授予他「長白山文藝獎」，二〇〇八年被省攝影家協會授予終身榮譽主席。

▲ 劉忠作品《霜華》

▲ 劉忠作品《高山之水天上來》

評劇演員——周麗娟

周麗娟（1935 年-1980 年），女，出生於奉天一戶貧苦市民家庭。其父先後靠拉人力車做零工養家餬口。因為家貧，只上過幾天學。一九四六年，進工廠做童工。一九四九年，經人介紹從藝於瀋陽春化劇場，後到長春市評劇團拜金玉霞為師，先攻閨門旦，後攻花旦。她天資聰敏，勤奮刻苦，說念做唱均達到坐科要求。更兼指法準確、腳下清楚、氣韻圓滑、板頭紮實、水袖流暢利落。她最早以《借當》《茶瓶記》等開場戲一鳴驚人，深受老師和群眾的喜愛。

▲ 周麗娟

一九五四年，她離開長春評劇團，搭班子去哈爾濱、瀋陽、錦州、大連、吉林、佳木斯等地演出。她的拿手戲有《紅娘》《玉堂春》《杜十娘》《桃花庵》《碧玉》《白蛇傳》等。她和丈夫于需林以戲劇《呂布戲貂蟬》走紅東北。

一九五五年，轉到磐石縣評劇團當主演。她主演的縣評劇團自編的古裝評劇《西施》參加省第二屆戲劇觀摩演出大會，獲得優秀劇目獎。她扮演的楊八姐、謝瑤環、蘇三和現代戲裡的江姐、阿慶嫂、柯湘、韓英等巾幗英雄形象深受觀眾歡迎。只要縣評劇團的海報登出由她主演的戲，鍾愛她的戲迷們，幾乎是逢場必看。

周麗娟為人正直熱情，工作積極。她不識字，台詞都要經過別人讀完後再死記硬背，演出時從未出過差錯。

二十世紀六〇年代初，劇團經常上山下鄉演出。她扮演的紅娘、三公主、張五可等數十個劇中人物形象深受廣大觀眾讚賞。她在現代劇《風起磐石》《南

海長城》《蘆蕩火種》《江姐》《洪湖赤衛隊》《杜鵑山》中扮演的女主角同樣給人留下深刻的印象。

　　一九六五年周麗娟被評為國家二級演員。一九七八年，調到吉林市評劇團評劇班任教。同年，作為女主角在吉林市演出古裝戲《女駙馬》時，轟動了江城。此後，曾排演過《謝瑤環》等劇。

▲ 周麗娟《西施》劇照

關東作家——王宗漢

王宗漢（1937 年-2013 年），滿族，出生於吉林省磐石縣黑石鎮。國家一級作家，中國作家協會會員，吉林省作家協會副主席。曾先後被評為吉林省文學藝術期刊榮譽編輯、吉林市有突出貢獻的專業技術拔尖人才、吉林市勞動模範。

▲ 王宗漢

一九五四年，考入吉林一高中。高中階段，發表過作品《跑出山縫的老人》。畢業後，到安圖縣插隊落戶。一九五八年，出版第一本短篇小說集《鄉村集》。一九五九年，加入中國作協吉林分會。同年四月一日，任《長春》雜誌編輯。一九六三年起，為了體驗生活，先後到磐石縣明城公社任農業站站長，到磐石縣富太公社插隊走「五七」道路。被抽調到磐石縣評劇團專業創作組工作後，創編的評劇劇本《林海哨兵》獲得省、市戲劇會演創作一等獎。發表的短篇小說《高潔的青松》獲得吉林省文學創作獎。

一九七七年，王宗漢的第一部作品，小說《高潔的青松》問世，這是中國傷痕文學的代表作之一。繼《高潔的青松》後，王宗漢又陸續發表了《齊寡婦的桃花運》《荒村的鼓聲》《情債》《鄉愁》等優秀作品。深厚的文學積澱、濃郁的關東風情、獨特的寫作風格深深地吸引了廣大群眾，滌盪著人們的心靈。

遼大中文系對王宗漢及作品風格進行了深入的研究，並作為教材編入了「文學史」；吉林師範學院中文系的教材中，東北作家王宗漢獨占一章；他的小說《高潔的青松》被北京師範大學列入補充教材中。

一九八九年至一九九〇年間，全國報刊先後共發表了一百多篇有關王宗漢的創作評論文章，其中討論影響深遠的有四次：一九六四年《長春》月刊關於小說《緊急關頭》的討論；一九七八年《吉林文藝》月刊關於小說《高潔的青松》的討論；一九七九年《吉林日報》關於小說《愛情的啟示》的討論；一九八七年《中國電視報》關於《雪野》的討論。遼寧省理論界把「王宗漢現象」

作為專題進行討論與研究。

　　一九八七年，對於王宗漢的創作而言是個重要的年份，這一年他根據自己的中篇小說《桃花運》改編的電視劇《雪野》，榮獲了一九八七年全國「飛天獎」一等獎、全國改革題材電視劇一等獎、全國第五屆大眾電視金鷹特別獎和東北三省首屆金虎一等獎，並參加了國際影視展。同時，這部小說分別被改編為評劇由瀋陽市評劇團演出，被改編成四集電視劇由丹東電視台播出，被改編為《中篇小說選萃》分期連載。

　　在《雪野》大獲成功的背景之下，《情債》的拍攝也水到渠成，這是吉林市電視台建台三十五年來的第一部長篇電視劇。電視劇從籌拍開始，王宗漢就成了最忙碌的人，他提前兩個月回到家鄉磐石採景。磐石是王宗漢的老家，也是他的福地。每年他都要回磐石住一陣子，好多作品也都是在磐石的火炕上創作出來的，他和老鄉們始終保持著親密的關係。

　　老鄉聽說是王宗漢回家鄉拍戲，趕著給劇組送去了六百斤的糧食小燒酒。他眼中泛著淚花，激動地說：「拍不好這部電視劇，就對不起家鄉的這份親情。」他高標準、嚴要求，對每一個場景的拍攝都是力求完美的挑剔中完成的。經過一年多的辛苦努力，《情債》終於殺青，並先後在全國一五〇多個電視台播出，好評如潮。王宗漢再一次激動地流著淚說：「是家鄉人民給了我無盡鼓勵和支持，這就算是對他們的回報吧。」

　　《情債》之後，吉林市電視台陸續拍攝了多部電視劇，形成了「吉林電視劇現象」，王宗漢為推動吉林市電視事業的發展做出了積極的貢獻。

　　王宗漢酷愛文學，專注於農村題材創作，是一位深受人們喜愛的黑土地上的「農民作家」。他從事文學創作四十年來，發表過長篇小說六部、中篇小說五十六篇、短篇小說二百餘篇，共計五八〇萬字。他還根據小說改編電影、電視劇一五六部、集。他的作品多次榮獲國家級大獎，電視連續劇《雪野》獲「飛天獎」一等獎，電視劇《荒野》獲「飛天獎」二等獎和建國四十週年影視劇本創作獎，電視連續劇《山野》獲「中央電視台 CCTV 獎」一等獎，《冬暖夏涼》獲「飛天獎」三等獎。此外，還曾經榮獲「長白山文藝獎」。

鄉土作曲家——謝廷陽

謝廷陽（1940 年-　），出生於磐石縣煙筒山鎮，中國音樂家協會會員，磐石市音樂舞蹈家協會名譽主席。一九五九年到磐石縣文化館工作。

一九六一年起，他先後在《江城歌聲》《長春歌聲》《長白歌聲》《解放軍歌曲》《上海歌聲》《兒童歌聲》《中央廣播歌選》《歌曲》等音樂刊物上發表作品。一九六七年，為毛主席的好戰士王樹慶烈士遺作《最大的幸福是讀毛主席的書》譜曲，並發表在同年出版的《解放軍歌曲》第三期上。同年七月，中央人民廣播電台文藝部林茹等同志來到磐石縣細林公社王樹慶烈士生前住地

▲ 謝廷陽

採風時，將他創作的這首歌曲收集並錄製。帶回瀋陽部隊後，部隊首長十分重視，當即做出批示，要「人人學、人人教、人人唱」，要「快學、快教、快唱」。於是，在瀋陽軍區的所屬部隊立即掀起學唱此歌的熱潮。中央人民廣播電台將其播放七年之久，在全國聽眾中產生了極大的影響。

一九八〇年，他譜寫的兒童歌曲《小白雞下白蛋》（修萬良詞），被收錄到《上海幼兒歌曲集》，該《歌曲集》與日本、朝鮮、新加坡、馬來西亞等國進行了文化交流。除了這首歌曲外，他譜曲的主要作品還有：《我們集合在黨旗下》《中國，龍的故鄉》《月亮，愛神》《我愛你，祖國》《黃河之歌》等。一九九〇年主持創編了歌舞劇抗聯組歌《紅石魂》，演出後獲得吉林省和吉林市頒發的特別獎。二〇〇三年，整理出版《謝廷陽歌曲集》。

豫劇名家——修正宇

修正宇（1941年- ），出生於吉林省磐石縣。小學畢業後，因具有文藝表演天分，於一九五三年進入河南省香玉劇社專攻文武小生，並打下堅實的功底。

▲ 修正宇劇照

一九五三年以文武小生應工，功底紮實，文武兼備。在《斷橋》《穆桂英》《老羊山》《黃鶴樓》等戲中分別成功地塑造了許仙、楊宗保、薛丁山、周瑜等舞台藝術形象。

一九六〇年，參加河南省青年演員會演，在《殺廟》中飾演韓琪，一套髯口技巧和表演殭屍的情節轟動劇場，該劇被列為參加全國戲劇會演劇目。二十世紀七〇年代，以演《沙家濱》（飾郭建光）、《紅色娘子軍》（飾洪常青）、《朝陽溝》等現代劇而蜚聲豫劇界。曾與著名豫劇表演藝術家常香玉及名演員王清芬同台演出。參加電影《風雨情緣》（即《大祭椿》）拍攝，在片中飾演李貴，他的唱腔「恨黃璋」被許多戲校選為教材唱段。其大本嗓音質甜潤，曾同音樂設計師攜手進行男聲唱腔改革。在河南省豫劇一團演出的《十五貫》（飾熊友蘭）、《跑汴京》（飾張成玉）、《桃李梅》（飾顏文敏）、《鳳冠夢》（飾沈少卿）等劇中均以大本嗓（包括轉調）的唱法把古裝戲中的小生表演得淋漓盡致。

一九八五年，調河南省藝術輔導站工作，係河南省戲劇協會會員。此後，一直同王清芬合作，先後到湖北、山東、四川、河北及東北三省演出。兩個兒子修革、修慶，都是著名的影視演員。父子合作演出的電視劇有《水滸傳》《天龍八部》《天大地大》《草原春來早》《屈原》《狼毒花》《霞映長天》等。一九九一年，榮獲全國豫劇電視「梨園杯」大獎賽銀杯獎。

民間剪紙藝術家——于斐群

　　于斐群（1942 年- ），曾用名于飛群，出生於通化縣龍泉鄉。一九六三年到磐石三棚公社德興小學任教，曾任磐石市民間藝術家協會主席。

　　他作品頗豐，多次參加國內外展出並獲獎。三十多年來，于斐群勤奮學習，堅持實踐，刻苦鑽研，勇於創新，在繼承民間傳統剪紙藝術的基礎上，不斷改革，不斷提高，逐步形成了自己的獨特藝術風格。自一九七七年以來，曾多次參加市級以上美展，三次獲省級獎勵，兩次參加全國美展。一九七九年作品參加了吉林市建國三十週年美展，一九八〇年作品參加吉林市「百花齊放

▲ 于斐群

展覽」。一九八三年有二十件作品在北京「國際旅遊工藝品、紀念品展覽會」上展出。一九八四年選送一六九件作品在「吉林地區四人剪紙作品展覽」中展出。一九八五年五月縣文化館為于斐群同志舉辦了個人剪紙作品展覽，共展出作品三二〇件。六月份參加「吉林省計劃生育美展」獲三等獎。同年，這幅作品參加在鄭州舉辦的「全國計劃生育美展」。一九八五年八月，有七十件作品在「吉林市第二屆剪紙展覽」中展出，並獲一等獎。一九八八年二月，他的四十六件作品參加在北京中國美術館舉辦的「吉林市雪杉民間藝術品展覽」，作品獲進京展出一等獎，其中《彩蝶紛飛》《松鼠》和《蟈蟈葫蘆》被中國美術館收藏。同年，在德國舉辦的「國際旅遊博覽會」上有四件作品參展。同時作品被省藝術館推薦，在日本、加拿大展出。縣文聯、縣文化館於一九八八年十一月聯合舉辦了于斐群師生剪紙作品展覽。一九九三年三月，省文化廳授予他「吉林省民間剪紙藝術家」稱號。

國畫名家——薛貴良

薛貴良（1943年- ），出生於遼寧省黑山縣。一九六三年高中畢業後到磐石縣電影院做美工。同年六月，到磐石縣評劇團從事舞台美術工作。現為中國美術家協會會員、國家一級美術師、吉林省中國畫學會理事、吉林市美術家協會名譽主席、吉林市畫院名譽院長，磐石市美術家協會名譽主席。

薛貴良出生於民風淳樸的遼西農村，五歲開始信筆「塗鴉」。一九六八年結識恩師劉繼卣。自此，薛貴良先生在恩師那裡不斷汲取藝術營養，學到了諸多用筆用墨的畫技和諸多一時難以參悟的畫理。同時，他又在不斷地學習、探索中不斷地否定自己的藝術嘗試，不斷地豐富自己的藝術感受，漸漸地有了「意出古人之外」的獨創，形成了自己的藝術風格。

他多年從事藝術創作與實踐，繼承傳統，大膽創新，師古而不泥古，形成了自己的繪畫風格。畫風灑脫，技法清新，筆墨細膩。作品題材廣泛，善畫花鳥動物，近年尤喜畫雞。筆下的雞或高鳴，或閒聚，或迷醉，或靜思……既畫雞的可愛，也畫真情可貴，更是表達生活的豐富和樂趣，雅俗共賞，深受業內專家和國內外收藏者好評與喜愛。

▲ 薛貴良

▲ 薛貴良繪畫作品

薛貴良不僅擅長畫雞，在作品題材方面，他幾乎全面承繼了恩師劉繼卣的人物、花鳥、動物、山水的繪畫技法和繪畫妙理。他的《鳴谷》展現的就是另一番景象。一隻小小的山雀在秋葉剝落的枝條上不停地鳴叫。從其神態上，我們似乎聽到它的叫聲很大。《鳴谷》本來主要表現的是山雀，可薛貴良卻偏偏把山雀畫在一個角落，而把大部分的筆墨用在枝條和野果的渲染上。這種反襯法，更加巧妙地彰顯了山雀鳴谷時的一片真情。我們無法想像《寂靜的山野》竟然表現的是人們印象中威武凶猛的老虎。畫面中兩隻老虎一立一臥，虎頭在相互摩擦，似乎一隻在向另一隻撒嬌，又似乎相互親熱，給人以其樂融融，情意綿綿之感。欣賞薛貴良先生畫作《醉沐春風》時，會在畫面題款處讀到這樣的文字：「余生於遼西農村，自幼酷愛繪畫，尤喜畫雞。秫籬土牆，晨風曉露，與雞相伴。相與嬉戲，逗趣成歡，跳躍追逐。久之，雞之高鳴低吟，飲啄顧盼，飛鳴爭鬥，皆有所悟。常以石當筆，以地為紙，隨意塗之。」由此可見，薛貴良先生在藝術的追求上是多麼的執著、勤奮和刻苦。

從薛貴良的畫作中我們似乎讀出了他的個性繪畫語言——詩情與妙趣，也讀出了他的人格魅力——質樸與儒雅。所以，他的畫作有清麗中和之象，有款款君子之風。沈鵬先生在人民美術出版社出版的《中國當代名家畫集——薛貴

▲ 薛貴良作品

良專集》的扉頁上題詞寫道:「薛貴良先生積數十年之努力,畫禽鳥花卉,深山老虎;以超然觀之,以深情寫之;偶畫小兒也能貼近生活。先生之畫文質彬彬,一派清麗中和,蓋君子之風也。」中國美術家協會副主席、黨組書記吳長江曾說:「薛貴良以多年積累的傳統功力為底色,以鮮活的生命體驗和心靈感受為顏料,為生命寫意,為生活謳歌……」

一九九四年,薛貴良應邀參加由中南海舉辦的紀念「毛澤東主席誕辰一百週年」百名畫家筆會,作品被選入《中南海珍藏畫集》,與齊白石、陳半丁等大家作品同列其中。二〇〇八年,薛貴良作品由人民美術出版社以《中國當代名家畫集》為專集出版,令畫界人士刮目相看。二〇一一年,北京中拍國際拍賣有限公司將薛貴良先生的一幅九十六公分乘八十九公分的《群雞圖》拍出三十二萬元的高價。二〇一二年,《榮寶齋》畫刊選發了薛貴良先生的作品,再次贏得畫界一片喝采;同年,薛貴良在馬來西亞第一現代美術館舉辦畫展,多數作品被該館和當地華人華僑收藏。二〇一四年被吉林省委、省政府評為「長白山文藝獎・成就獎」。

現在,薛貴良雖然年逾古稀,但仍然每天心慕手追,筆耕不輟,在繪畫的藝術道路上繼續探索和嘗試。

▲ 薛貴良作品

書法名家──趙貴福

趙貴福（1946 年- ），滿族，號
竹雨，出生於遼寧省海龍縣（後劃入
吉林省），後隨家遷入磐石縣朝陽山鎮
草廟村。先後被選聘為磐石縣三餘詩
社社長、中國書畫研究院藝術委員會
委員、中國書法藝術研究院東北分院
學術委員、常務理事，全國市長書畫
院院士。

▲ 趙貴福

在文學藝術方面有較深的造詣。一九九〇年六月，書法作品獲得「雷鋒杯
全國書法大獎賽」銅獎。二〇〇三年，書法作品被選入《紀念毛澤東同志誕辰
一一〇週年》《省市領導墨寶集》，並被毛岸青、邵華、毛新宇收藏。二〇〇
四年，書法作品榮獲金獎，並編入《中國書畫研究院成員名鑑》。同時，被中
國書畫研究院授予「中國書畫藝術家百佳」稱號。同年，出版《趙貴福詩詞書
法集》。二〇〇五年，被文化部和中國書畫研究院授予「中國書法百傑」榮譽
稱號，獲得《中國書畫藝術家作品資格認定證書》。二〇〇七年，被編入中國
文聯出版社出版的大型藝術叢書《共和國驕子》。同年，書法作品榮獲中國書
畫研究院頒發的「傳世金獎」，被授予「中華金獎藝術名家」榮譽稱號，作品
被編入《中華傳世書畫鑑賞》大型書畫集。二〇〇九年，被中國亞太經濟合作
中心聘為「中國國禮特供藝術家」，作品樣品被編入《中國國禮推薦與採購》。
二〇一〇年，被世界藝術家雜誌《中國專號》聘為顧問。

退休後，除研習書畫外，仍孜孜不倦地博覽群書，體察人間萬象，先後以
短論的形式著有自藏作品《竹雨齋隨筆》八輯。內容涉獵廣泛，發人深省，足
以提高讀者的精神境界。

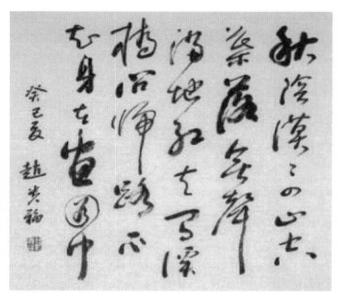

▲ 趙貴福書法作品

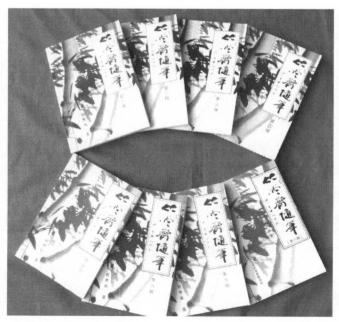

▲ 趙貴福《竹雨齋隨筆》全集

中國現代書法家——于宇

于宇（1949 年-2007 年），原名於占春，字心佛，祖籍山東黃縣，出生於吉林省磐石縣。曾任中國書法家協會會員，中國書法藝術研究院教授，常務副院長。幼時受祖父薰陶，酷愛書法，先從顏楷入手，後以歐體為宗。

于宇視書法如生命，注重書法的基本功學習，每遇佳帖，愛不釋手，

▲ 于宇

反覆揣摩，臨池不輟。其習小楷從鐘繇入手，再習文徵明，筆致精微，毫釐不爽。為當代磐石擅書小楷第一人。其臨習王羲之《蘭亭序》，百臨不厭，從對臨到默臨形神畢肖。其草書、篆書、隸書亦足見功力。他注重字外功夫的修為，苦心研讀中國傳統文化典籍，許多經典詩文不但能深解其意，甚至可以出口成誦。從而使他的書法與傳統文化相融相諧，相得益彰。

一九八七年後，得到當代書法大師啟功和歐陽中石的悉心指導，書法漸入佳境。作品先後在全國第二屆電視書法大獎賽、第二屆中韓優秀作品展中獲獎，並入選全國第七屆書法篆刻展、全國第七屆中青年書法篆刻家作品展等國展。他的大楷書法作品鐫刻於山東曲阜的「論語碑廊」。一九九三年，著有《于宇小楷字帖》。一九九五年後，書法作品多次被榮寶齋、北京書店、中國美術館和國家領導人收藏。在吉林、深圳、香港等地多次舉辦個人書法藝術展，並多次赴日本、新加坡、韓國、美國、俄羅斯等國家舉辦個人書法藝術展。個人傳略被收錄到《中國藝術名人辭典》《中國書畫家》。二〇〇三年，作品《于宇書法集》由榮寶齋出版社出版。吉林日報、吉林省電視台等多家新聞媒體曾作專題介紹。

从金石立命

叭书空颐年

壬午溽暑

于宇

▲ 于宇書法作品

▍當代小楷名家——傅新立

　　傅新立（1963年-　），吉林省磐石人。現任中國書法家協會會員、中國書法藝術研究院理事、吉林省書法家協會理事、磐石市書法家協會主席、清美藝術品鑑定評估研究會會員。

　　傅新立幼承家學，年少時受父親的影響喜歡上了書法。時值「文化大革命」，父親常受命書寫標語、大字塊。傅新立每每跟著父親研墨、裁紙，耳濡目染，這樣父親便成為他書法藝術的啟蒙老師。上學後，又是父親教大字課，雖然每週兩課時，但他出於對書法的熱愛，總是比別人學得更用心。到初中畢業時他的顏體《多寶塔》、柳體《玄秘塔》已寫得像模像樣，常得到父親和同學們的誇獎。高中畢業後，他以優異的成績被錄用為公立教師，從事語文教學

▲ 傅新立

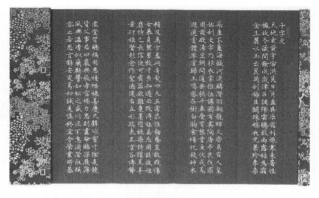

▲ 傅新立小楷作品

工作。為了加深文化底蘊，增強字外功夫，一九八二年，他考入省廣播電視大學，系統地學習了漢語言文學專業知識，也為進一步學習書法奠定了文學基礎。而後他又在父親的指導下，開始學習小楷，從「二王」入手，繼而臨習《文徵明小楷離騷經》。一九八七年他鼓起勇氣參加了磐石縣教師書法展，初試鋒芒，獲得了優秀獎。此後多次參展，傅新立在磐石已是小有名氣。一九九七年在吉林市政協舉辦的迎香港回歸書畫筆會上他結識了著名書法家于宇，他對于宇先生的書藝十分仰慕，並渴望有機緣拜其為師。不久，磐石市文聯舉辦迎香港回歸書畫筆會，在應邀前來的書畫家中就有于宇先生，傅新立抓住這個機會。向于宇表達了拜師學藝的想法。看到傅新立已經寫得很漂亮的小楷作品，于宇很高興地收下了這個學生。從此，傅新立在于宇的悉心指導下愈加勤奮苦學，反覆研習王羲之《黃庭經》《佛遺教經》及王寵小楷、王鐸行草書。其書法主攻小楷，在潛心學習眾名家小楷之後形成了個人書風。其小楷作品端

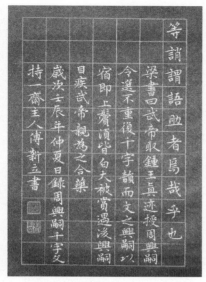

▲ 傅新立小楷作品

莊秀美，結體嚴謹，講求法度，一絲不苟。其作品雖鴻篇巨製，於萬言之間，亦苟求筆畫之精到，雖扇面小品亦顯精緻細膩的章法布白，因而其作品深得書界同道及收藏界讚賞和喜愛。著名書法家佟韋先生評價他的書法「心勤功厚，筆健意新」「道高龍伏虎，德重鬼神驚」。他的書法作品參加國內各種展賽屢屢獲得殊榮，一九九九年參加「吉林省世紀書法大展」獲銀獎；同年十二月入展「全國第七屆書法篆刻展」；二○○○年在「慶祝建國五十一週年吉林省書畫作品展」上獲二等獎；同年在「吉林市臨書大賽」獲一等獎，並被吉林省書畫人才研修院評為二十一世紀優秀人才；二○○一年在「吉林省書法展」上獲二等獎；二○○二年在「吉林省首屆臨書大賽」上獲一等獎；二○○三年應邀參加煙台市舉辦的「中國書畫名家邀請展」，並在煙台市經濟開發區舉辦個人書展；二○○四年以書法作品《唐詩四首》獲吉林市首屆「玫瑰花獎」；參加韓國書畫家舉辦的第十五、十六、十七屆書畫展，作品被編入作品集；二○○五年，獲吉林市委、市政府頒發的「松花湖文藝獎」；二○一三年在北京昌平區舉辦了小楷作品展。其書法成就在《聚焦名家》《翰墨名家》等國內書畫期刊開闢專欄加以介紹。

作為磐石書法的領軍人物，近年來傅新立在錘煉自身書藝的同時，更致力於在磐石培植新人，對學習小楷者他毫無保留，傾囊相授，現在磐石學習小楷者達數十人，形成了「小楷現象」，在磐石市及省內外產生了一定的影響。當代中國出版社以《磐石市小楷現象》為題推介了磐石十一位小楷作者的作品。著名書畫評論家、中國現代藝術研究院執行院長李清波介紹了「磐石的小楷現象」。

書畫雙馨名家 —— 蔡華立

蔡華立（1966年- ），別號守拙廬主人，出生於吉林省磐石縣，現為中國美術家協會會員、中國書法家協會會員、中國美術家協會會員、中國國畫家協會理事、中國美協人物畫創作室畫家、中央民族大學培訓中心學術指導委員會委員。

▲ 蔡華立

蔡華立是一位充滿個性的藝術家。他的書法做到了厚積薄發，通過大量臨習古今名家碑帖使他的書法創作運筆自如，極具功力。他的書法於端莊中透出靈動，於古樸中另番新意，在中規中矩中大膽創新。他的中國畫創作根植於白山黑水，包孕著強烈的中國畫藝術的精神內涵。歷經多年的學習，他在古今中外一些大家作品中汲取了營養，並能以畫家的眼睛觀察生活，常能賦予平常事物以新鮮感和親切感，因而形成了能與大眾溝通的繪畫語言。他的作品注重人物內心世界的表達，善於發掘對象內在的力量和深沉的美。能夠在千變萬化的筆墨運轉中透露出人物的精神風貌，做到落筆成趣、墨韻通達。作品多次在中國美協、中國書協主辦的展覽中參展、獲獎。書法作品參加中國書協主辦的「全國第七屆書法展」「全國首屆青年書法展」「第四屆中國書壇新人展」「全國首屆扇面展」「全國第一屆正書展」「世界華人書畫展」「全國千人千作書法展」；美術作品《沒有雪的冬天》入選「海潮杯」全國中國畫大展；作品《賞秋》獲「紀念中國人民抗日戰爭勝利六十週年全國大型書畫展」優秀獎；作品《卷舒開合任天真》獲「西部風韻」中國畫名家邀請展優秀獎；作品《清影》參加「殷墟」申報世界文化遺產全國書畫大展並獲二等獎，作品《歸》獲「菜鄉情」全國百名畫家邀請展優秀獎；作品《童年記憶》獲「中華文人書畫優秀小品展」銀獎；作品《好日子》獲「紀念

紅軍長征勝利七〇週年暨建黨八十五週年」全國中國畫大展優秀獎。作品多次在馬來西亞、新加坡、韓國、台灣、香港等地展出，被多家美術館、博物館及國內外友人收藏。多部作品在《美術》《國畫家》《美術大觀》《美術報》《中國書畫報》上發表。在《美術觀察》《中國美術》等刊物上發表學術論文十七篇，出版畫集、著作八部，獲吉林市政府「松花湖文藝獎」二次。

▲ 蔡華立繪畫作品

▲ 蔡華立繪畫作品

青年書法家——張函

張函（1979 年- ），吉林省磐石人。現為中國書法家協會會員、山東省教育家協會學術委員會副主任、聊城大學書法系主任。

▲ 張函

一九九四年張函跟隨韓戾軍開始學習書法，韓戾軍對於書法的理解直接影響了張函對於書法的認識，特別是韓戾軍廣博的學識和開闊的眼界也潛移默化地影響著張函，這使張函的書法學習一開始就建立在學識的基礎上。在韓戾軍的悉心指導下，張函的書法日益精進。張函一九九六年就入選第二屆正書展，一九九九年入選第七屆全國書法篆刻展。

▲ 張函書法作品

張函的書法秉持了書藝與書學兩方面的發展方向，並取得了一定的成就。他的書法作品先後參加了「吉林省建省五十週年書法篆刻展」「吉林‧浙江交流展」「山東省教育系統書法展」，並獲共青團中央舉辦「第三屆全國青少年書法美術大賽」（青年組）二等獎。作品被祝嘉書學院收藏並收入作品集。同年，他舉著學術研究成果先後參加了山東省第三屆書學討論會、山東省第二屆王羲之書學討論會，並獲上海國際書法論壇優秀論文獎。出版了《明遺民書法研究》，主持校級課題一項，獲聊城大學優秀科研成果二、三等獎各一次，獲山東省文化藝術科學優秀成果三等獎一次。這些成績的獲得取決於張函書藝、書學雙修的結果。

▲ 張函書法作品

山水畫家——李曦攝

李曦攝（1951年- ），女，字重陽，號九洲。出生於吉林省磐石縣。現為中國文聯書畫藝術中心畫家、全國徽源畫院副院長、安徽省江淮詩書畫院副院長、安徽省美術家協會會員。她自幼酷愛繪畫藝術，當時繪畫對她來說，既無家傳又無名師指點，天生的靈氣加上她孜孜不倦的苦

▲ 李曦攝

學，使她的繪畫得到了鄉親和領導的讚許。因而她有機會到鄉文化站專門從事文化工作，在基層工作的經歷滋養了她豐富的生活。

大學畢業後，她遠嫁安徽，雖然學的是地質專業，但自幼喜歡繪畫的她一來到黃山市，便被這裡秀美的山川風光和深厚的人文底蘊所吸引。行路、寫生、創作成為了她生活的主體，即便在懷有六個多月身孕的時候，她依然背著畫夾，獨自一人沿著溪畔河堤一走就是上百里。黃山與新安江的山光水色是她靈感的源泉，迷人的景緻牽動著她的心緒，她常常沉浸其中，如醉如痴，流連忘返。

李曦攝臨摹的山水古畫十分精到，她說自己的臨摹絕對不是簡單地照搬，而是經過實地考證後融入真情實感創作出來的。她驚訝古畫中的每一座山巒、每一塊岩石、每一種樹木、每一幢民居在黃山幾乎都能找到原型。她用女性特有的細膩，一點一滴地記錄著、描繪著，為創作積累著現實經驗。在《晨曦圖》《黃山秀》等畫作中，李曦攝用女性對山水的天然敏感，使近山松林附和著遠處的群山、瀑布、雲浪，雍容壯闊間多了一層柔美的風韻，儼然用擬人的手法將黃山的秀麗山水比作了東方美人。絕大多數習畫的人都有寄情山水的情結，但他們筆下的自然風光卻是匠氣有餘，靈動不足，其中一個主要的原因就

是他們不識山水真面目，而李曦攝則以一個地質學者的踐行方式與視覺方法創繪出作品的精神氣質。

有人形容李曦攝是「胸中富於丘壑，筆下氣象萬千」，這的確一點不為過。地質學的功底讓她在寫生的時候總能敏銳捕捉到岩石之間的細微差別，能準確分辨出山巒河流的地質地貌和肌理構成。李曦攝說，「大自然的鬼斧神工非繪畫技巧的堆砌所能企及，只要將這份真實帶到繪畫中，不論是金針刺繡，還是巨刃摩天，畫面自然就會散發出震撼的力量。」

李曦攝所摹畫的《仿元代「林下鳴琴」》，對傳統技法的切入點可謂別具一番韻味。而她創作的《峽江圖》《徽州半壁店》等作品中，人們看到的是一位地質工作者縝密實證的考察方法和繪畫者的恣意想像，將豐富的山峽水文、地貌特徵以及徽州民居的獨有格局與畫家內在的精神意像有機地連繫在了一起。在傳統與當代的臨界點上，在地質科學與人文情懷的交互作用中，李曦攝含蓄地表達著自己的心聲。她用辛勤的腳步丈量，用內視的心智親驗那廣袤無垠的萬水千山。

▲ 李曦攝作品《黃山勝境》

▲ 李曦攝作品《黃山》

著名導演——商寧

　　商寧（1955 年-2003 年），吉林省磐石縣人。一九七三年作為知識青年的商寧下鄉到磐石縣細林公社，一九七六年考入磐石縣評劇團，先後任評劇團演員、團長、磐石縣文聯劇協副主席等職務。

　　在磐石評劇團擔任團長期間，他注重對青年演員的培養，為團裡和上級藝術團培養輸送了許多優秀藝術人才，如王蕾等演員已登上了央視春晚舞台。參與編導的大型歌劇《紅石魂》，以楊靖宇、李紅光、宋營等革命先驅為素材，宣傳磐石人民英勇抗擊日本侵略者的英雄事蹟，在社會上引起了強烈反響。

　　一九八四年、一九八五年兩次獲得吉林市青年專業演員會演二等獎。一九八六年獲得吉林省藝術團體中青年專業會演表演獎。一九八九年參加中國評劇

▲ 商寧

▲ 商寧（右一）和《情債》劇組

▲ 商寧（左二）拍攝《中國命運的抉擇》

院《多情的河》導演組，獲文化部頒發的優秀導演獎。一九九五年調入吉林市電視台文藝部，擔任導演。同年參與二十集電視劇《情債》的拍攝，擔任副導演、策劃、編輯。一九九七年擔任電視劇《黑土黃金》（上下集）的編劇、導演。

一九九八年商寧被借調中央電視台文藝中心，參與中央電視台的文藝專題片製作。二○○一年至二○○二年兩次擔任中央電視台《同一首歌——走進吉林市》大型歌會的製片人，「歌會」的成功，得到了吉林市各界人士的高度讚揚。

二○○一年，中國國際電視總公司受炎黃藝術館的委託拍攝《炎黃之胄·黃胄》人物傳記，商寧被邀請擔任導演。黃胄是中國畫藝術大師、社會活動家、收藏家，中國第一座大型民辦藝術館——炎黃藝術館締造者，中國畫研究院、中國工藝美術館籌建者，黃胄美術基金會設立者。為了真實地再現藝術大師的人格與魅力，懷著崇敬之心和對藝術的執著追求，商寧不顧心臟病、肺功能缺失等嚴重疾病，沿著藝術大師的足跡遍布大江南北，穿越唐古拉山口，跋涉草原和沙漠之中，拍攝了八集電視劇《炎黃之胄·黃胄》的人物傳記。得到了炎黃藝術館及著名國畫大師黃胄夫人鄭聞慧女士的讚佩。

二○○二年至二○○三年在中央電視台西部頻道（央視十二頻道的前身）創辦的《一路順風》欄目擔任總導演時，以西部旅遊資源為主線，以鮮活的旅遊特色、靈動的競賽形式、濃烈的文化氣息、經典的歌舞藝術，將知識性、娛樂性、驚險與壯觀融為一體，讓人們在歡歌笑語中領略了西部自然景觀和人文景觀的獨特魅力，吸引著人們前往體驗。該欄目在央視一百多個欄目年終總評中排名第六，得到了充分認可。

商寧拍攝的三十集電視連續劇《中國命運的決戰》榮獲精神文明建設「五個一工程」第七屆「入選作品獎」「優秀節目一等獎」「優秀長篇電視劇銅獎」，劇組被評為「先進集體」等。

攝影家──張洪濤

張洪濤（1955 年- ），吉林省磐石人。現任中國攝影家協會會員、中國新聞攝影學會會員、中國旅遊攝影家協會會員、吉林省攝影家協會理事、吉林市攝影家協會主席、吉林市新聞攝影學會副會長。

▲ 張洪濤

一九八四年起在國家和省、市多家報刊雜誌發表攝影作品。二〇〇四年八月在《攝影世界》尼康「影像從心」攝影比賽中作品《我心中的白樺林》（組照）獲優秀獎；二〇〇六年十二月作品《寒江飛鴻》，在「映像吉林‧霧淞冰雪」攝影大賽中獲一等獎，在吉林省十七屆影展獲優秀獎；二〇一〇年十二月隨吉林市文化藝術交流團赴台灣進行藝術交流，《寒江

▲ 張洪濤作品《門神》

飛鴻》《彩湖詩行》《江畔初雪》三幅作品在台中市展出，《雪谷》《門神》入選「中國‧吉林國際霧淞冰雪」攝影展；二〇一一年《門神》獲吉林省第十九屆攝影比賽優秀獎；二〇一二年《霜花》獲全國第十四屆藝術攝影大賽金獎；二〇一三年《鹿鳴林深》獲得吉林省第二十屆攝影比賽優秀獎；二〇一四年《搭建新蒙古包》獲全國第十六屆藝術攝影大賽建築類優秀獎。

二〇〇二年出版個人攝影集《芳草春山》，二〇〇八年出版《山水縱情》──「家鄉美」風光攝影詩集，二〇一〇年出版攝影散文集《水影山蹤》。

▲ 張洪濤作品《寒江飛鴻》

▲ 張洪濤作品《彩湖詩行》

影視演員——何中華

何中華（1972 年-　　），吉林省磐石人。上中學不久，吉林省戲曲學校到磐石縣招生，在音樂老師張寶霞的指導推薦下，何中華成功通過了初試和複試，一個多月後，他欣喜地拿到了錄取通知書。

▲ 何中華

一九八七年，何中華畢業後，按當時的政策規定，外地學生留在異地工作是嚴格控制的，基本上是哪兒來哪兒去，何中華必須回到磐石縣工作。面對命運的抉擇，何中華鼓足勇氣找到校長，向他說明了自己的情況和意願，校長一直很欣賞何中華，便把他推薦到了吉林省曲藝團。

後來經人介紹，何中華參加了電影《命奪黃金圖》《毒草莓》的拍攝，在這兩部電影中，何中華都是跑龍套的角色，戲份也多以打戲為主，電影放映時，竟沒有何中華一個正面鏡頭。但正是何中華在幾部戲中出色的武術功底，讓他在影視圈中有了立足之本。

一九九二年，電視劇《多情劍客無情劍》開拍，何中華受邀出任該劇的武術指導，並出演了劇中角色，這對何中華也是一個挑戰，畢竟在當時我國內地還並不像國外和我國港台有大批的武術指導和武術替身，也沒有專業和精良的保護設備。劇中每一個動作的設計、每一個動作的站位、每一個動作的落點著實讓何中華費了不少腦筋。在拍攝中，何中華身先士卒，邊摸索、邊學習，經常以各種角色的替身出現，劇組裡的工作人員也不時拿何中華開玩笑：「你小子真行，一天都『死』了四回了。」原來，何中華做替身的角色常常要死去，自然何中華「死」的次數也就多了起來，何中華粗略算過，這部戲下來他至少「死」過四十餘回。對於「死」，何中華從來都是從容的，但對於在這部劇中的傷痛，何中華就沒有那麼鎮定了。因為他經常要上陣，以身「試法」，所以

受傷也就成了家常便飯。有一次，何中華與另一武術替身過招時，不小心大腿被劍刺中，又長又深的傷口流血不止，疼得他面色如紙。何中華被送進了醫院，但為了不耽誤劇組的拍攝進度，經過簡單的處理和包紮後，他仍拖著傷腿回到劇組完成他武術指導的工作。隨著這部電視劇的拍攝完成，何中華「拚命三郎」的名聲也在圈子裡傳開了。

此後，何中華又在《七種兵器》等多部武打電視劇中出任了武術指導一職，並召集了不少吉林省戲校的同班同學擔任劇中的武術替身，這也使吉林省戲校京劇班的名聲享譽圈內。只要有武打戲，吉林省戲校京劇班的學生就成了香餑餑，因為學京劇武行的，都有武術功底，做一個武師自然不成問題。由何中華帶出的師兄弟多數都成了武術指導，這也成了何中華在朋友當中值得炫耀的話題。真正讓何中華不能忘懷的人是長影著名影視劇作家、導演金德順。這位成功創編齣電影《保密局的槍聲》的老藝術家，可以說是何中華正式進入影視圈的領路人。一九九五年，金導籌拍一部二十集的農村題材電視連續劇《蒼涼后土》，一位朋友把何中華介紹給了金導，金導決定讓何中華在劇中出演一個重要角色。但在影視圈中多以「沒面目」形象出現的何中華的演技可想而知，一切都要重新開始。金導充分相信了這個仁義、聰明的年輕人，給何中華更多展示的機會。何中華的表演不過關，金導就委託劇組中知名的演員為何中華「磨戲」，有時金導也在拍戲的閒暇向何中華灌輸表演理論。有一次，何中華的戲拍了一天也沒過關，這讓金導很是氣惱。夜晚，何中華失眠了，倔強好強的他覺得自己辜負了金導的一片心意，竟然急哭了。為了不耽誤第二天的拍攝，何中華連夜跑到劇組駐地的池塘邊苦練白天沒過關的鏡頭。當何中華第二天出現在拍攝現場時，他兩天內判若兩人的表演令現場的工作人員都大吃一驚。從那天起，何中華才感覺到自己在表演方面開竅了。

緊接著，金德順導演的二十集都市題材電視連續劇《冬去春來》再次讓何中華扮演了重要角色，而在這部劇拍完後，何中華的表演已經駕輕就熟，收放自如了。

一九九六年，香港著名藝人劉德華來到長影拍攝電影《烽火佳人》，恰巧何中華也在劇中出演一個飛行員的角色。如果說《蒼涼后土》《冬去春來》兩部劇讓何中華明白了該怎樣表演，在《烽火佳人》中，讓何中華總結出了「做好人、演好戲」的人生信條。劉德華的敬業精神深深打動了何中華，這也是何中華第一次與港台明星合作。

從一九九八年開始，何中華陸續參加了《馬永貞》《少年蘇燦》《中華英豪》《戲說乾隆》《香帥傳奇》《短刀行》《迴旋刀》《燕子盜》《機靈小不懂》《鏡花緣傳奇》《少年包青天》《流星蝴蝶劍》《少年黃飛鴻》《緝私要案組》等電視劇的拍攝，而這些電視劇也大都是港台影視機構投資拍攝的。因為常年與港台明星合作，何中華也被內地觀眾誤認為是港台明星，何中華也在每次接受媒體採訪時，都讓記者幫他澄清一下，自己是地地道道的東北人，就是雪村歌中唱的盛產「活雷鋒」的地方。

在何中華的演藝歷程中，有一部他認為是極具里程碑意義的電視劇——《三少爺的劍》，他在片中挑大梁，飾演男主角三少爺謝曉峰。此後，他的另一部古龍劍俠作品——《流星蝴蝶劍》也在全國各地電視台播映了。在接下來的戲中，何中華到底要演繹多少回古龍筆下的劍客，恐怕連他自己也說不清楚。

何中華在內地演藝圈有「功夫大俠」之稱。從古代豪俠到現代英雄，他憑藉出色的演技和真實的情感為觀眾帶來了一個又一個鮮活的形象。這些角色使何中華的硬漢本色盡顯無遺，他用精彩表演給觀眾留下了深刻的印象。

第四章

——

文化景址

　　當自然打上了人的印記的時候，便有了靈光與寶氣，人們在走進自然創造文明的同時，也為自然平添了生命與活力。在女媧補天遺石的地方，一代代磐石人留下了尋幽探微的足跡。我們在感受大自然之美麗的時候，對那些發現與創造者會嘖嘖讚歎。如今在磐石，有眾多雕刻著人文痕跡的文化景址，使我們在流連於山水之間的時候，對祖國的摯愛之情油然而生。

文物保護遺址

　　小西山石棺墓群址　　小西山距磐石市區四十五公里,位於吉昌鎮西南一公里處。該山南屏南天門,地勢由南向北平緩下降,形成一個長二十五公里、寬一公里的漫崗,處於哈達嶺中段東麓低山、丘陵、谷底之間。小西山東側有一河流——「黃河」,向東同明城鎮玻璃河相匯,北上注入第二松花江最大支流——飲馬河。這裡土地肥沃,水源充足。墓地集中在山的東坡,高出河床四米,整個墓區地勢由南向北平緩下降,面積約十六萬平方米。小西山土壤為黃砂質,遺址地表為耕地,耕地上種植低矮農作物。

　　這個墓地是一九七六年七月吉昌鎮社員在此修水渠時發現的,同年年底吉林市博物館來此調查。一九八〇年六月,吉林省文物考古工作隊又進行了複查,在水渠東側打了兩條探溝,對露出的石棺進行了清理和發掘,共清理發掘石棺墓六座、灰坑一個,獲得出土器物二十七件,其中石器十八件、陶器六

▲ 小西山石棺墓群遺址

件、銅器三件。清理的六座墓葬均為長
方形豎穴土壙石棺墓，按其葬具的結構
分為塊石疊砌、板石對砌，板石對砌上
加塊石平鋪，塊石疊砌的正棺與板石對
砌的付棺四種類型。每個墓均有隨葬
品，這些隨葬品按其用途又可分為生產
工具、生活用具、武器和裝飾品。石器
類主要有石斧、石鑿、石矛、石鏃、石
珮飾、刮削器，這些器物除個別為打製
外，多數為磨製。陶器類主要有罐形
鼎、碗等，均為素面、手製。銅器類最
為精彩，有雙側曲刃青銅短劍、扇形銅
斧、銅鏃。

　省文物考古工作隊在清理發掘的基
礎上，又對墓區周圍進行了調查，在墓
區西側的山坡和山崗頂部發現面積為六
萬平方米的遺址區，在這個區域內的耕
地和斷層中採集了石器八件。石器中有
打製的石斧、石鋤，磨製的石斧、石
刀、石紡輪和殘破的石磨盤。採集陶器
殘片共計十二件，其中有橋狀耳、柱狀
耳、鼎足、口沿、豆把等。

　根據小西山石棺墓及遺址區出土或
採集的石斧、石刀、磨盤、各種陶器及
兵器等生產、生活用具，大致可以看出
這裡的部族已經定居，農業占有重要地

▲ 小西山出土雙耳陶罐

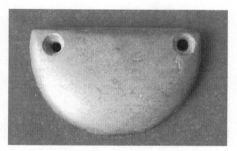
▲ 小西山出土石佩件

▲ 小西山出土陶瓶

位。同時紡織、狩獵也占有相當比重。

出土遺物中的雙側曲刃短劍等青銅器物充分表明了當時已進入青銅時代。這件青銅劍同遼陽二道河子、朝陽九台營子、錦西烏金塘、永吉星星哨等地所出土的曲刃劍的形制基本一致。烏金塘出土的青銅戈是典型的西周晚期至春秋早期的器物，所以小西山墓葬的曲刃劍不應晚於春秋中期，

▲ 小西山出土陶罐

另外青銅斧與旅順劉家瞳石棺墓所出土的銅斧形制頗為相似。劉家瞳的年代斷於西週末，至於小西山出土的銅鏃與過去洛陽中州路 M2415 號墓和上馬村 M13 號墓所出土的相近，由此可以斷定，這裡所出土的銅鏃不會晚於春秋晚期。

陶器與永吉星星哨出土的基本一致，星星哨石棺墓 C 區 2 號墓人骨經碳14 測定的年代為距今 3055±100 年、樹輪校正年代 3225±160 年，相當於西周中期。從這一測得數據來看，小西山墓葬要晚於星星哨。鑒於以上器物的對比，小西山石棺墓群的年代大抵在春秋時期。

該墓區所反映的文化面貌與吉林西團山文化有很大的關聯性，不僅在墓葬結構、出土器物上都表現得極為明顯，採集的器物也為西團山文化所常見。所以，這一遺址應屬于吉林西團山文化類型。

一九八一年四月，小西山石棺墓群被吉林省人民政府公布為第二批省級文物保護單位。二〇一三年三月，小西山石棺墓群被國務院公布為第七批國家級重點文物保護單位。

余富西山遺址　余富西山遺址位於煙筒山鎮余富村西山上，西南方向距煙筒山鎮約二點五公里。遺址所在山的南坡山腳下有一條東西流向的小河，當地

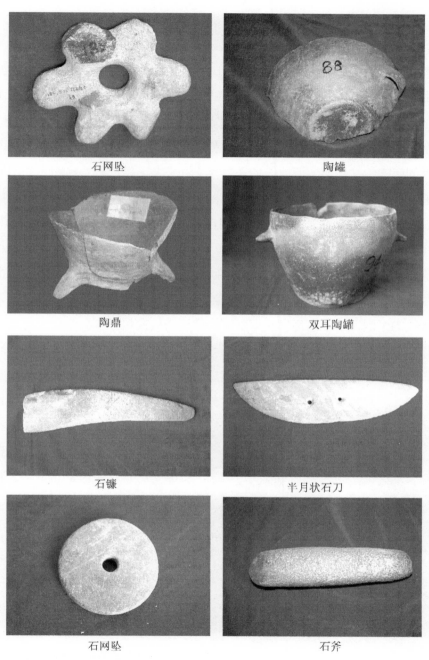

石网坠

陶罐

陶鼎

双耳陶罐

石镰

半月状石刀

石网坠

石斧

▲ 余富西山出土的石器

人稱小北河，在遺址一點五公里處的余富村南注入飲馬河。河南沿為煙筒山林場，吉沈公路在林場門前穿過，路南地勢平坦開闊；遺址東坡是一條溝塘，隔溝為余富屯北山；北、西連接連綿的群山，其中北部的最高峰是七架山，西邊的高山為望海樓山，望海樓山西面為開闊的飲馬河沖積平原。這裡依山傍水，土地肥沃，適合古代人類勞動生息。

余富西山遺址面積較大，包括墓葬和居住址兩部分，為目前吉林省境內面積最大的西團山文化類型遺址，地表散存文物較多。遺址分布在西山的南坡、西南坡、山頂平崗以及平崗北端與另一山包間的東南坡台地上。台地現為耕地，其餘的山坡均長滿落葉松。南坡、西南坡遺址面積約十二萬平方米（400米×300米），山頂平崗、東南坡面積約三十萬平方米（600米×500米）。

遺址南坡、西南坡均有明顯的階梯狀台地構造。雖然栽樹、埋墳和挖探礦溝使台地遭到很大破壞，但是至今在台地局部地段仍留有淺坑，這可能是當時人們居住的半地穴房址的遺痕。東南坡台地，由於農耕破壞較嚴重，從遺址南坡暴露出的石棺看，石棺依山勢作單行、橫向排列，有三至四個墓區，均西南、東北方向，墓主人頭朝山頂。在遺址範圍內到處散布西團山文化遺物，主要有陶器、石器等。陶器均為紅褐色夾砂陶，採集的文物標本有鼎足、鬲足、器耳、口沿和器底等，另採集有一件帶圈點紋的紡輪。鼎足有圓錐狀和扁方夾足狀兩種，鬲足多為圓錐狀。器耳有橋狀耳、板狀耳、乳狀耳等，大小、寬窄、厚薄不一，既有大型的橋耳、板狀橫耳，也有很小很窄的橋狀小耳和乳丁耳。從陶耳、鼎足、鬲足看，這裡的陶器不但種類多，而且多為大型器物，器型主要有鼎、鬲、罐、盆、壺、

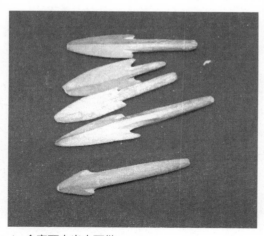

▲ 余富西山出土石鏃

▲ 余富西山採集的陶器殘片

缽、碗、杯等，均為素面、手製。石器較多，尤其是半成品幾乎隨地可見。採集到的標本有石刀、石斧殘段、敲砸器、石核和刮削器等，石器質地為黑色的頁岩。石刀為半月形、直背或稍向內彎，雙面弧刃。石斧中有四件類似半成品，打製粗糙，為磨製石器的雛形，平面作長方形，橫剖面呈菱形或橢圓形、弧刃、器身厚重。採集的幾件敲砸器均呈不規則圓球形。

在余富西山最南端的一個略低於西山主峰的一個圓形小山包上，山頂呈平台狀。圓形台地的直徑約為二十五米。距山頂約六米有一道城牆繞山而行，城底（牆）為碎石堆砌而成，從靠牆的內側就地取土堆成牆身，取土後在城牆內形成一條隨城牆繞山走向的深溝。城的東面為懸崖，其他三面城牆長一二五米，現城牆殘高為〇點五米、牆底寬三米、頂寬一點三米，與牆結伴的溝深〇點五米、寬一點五米。此城的城牆和內側溝尚存，牆底石有的已塌落，城內山頂台地現已長滿了樹叢。在城內台地上採集到零星的紅褐色陶片，依據採集的

▲ 小梨河後山遺址

陶片和遺跡形制推斷，余富西山遺址使用年代是從西周至漢代。二〇〇九年五月，在第三次文物普查工作中，在余富西山遺址北側山峰發現人工堆積土台，面積約四百平方米，初步推斷該土台為人工烽燧，該處烽燧與遺址內的砲臺山烽燧南北相對，遙相呼應。

二〇一三年余富西山遺址被國務院公布為第七批國家級重點文物保護單位。

小梨河後山遺址　遺址位於煙筒山鎮小梨河村本屯後山上，遺址所在的後山西高東低，圓形的山頂有正方形平台，周長六十米。當地俗稱「高麗城」。平台東三百米處又突起一山包，遺址的中心區就分布在兩山包間向陽的渦地處。平台所在山的東南坡、東坡都有較明顯的階梯狀台地。從頂往下有四級：平台為一級；第二級台地寬約六米，從東往北繞山成半圓形；三、四級台地由於農耕和水土流失，遭到破壞。遺址東南坡中部往下有一雨裂溝。一九八四年曾在雨裂溝內發現三座石棺。兩具塊石壘砌，一具似板石對砌，均被破壞。在頂部遭破壞的石棺處發現頭蓋骨，在中部暴露的石棺的底部清理出一把石斧。

從雨裂溝暴露出的石棺看，該遺址的墓葬區位於居住址南側，石棺均南北向，有三至四個墓區，可能為一處較集中的石棺墓群。

遺址東西長約五百米，南北長約三百米。在遺址範圍內，紅褐色夾砂陶器殘片遍地皆是，並散存有零星的磨製石器殘段。由於僅限地表上的調查，未能採集到完整陶器。採集的陶器標本有鼎足、鬲足、器底、器耳、口沿等，鼎足、鬲足數量較多。鬲足為圓錐狀，尖足。鼎足有圓柱、扁方、方形尖足狀三種，其中圓柱狀的較大，均為手製素面。器耳除乳狀耳外，多為板狀和橋狀橫耳，一般較粗大。從鼎足、鬲足和陶器殘片中看，器型有鼎、鬲、罐、盆、壺等，其中以大型的鼎、鬲、雙耳陶罐為多。上述遺物，質地均為紅褐色夾砂陶。採集到的石器有斧、刀、錛和敲砸器。石斧一件，為黑色燧石質，長方形，橫剖面近圓柱形、刃微斜。殘段石刀四件，直背、弧刃，均為黑頁岩磨製。完整石錛一件，長方形、器耳扁平，刃部鋒利，器形精

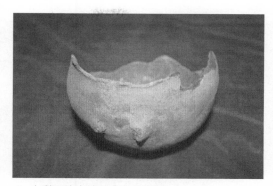

▲ 小梨河後山遺址出土的陶罐

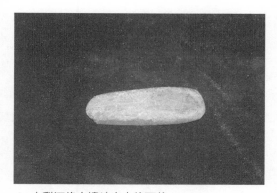

▲ 小梨河後山遺址出土的石斧

▲ 八面佛經幢構件

緻。

該遺址面積較大，包括居住址和墓葬區兩部分，地表散存遺物較多。根據遺址文物內涵分析，當時的部族在這依山傍水的向陽之地，從事著以農業為主，以漁獵業為副的生產活動。

從採集到的遺物和暴露的遺跡看，這裡是一處典型的西團山文化遺址。二〇一三年小梨河後山遺址被吉林省人民政府公布為第六批吉林省級文物保護單位。

八面佛遺址　八面佛遺址位於磐石市煙筒山鎮振興村東約一〇〇〇米的小山頂上，處在筒子溝河北岸。

二〇一四年，吉林省文物考古研究所、磐石市文物管理所對八面佛遺址進行了田野調查、考古勘探後，實施了搶救性發掘。歷時四十五個工作日，揭露地表面積約一一五〇平方米，共發現早、晚期兩組遺存。早期遺存包括建築台基、位於台基頂部帶有火炕的房址、台基南側的石幢。出土的遺物主要為脊飾、磚瓦、風鈴等建築構件，還有部分銅錢。晚期遺跡包括帶有火炕的房址一座、露炊遺跡九個、灰坑二十個，應為金代聚落遺址，出土遺物主要為各類鐵質生產工具。

八面佛遺址中揭露的台基布局清晰、建築格局相對完整，不僅包括了具有典型時代特徵的石幢，還包括亭閣式建築和居住址。此種建築組合在吉林省金代遺址考古發掘中尚屬首次發現，在全國範圍內亦屬罕見。

在出土的建築構件中，簷頭板瓦、簷頭筒瓦、脊獸、風鈴等製作工藝成熟，樣式、紋飾均體現出典型的金代風格，與已經發現的同時期物品相比又呈現出自身的特徵。根據已發現的遺跡、遺物，基本可以復原出該寺廟的原貌，其中蘊含的信息不但包括金代寺廟的建築特徵，也透射出當時人們的佛教信仰模式，隨著考古整理、考古學研究的展開，這些認識將逐漸明晰。

從政治角度講，佛教在中國歷史上具有特殊的地位，佛教寺院原則上均為國家控制，帶有濃厚的官方色彩，是統治階級對民眾進行教化的場所。從經濟

角度而言，修建佛教寺院需要大量的資金投入，而剃度僧尼脫離農業生產專門從事佛教事務，就更需要有相當規模的田產作為經濟支撐。磐石八面佛遺址地處飲馬河流域，該區域在歷史上屬於女真族的發源地，在金代則屬於上京路會寧府轄區，處在金代的政治、經濟、文化中心區，此處修建佛教寺院絕非偶然。可以說，八面佛遺址考古發現直接反映出磐石地區在金代政治、經濟、文化發展上的重要性。

紙房溝山城遺址　紙房溝山城遺址是我國境內高句麗時期最具代表性的「築斷為城」類型遺存之一，也是高句麗北部一處重要軍事城址。位於寶山鄉鍋盔村鍋盔屯西北約 3000 米處，南臨果園，約 1000 米處為果園房舍，再向南1000 米為寶山鄉通往鍋盔村的公路。鍋盔山群峰綿延起伏、層巒疊嶂，山城就建在小鍋盔山主峰向西南和向東南方向延伸的兩條山脊之間的峪口裡。

▲ 紙房溝山城遺址

古城牆橫貫峪口，牆身均向兩側沿山坡直至山脊，依牆為屏，依脊為障。城圍近 5000 米，地勢險要，易守難攻，異常雄偉。城牆長約二百米、底寬十二米、頂寬一米、殘高二至三米不等。牆兩側均見明顯的取土溝痕，可見牆體是用山上的砂石土迭築而成。西南段有二米寬缺口，發源於古城清泉的不凍小溪也從缺口流出，該缺口可能為城門峪口。城內有大小平台數十塊，最小的面積為二十五平方米，最大的面積達 3000 平方米，當地群眾稱其為「點將台」。二〇〇九年，全國第三次文物普查，磐石普查隊在複查過程中還發現了古城內遺留的十餘處房址地基，並在城內發現若干段城牆，遺址面積增加至六十萬平方米。

該城址與吉林市三道嶺高句麗山城基本相似，故初步判斷該山城應為漢唐之際建立的防禦性軍事城堡。

山城依山勢而築，城內有許多人工修整的平台，以及十餘處房基址。從出土的建築構件可以看出，該城應存有等級較高的建築。對研究高句麗時期北部防禦體系、城址類型具有較高的科學價值。二〇一三年被吉林省人民政府公布為第七批省級文物保護單位。

磐石天主教堂　該教堂建於光緒十四年（1888 年），係由法國巴黎外方傳教會傳教利都主持興建。建築風格獨特，既體現了西方教堂建築的富麗典雅，又體現了中國建築的古樸莊重。特別是懸掛在教堂內最前邊兩個柱子上的對聯：「無始無終先做形聲真主宰，宣仁宣義聿照拯濟大權衡」（此對聯在「文化大革命」中被毀），充滿了中華文明的內涵和底蘊。教堂除開展宗教活動外，還為中國近現代革命鬥爭做出了一定的貢獻。

一九三二年九月十日，抗日救國義勇軍司令宋國榮率領戰士們攻打城內日本侵略軍最後一個據點時，教堂把鐘樓借給義勇軍的觀察哨使用，因此被日本侵略軍用炮火轟毀。此鐘樓直至二〇〇二年，才在磐石市人民政府的支持下進行修復，教堂舊貌換新顏。

一九四七年六月，磐石天主教堂的後院平房，曾借給中共吉南地委做辦公

室，一直用到一九四八年六月吉林被解放之後。可見，教堂為支援抗日救國鬥爭和解放戰爭都做出了重要貢獻。

　　磐石天主教堂不僅是宗教活動場所，也是向人們進行革命傳統教育的紀念地。新中國成立後，在學校用房緊缺的情況下，教堂又主動把大禮堂借給磐石一中做學生食堂，前面平房借給磐石一中做男生宿舍。二〇〇二年三月，教堂被磐石市人民政府確定為市（縣）級文物保護單位。二〇〇七年五月，被吉林省人民政府公布為省級文物保護單位。

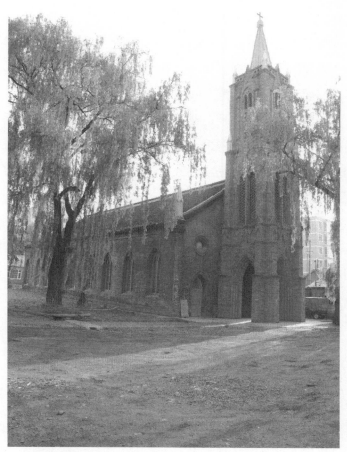

▲ 磐石天主教堂

近代革命鬥爭紀念地和遺址

蕎麥楞子抗俄紀念地　位於現今的石嘴鎮永寧村附近，永寧村的原名叫蕎麥楞子。據有關史料記載：光緒二十年十月初（1894 年 11 月末），沙俄部隊的殺人魔王林涅卡姆夫帶領五個外貝加爾哥薩克騎兵連，從雙陽縣竄到磐石城北的蕎麥楞子，被義勇軍首領孫樓、楊統、王達等人率部痛擊，把敵人趕回了老巢。

磐石城南抗俄紀念地　位於當時縣城的阜城門外。一九〇〇年十一月，一支侵華的沙俄哥薩克部隊竄至磐石縣城，在阜城門外搭起帳篷紮寨。這伙侵略軍姦淫婦女，掠奪財物，無惡不作。抗俄義軍首領劉單子聞訊後，於一天下午率二千輕騎從海龍縣出發直奔磐石縣城。入夜，趁敵人熟睡之機，將敵人殺得片甲不留。此後數十年，劉單子奇襲「毛子營」的故事一直在人們中間流傳。

三道崗村向日本侵略者打響第一槍紀念地　一九三二年四月三日，駐磐的二名「日本帝國警察」在十二名縣偽保衛總隊士兵的保護下，到磐石東部東北岔一帶去搜捕黨的地下工作人員。臨行前，命駐磐偽軍前去進行助威。偽軍營長宋國榮不得不派一連連長龍介天帶領八十人隨後前往。當他們到達三道崗屯（今屬富太鎮）林家燒鍋大院時，發現日本警察及其幫兇正在給被捕的朝鮮族老人上酷刑。在勸說無效的情況下，龍連的班長孫永昌忍無可忍，舉槍將助紂為虐的幫兇金漢鐘擊斃，龍連的其他弟兄也應聲舉槍，將兩名日本警察松尾峰雄和有木擊斃，打響了反抗日本侵略者的第一槍。

蛤蟆河子村農民暴動紀念地　一九三二年五月一日，被中共磐石中心縣委派到磐東、磐北一帶做群眾發動工作的中共黨員，原磐石縣立中學附設師範講習科學生孟潔民、初向辰、劉克文等人，組織磐石北部蛤蟆河子、七間房一帶的農民群眾舉行反日示威遊行。活動進行到五月七日，參加遊行的愛國民眾達到五〇〇〇多人，游擊隊隊長李紅光、政委李松波帶領戰士進行保護。憤怒的

群眾在吉海鐵路保線工人的配合下，鋸斷鐵路通訊線桿，燒燬鐵路枕木，拆毀黃河鐵路橋梁，中斷吉海鐵路運輸十餘天。當駐煙筒山偽軍二營七連連長王應階帶領隊伍前來鎮壓時，被孟潔民迎頭嚴詞斥退。

　　小孤山屯磐石工農反日義勇軍成立紀念地　為了發展和壯大中共磐石中心縣委領導的抗日武裝，中共「滿洲」省委於一九三二年二月陸續派中共吉林縣委書記張振國和在「北滿」做兵運工作的楊君武到磐石舉辦政治軍事學習班，為部隊培養領導骨幹。學習班結束後，在中共「滿洲」省委常委、省委軍委書記、省委巡視員楊林的具體指導下，於六月四日在磐石東部的小孤山屯正式組建「滿洲」工農反日義勇軍第一軍第四縱隊，簡稱磐石工農反日義勇軍。

　　黑石鎮東影壁砬子抗日救國義勇軍成立紀念地　一九三二年四月三日，駐磐偽軍在磐東三道崗擊斃兩名日本警察之後，營長宋國榮立即把全營戰士都拉

▲ 磐石工農反日義勇軍成立紀念地

到磐石南部與輝南、樺甸交界的黑石鎮，招兵買馬，積草屯糧，並連繫分散在各地的抗日武裝籌建抗日救國義勇軍。同年八月三十日，在當時的黑石鎮東輝發江北岸的影壁砬子附近的台地上，召開有四十七支抗日武裝代表參加的抗日救國義勇軍成立誓師大會，並於九月十日攻占磐石縣城，後轉戰到伊通、雙陽、樺甸、濛江、輝南等地。一九三三年夏，被東北民眾抗日救國會改編為東北民眾抗日義勇軍第四軍區第八路軍。

蕎麥楞子火車站截敵火車紀念地　一九三二年八月二十六日，活動在磐石城北扇車山一帶的抗日救國軍「占山好」姜振東部和「占北原」蓋長鳳部，得知有一列日軍軍車要通過蕎麥楞子火車站（今永寧車站）時，決定劫敵軍車，給日本侵略軍一次沉重的打擊。經過研究之後，決定先拆毀車站北出口的鐵路，並派三百名戰士埋伏於鐵路兩側的密林中進行伏擊。八月二十七日早晨，蓋長鳳帶領戰士到火車站把站長王永吉等站內工作人員關到一間屋裡，戰士們換上了火車站工作人員的衣服接車，同時派出部分戰士掀翻車站北出口的部分鐵軌。吉海路上的第七次列車進站後，埋伏在鐵路兩側的伏兵槍聲驟起。響過一陣排子槍後，未見車上有人還擊。待上車進行搜查時，發現了一名負隅頑抗的日軍軍官和一名衛兵，另有一名日本商人，方知此次列車並非軍車。八月三十一日，《盛京時報》對這次戰鬥進行了歪曲的報導。事後，日本侵略者還在火車站北出口處豎起一塊寫有「蕎麥楞子站激戰地」的石碑。該石碑在一九四五年抗戰勝利後，被當地百姓拆毀。

取柴河火車站東生擒偽軍旅長紀念地　一九三二年九月三日，抗日救國軍司令傅殿臣（原山林隊大絡子）在得到駐磐偽軍旅長朱力罕九月四日上午乘火車去省城吉林開會的消息後，扒掉數節鐵軌埋伏在火車站東靠山的轉彎處，守株待兔。當火車開到鐵軌損壞處不能前行時，戰士們立即上車，將偽軍旅長朱力罕及其隨從全部俘虜。此事在吉林南部產生了很大影響，同年九月十一日，《泰東日報》對此事進行了報導。

老爺嶺隧道北出口處截擊日軍鐵甲車紀念地　一九三二年十月以後，日本

侵略軍在南面的朝陽鎮火車站和北面的雙河鎮火車站，各安置一輛軌道鐵甲車。每天，對開到煙筒山火車站之後再返回，對紅軍和抗日軍民在鐵路沿線活動構成嚴重威脅。傅殿臣曾帶領救國軍部隊在取柴河隧道堵截過一次軌道鐵甲車，雖用洋槍土炮打了半天，還是讓敵人的鐵甲車跑掉了。於是，傳出日本人的鐵甲車誰都打不了的神話。為瞭解除鐵甲車給抗日軍民造成的心理創傷鼓舞士氣，打擊日本侵略者的囂張氣焰，楊靖宇決定率隊擊破鐵甲車。據一九三三年五月三十一日楊靖宇寫給中共「滿洲」省委的《報告》載：「紅軍經過充分準備之後，於今年陽曆二月底紅軍游擊隊在老爺嶺一帶擊破了日本帝國主義的鐵甲車，擊斃日軍七人，重傷二人。」從此，紅軍在群眾中的威信越來越高，廣大人民群眾紛紛投身到抗日隊伍。這次擊破敵鐵甲車的戰鬥在「南滿」抗日軍民中產生了很大的影響。

石虎溝大清觀楊靖宇整黨整軍紀念地　一九三二年十一月上旬，在磐石工農反日義勇軍處境十分困難的情況下，代理中共「滿洲」省委軍委書記楊靖宇受省委派遣到「南滿」進行巡視。他歷盡艱險，在樺甸北部的蜜蜂頂子一帶，找到轉移到那裡的磐石工農反日義勇軍。經過耐心細緻的思想工作，把隊伍帶回到磐石境內的石虎溝大清觀。經過整頓，取消「五洋」山頭報號，清除混進隊伍裡的不良分子，把隊伍改編為中國工農紅軍第三十二軍「南滿」游擊隊。接著召開中共磐石第三次黨的代表大會，批判了以全光為代表的右傾逃跑主義和以王耿為代表的左傾冒險主義，更換了中心縣委領導。隨後，把隊伍帶到玻璃河套，建立起了以紅石砬山、玻璃河套為中心方圓百里的抗日根據地。

玻璃河套屯劉過風犧牲紀念地　一九三二年十一月上旬，共青團中共「滿洲」省委巡視員劉過風（原名劉紹堤）陪同楊靖宇到「南滿」磐石縣進行巡視，協助楊靖宇對中共磐石中心縣委及縣委領導下的抗日遊擊隊進行整頓，後被暫時留在磐石，協助共青團磐石中心縣委和部隊開展團的建設工作。一九三三年一月末，應海龍縣三十一戶村地方黨組織之邀，楊靖宇率領紅軍「南滿」游擊隊前去攻打反動地主會兵據點，留下劉過風在玻璃河套根據地開展工作。

▲ 石虎溝紀念地

一月二十九日上午十一時，偽軍團長「東江好」劉東坡帶領六百多名騎兵突然闖入玻璃河套根據地，進行燒殺搶掠。劉過風為掩護群眾安全撤離被敵人抓捕殺害，使楊靖宇失去了一位得力的助手。劉過風犧牲時，年僅二十歲。

　　長胳膊屯孟潔民犧牲紀念地　一九三二年十二月下旬，根據紅軍「南滿」游擊隊地方工作人員張云志的報告，得知吉昌西長胳膊屯（今長勝屯）地主張志仁和吉昌北馬蹄崴子村地主郭彬庭正在組建地主聯莊會，已購進長槍五支，短槍二十五支。當時，紅軍「南滿」游擊隊迅速發展壯大，缺少槍枝。於是在張云志的建議下，決定派人前去談判，動員張志仁獻出部分槍枝支援抗日，並通過張云志事先與之進行了溝通。一九三三年一月一日清晨，紅軍戰士帶上乾糧，行軍三個小時，從玻璃河套來到長胳膊屯附近的林中進行隱蔽，孟潔民（中共磐石中心縣委軍事部長、紅軍「南滿」游擊隊總隊長）帶領參謀穆春祥在張云志的陪同下到張志仁家進行談判。談判中，孟潔民發現張志仁毫無誠意，有意拖延時間，知其必有陰謀。於是，命令穆春祥到院中鳴槍報警，自己也下炕向房門走去。就在他剛要邁出房門時，張志仁從身後向孟潔民的頭部開

了一槍，孟潔民當即中彈犧牲，年僅二十一歲。

泉眼溝初向辰、王兆蘭犧牲紀念地　一九三三年一月一日，紅軍「南滿」游擊隊總隊長孟潔民犧牲後，中共磐石中心縣委決定由副總隊長王兆蘭繼任總隊長。一月十一日，部隊轉移到磐石東北部的窩瓜地村附近，分三處駐紮。總隊部領導連夜開會，很晚才休息。呼蘭偽民團頭子高錫甲和駐呼蘭偽軍綠槓隊得知這一消息後，立即出動偽兵丁三百多人前來偷襲紅軍總隊部領導駐地泉眼溝。激戰中，總隊長王兆蘭、總隊政委初向辰壯烈犧牲，大隊長劉克文身負重傷。駐紮在其他兩處的紅軍部隊聽到槍聲前來救援時，敵人已逃之夭夭。紅軍「南滿」游擊隊接連遭到重創，損失慘重，致使楊靖宇被迫繼續留在「南滿」帶領這支隊伍戰鬥。

拐子炕三棚砬子、紅石砬山第一次反圍剿戰鬥勝利紀念地　一九三三年一月三十日，楊靖宇帶領得勝之師剛剛返回磐石西部的三棚砬子村和大炕山一帶休整。日軍指揮官云條（人們稱其為鰲條）指揮的偽軍毛團，從縣城出發經枴子炕屯向北推進。偽軍「東江好」劉團從明城出發，沿玻璃河向溝裡推進，準備合圍紅軍「南滿」游擊隊根據地。大敵當前，楊靖宇指揮若定，沉著應敵。一月三十一日晨，在不費一槍一彈的情況下，紅軍在枴子炕屯生擒偽軍毛團輕騎先頭部隊三十三人，迫使偽軍毛團不敢前行。接著，將駐守在三棚砬子上準備阻擊紅軍的偽軍「東江好」劉團的部隊擊潰。當天晚上，紅軍和其他抗日武裝匯聚到紅石砬山上之後，又遭到三千多名偽兵丁的包圍。半夜之後楊靖宇帶領紅軍殺開一條血路，突出重圍，從而粉碎了敵人的第一次瘋狂進攻。戰鬥結束後，紅軍宣傳科印發了以《枴子炕大捷》為主要內容的宣傳單。

磚廟村淺草溝第二次反圍剿戰鬥勝利紀念地　紅軍「南滿」游擊隊取得老爺嶺截擊鐵甲車的勝利之後，立即把隊伍轉移到玻璃河套以西的吉昌區磚廟村駐紮，但窮凶極惡的日本侵略者又糾集偽軍毛團和偽軍「東江好」劉團，於一九三三年二月二十七日跟蹤到磚廟村進行第二次圍剿。紅軍在楊靖宇的指揮下登上磚廟村外淺草溝附近的一座高山，一面高喊口號、高唱反日歌曲，一面組

▲ 紅石砬山出土的子彈

織火力擊退敵人的數次衝鋒。激戰三個多小時後，敵人在棄屍十二具、傷十餘人的情況下，倉皇逃竄，紅軍取得第二次反圍剿勝利。

　　楊寶頂子第三次反圍剿戰鬥勝利紀念地　一九三三年三月下旬，敵人出動了一支日軍守備隊和實力較強的偽軍第十四團，配備三門迫擊炮和數挺輕重機槍，分別從磐石縣城和小城子（今明城鎮）出發，再次從南北兩個方向向紅軍游擊隊根據地玻璃河套撲來。楊靖宇指揮隊伍埋伏在楊寶頂子附近的山上密林裡，伏擊從溝穀道路上開來的日偽軍。戰鬥從下午一點一直打到天黑，敵人打紅軍找不著目標，紅軍打敵人打個正著。隱蔽在樹上和巨石後面的紅軍神槍手打退了敵人的數次衝鋒。最後，敵人以死十餘人、傷十餘人的代價撤出戰鬥。在被擊斃的敵人中有一名日軍守備隊長，紅軍則無一傷亡。

　　泉眼溝第四次反圍剿戰鬥勝利紀念地　一九三三年四月末，敵人趁紅軍「南滿」游擊隊離開根據地到吉海鐵路以東的窩瓜地一帶活動之機，又動用三門迫擊炮和七八挺機關槍，以偽軍十四團裴連為先頭部隊向紅軍駐地襲來。楊靖宇聞訊後，立即將主力部隊埋伏在敵人必經之路泉眼溝的兩側密林中。時近中午，敵人進入伏擊圈後遭到紅軍的迎頭痛擊。偽軍架起迫擊炮和機關槍進行

頑

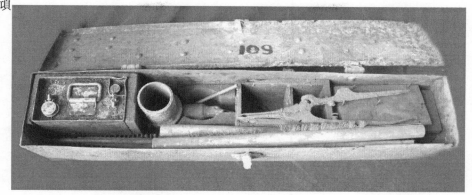

▲ 紅石砬山出土日本修槍工具盒

抗，紅軍有密林和巨石做掩護，敵人火力再猛也無濟於事。戰鬥進行得正酣時，楊靖宇派出一支騎兵小分隊抄敵人的後路，使敵人進退不得，只好集合起來向磐石縣城方向落荒而逃。途中，被楊靖宇事先安排的兩支預備隊伏擊。據說，楊靖宇一直率部追到粗榆頂子山下，以致此後在官馬溶洞旅遊景點進行開發時，刻上了楊靖宇曾在此處指揮過戰鬥的將軍壁。

煙筒山偽迫擊炮連起義紀念地　一九三三年五月二十六日晚上，駐磐石縣煙筒山街「成德源」燒鍋院內的偽軍迫擊炮連的中共地下黨組織負責人曹國安，召集一排、二排裡的地下黨員張炳麟（原名章秉文）、宋占祥（字鐵岩）召開黨小組會議，決定於五月二十八日端午節夜裡舉行起義。端午節這天，偽迫擊炮連連長為慶祝自己晉陞少校軍銜舉行宴會，把排長以上軍官喝得爛醉如泥。曹國安等趁夜裡換第五班崗時，帶領全連起義。起義成功後，被紅軍「南滿」游擊隊編為迫擊炮大隊。從此，紅軍游擊隊也有了迫擊炮。

豬腰嶺東北人民革命軍第一軍獨立師成立紀念地　一九三三年九月十八日，根據同年七月一日中共「滿洲」省委發出的指示信精神，在紅軍「南滿」游擊隊不斷發展壯大的情況下，「南滿」游擊隊在玻璃河套上游豬腰嶺屯（今為永興村）附近的長壽宮院內召開慶祝大會，慶祝紅軍「南滿」游擊隊擴編為東北人民革命軍第一軍獨立師。由於東北最早的人民革命軍是在磐石成立，所

以在中共「滿洲」省委的許多文件裡又稱之為「磐石人民革命軍」。就是這支隊伍，後來發展成為東北抗聯第一軍，與第二軍合併後，成為威震東「南滿」的東北抗聯第一路軍。

　　抗聯王小溝戰鬥紀念地　一九三九年秋，東北抗聯第一路軍的抗日救國鬥爭處於最為艱難的歷史時期。日偽統治當局進一步採取集村並屯、警備、保甲等所謂的治安措施，同時調動四十萬兵力，對抗聯一路軍活動的地區進行殘酷的「討伐」，敵人動用的兵力是抗聯一路軍總兵力的二千多倍。面對嚴峻的時局，總司令楊靖宇從八月下旬開始，命令部隊休整及開展籌集糧食、彈藥、棉衣等項工作。八月二十七日，根據地方工作人員提供的情報，楊靖宇命令後方部隊參謀李興紹率領第三支隊先行，奔襲輝南縣大場院偽軍據點，以保證二道花園方面籌糧工作的順利進行。李興紹率隊到達指定地點後，一邊襲擊附近山區的偽軍據點，一邊向當地百姓做籌糧工作。

▲ 東北人民革命軍第一軍獨立師成立紀念地

九月九日，黑石村王小溝屯（今屬松山鎮）的李洪臣、杜雅齋等十多人，在給抗聯部隊購買和運送膠鞋、鹽、豆油、菸捲、大苞米餷子時被捕。李興紹聞訊後，決定狠狠地教訓一下敵人。九月十日夜，帶領八十多人包抄駐王小溝偽警察分駐所，將偽警察和偽自衛團全部繳械。第二天，召開群眾大會，宣傳黨的抗日救國主張。百姓見抗聯部隊是真正抗日救國的隊伍，所到之處秋毫不犯，並為之感動，不用動員就積極獻糧。就連一向狐假虎威的偽警察、偽自衛團丁也都感到愧對良心。會後，組織抗聯戰士、偽警察、偽自衛團丁和屯中的壯勞力一起，把湊集到的糧食背到老鷹溝裡松樹人山的山梁上。徵糧結束後，李興紹給偽警察、偽自衛團丁開了一次會，教育他們要愛護百姓，不能為虎作倀。此後，這些人對待老百姓的態度確實有了改變，偽警察分駐所所長姚中堅則被敵人撤職回家務農。

　　阻擊國民黨軍隊激戰紀念地　一九四七年五月三十一日夜，東北民主聯軍獨立第二師等部隊順利解放磐石縣城。六月一日中午，駐紮在城西聶大窩棚村（今集中村）的獨立二師小股部隊，英勇地阻擊從海龍縣逃竄到村南河對岸紅土腰村的國民黨第六十軍暫編二十一師及一八四師殘部，殲敵百餘人，整個村子被國民黨軍隊的炮火燒燬。六月三日，獨立二師在吉昌鎮北阻擊並殲滅第六十軍暫編二十一師大部。同日夜，民主聯軍第六縱隊和東滿獨立師在磐石北部杏樹泉子一帶，截擊該部國民黨軍隊，激戰四小時，斃傷敵二百餘人，俘敵副團長以下官兵九百餘人。聶大窩棚、吉昌、杏樹泉子為東北解放戰爭中發生在磐石境內的重大激戰地。

　　中共磐石中心縣委辦公地遺址　一九三〇年六月，中共「滿洲」省委秘書長廖如願帶領一個臨時組成的少數民族工作組，根據共產國際提出的「一國一黨」的組織原則，對活動在磐石一帶的朝鮮族共產主義者進行審查，將其中的四十二人轉為中共黨員，並組建中共磐石縣臨時委員會，由參加過廣州暴動和海陸中農民起義的共產黨員朴奉（原名朴根秀）任書記，縣委機關的辦公地址設在磐石東部的郭家店。

同年八月中旬，在中共「滿洲」省委組織部秘書、省委巡視員陳德森等人的指導下召開中共磐石縣第一次代表大會，選舉產生中共磐石縣執行委員會，由朴奉任書記。縣執委的辦公地址設在吉海鐵路西的玻璃河套村（今屬明城鎮）。

一九三一年八月，中共磐石縣執行委員會改建成中共磐石中心縣委，由全光任書記。一九三二年十一月，中共「滿洲」省委候補委員、代理軍委書記、省委巡視員楊靖宇對中心縣委和縣委領導的工農反日義勇軍進行整頓之後，由朴元燦任縣委書記，建立起紅石砬山、玻璃河套抗日根據地，將縣委辦公地址轉移到玻璃河套上游生財溝（今富民村）溝裡。

一九三三年秋，日偽統治當局派重兵對磐石一帶進行大「討伐」，楊靖宇率獨立師主力離開磐石，到輝發河以南開闢新的游擊區，中心縣委書記李東光將縣委辦公地址遷到吉海鐵路東粗榆頂子一帶的深山密林裡。

一九三四年十二月，中共磐石中心縣委的主要領導李東光等，被調到新成

▲ 中共磐石中心縣委辦公地遺址

▲ 滾馬嶺抗聯密營遺址

立的中共「南滿」臨時特委工作，新成立的中共磐石中心縣委由王平山（原名金昌根，係枴子炕區委書記）任縣委書記。同月，獨立師的餘部全部調離磐石。在敵人的瘋狂「討伐」和燒殺搶掠下，磐石一帶已十室九空。在這種嚴峻的形勢下，中心縣委不得不把辦公地址遷到伊磐邊境（伊通縣一帶的深山密營中）。

綜上所述，一九三〇年至一九三四年中共磐石中心縣委在磐石境內的辦公地址依次為郭家店、玻璃河套、生財溝溝裡密營、粗榆頂子山中密營。

滾馬嶺抗聯密營遺址　滾馬嶺抗聯密營修建較早。一九三二年六月四日，中共磐石中心縣委領導的磐石工農反日義勇軍成立之後，下屬的三個分隊分別到三個地方開展抗日遊擊活動，時任部隊政治委員兼第一分隊長的楊君武（後改名為楊佐青）率領第一分隊在磐石東部活動，並在滾馬嶺修建密營，以這座密營為依託，在對敵鬥爭中取得了多次勝利。

紅軍鐵西修械所遺址　該遺址位於當年紅軍玻璃河套根據地的生財溝裡，今向陽屯的入口處，距富民屯（原名生財溝屯）一里許，約建於一九三三年二月。修械所具有當時一般鐵匠爐使用的簡單設備，可以修補槍械上的簡單零件，製造土槍、大刀、長矛。一九三四年冬，獨立師全部撤離磐石後，修械所的兩棟房子被日偽軍燒燬。一九六〇年，富民生產隊在舊址修建馬號時，挖出當年修械所遺留下的鐵渣等廢棄物，並得到吉林市文物普查隊的確認。後來這裡住戶不斷增加，便形成了現今的朝陽屯。

大炕山密營遺址　該遺址位於現今朝陽山鎮大炕山南坡，北坡山腳下為小保安屯。一九三三年春夏之交的一天，李承雨（時任中共磐石中心縣委職工部部長）應邀到這處密營同抗日救國義勇軍司令宋國榮等就聯合一事舉行過會談。

紅軍醫院的三處遺址　據一九三四年一月三十日磐石人民革命軍傅世昌寫給中共「滿洲」省委的《報告》中載：「我軍現有祕密醫院三處（每個醫院有一名女同志煮飯，一名男同志打柴買東西，一名醫生進行醫療救治工作），醫院經濟問題由黨區書記負責。」三處醫院分別是：鐵西醫院，位於鐵西修械所順溝谷上行約二百米的坡地上，為一處地餃式建築；鐵東醫院，位於石虎溝內的大清觀廟內，紅軍分隊長張炳麟負傷後曾在這裡進行過醫治，醫生徐哲（朝鮮族）後任東北抗聯第一陸軍軍醫處處長、中共「南滿」省委委員；八家溝醫院，比上兩處醫院修建稍晚些，位於紅軍八家溝密營坡地上方，係地餃子式建築。一九四五年抗戰勝利後，陳家村的老百姓張氏還在廢墟中挖出過裝冰片的瓶子。

淺草溝山坡密營遺址　該遺址位於吉昌鎮磚廟村附近。此密營在楊靖宇率領獨立師部隊全部離開磐石後，為後成立的磐石抗日遊擊隊繼續使用。據有關史料記載：一九三七年一月二日，磐石抗日遊擊隊在此密營駐紮時，遭到吉昌鎮偽警署、偽自衛團四十多人的突然襲擊，戰士李植在掩護戰友撤退時光榮犧牲。

▲ 吉遼省委辦公遺址

中共吉遼省委辦公遺址　該遺址位於原磐石縣城阜城門外河南沿路西原縣立初級中學辦公樓（1987 年拆除，舊址在今解放小區內）。一九四六年二月初，中共吉遼省委由海龍縣城遷到此樓辦公，對外稱林楓政治部，四月十六日遷往吉林市。

吉遼軍區司令部辦公遺址　一九四六年二月八日，吉遼軍區司令部由永吉縣岔路河鎮遷到磐石城內原萬字會樓內辦公。同年四月十六日，同中共吉遼省委一起遷往吉林市。「文化大革命」結束後，興建縣政協、縣工商局、縣老幹部局綜合辦公樓時，原辦公樓被拆除。

吉遼軍區司令部政治部辦公遺址　在當時磐石縣城大南門外道東的段家大院內，原址已被拆除。一九四六年二月八日，軍區政治部由永吉縣岔路河遷到此處辦公。四月十六日，同吉遼軍區一起遷往吉林市。

吉林省民主政府辦公遺址　一九四六年二月八日，吉林省民主政府從永吉縣岔路河鎮遷到原磐石縣公署一樓辦公。四月十六日，遷往吉林市。原樓已被拆除，舊址約在現今磐石市政府辦公樓的位置。

中共吉南地委、吉南行政督察專員公署、吉南軍分區辦公遺址　一九四七

年六月上旬，中共吉南地委、吉南行政督察專員公署、吉南軍分區，同時從樺甸縣的夾皮溝和老牛溝遷到磐石縣城。其中，地委機關設在縣城天主教堂後院，專員公署設在原縣政府樓內，軍分區機關設在城南原縣立中學樓內。上述三個機關，於一九四八年六月停止在磐石縣城辦公。

▲ 吉林省民主政府辦公樓

風景名勝

官馬溶洞景區 官馬溶洞景區距磐石市區三十五公里,位於煙筒山鎮粗榆水庫西側楊木頂子山半山坳。被譽為磐石旅遊第一景觀的官馬溶洞,是吉林省內最大的喀斯特溶洞,大約形成於三億年之前,溶洞處於晚古生代石炭系地層區,地貌起伏,山勢陡峭,形成地表熔岩洞。洞內岩石為石灰岩和大理石,洞南側有燕山期侵入岩類,覆有火山噴出岩。洞內居大觀者有天然形成的六個廳,廳與廳之間有曲曲折折、上上下下的廊道相通,有三十八個主要景觀。一九八八年,由官馬鎮政府與吉林市建築一公司聯合開發,洞長三八〇米,總面積一八〇〇平方米。自開發時起,每年遊人不絕,可謂人氣十足。二〇〇三年,進行洞體擴建,洞長延伸一五〇米,新開入口,原入口附近開掘出新的出口,原第六廳變為第一廳,原第一廳變為第六廳。新開入口處,迎面的洞口下面是一條地河。地河寬二米、深三米,河水豐沛,冰冷刺骨,但從不結冰,實為北方溶洞之奇觀。地河經開發後,長約三十米。遊客進洞後,先由碼頭乘遊船進入第一大廳,然後依次遊覽。第一廳最大,高三十米,面積約四百平方米,頂呈穹廬形,猶如圓頂之大劇場。乳白色的石壁上,掛滿了形態各異的石鐘乳,可謂浮雕中之珍品。廳內的前下方,新開發出天然鐘乳石「彌勒佛」和「瀑布」,「瀑布」落差三十三點五米,又稱「百尺泉」,是目前全國唯一的溶洞內高落差瀑布。由第一廳直上,其狹窄處僅容一人通過,攀扶十三米懸梯,直至第二廳。第二廳寬七米,高十五米,四周有奔騰直瀉的石瀑布,中央有一

▲ 官馬溶洞洞內景觀

▲ 官馬溶洞洞內景觀

▲ 官馬溶洞景區正門

個周長約四米的大石鐘乳，狀如猿人頭，額頭、眉眼、牙齒、鬍鬚、毛髮，惟妙惟肖，紋理清晰，虎虎有生氣。前行至第三廳，最為奇特的是伏壁而臥、狀如刺蝟的鐘乳石，數隻刺蝟如受驚狀，伏在那裡一動不動。廳右側有一小洞似宮殿，中央矗立一個棒槌狀的鐘乳石柱，猶如東海龍王的定海神針，頗有一些神韻。前行至第四廳，高三米，呈半圓形，較開闊，可容納數百人。廳內石筍兀立，鐘乳懸垂，似人似獸，如仙如佛。第五廳面積較大，約一五〇平方米，廳上有一座天然形成的佛像，令人感到驚奇。向左拐四米進入第六廳，第六廳面積最小，約五十平方米，廳內有石如桌，相傳在東北淪陷時期，黨的地下工作者曾在此辦公。洞內的六個廳，魚貫相連如串珠狀。洞內景觀奇特，鬼斧神工。遊覽完第六廳之後，沿著新開鑿的長長的地下通道直達出口。新出口在原入口的右側，出口處為一高大石壁，壁上刻有「將軍壁」三個大字，以紀念楊靖宇將軍曾在這一帶領導愛國軍民進行英勇的抗日救國鬥爭。電視連續劇《雪山飛狐》曾選取此處為外景拍攝地。奇特的石鐘乳、石筍、乳石花、石鵝管、石葡萄、石瀑布，洞中套洞的連鎖洞貌，陰涼神祕的洞中地河，令人神往的美麗傳說等，都能引起遊人無限的情思和遐想，給人一種誤入仙境的感覺。

官馬溶洞景區內，有「千古絕唱——唐詩宋詞」書法碑林（2002 年 10 月落成）。碑林中心建有一株虯龍般盤根錯節的景觀樹，蓬勃的新枝昂揚向上，象徵著祖國生生不息的燦爛文明。奇石館收集西到新疆，南到湖北、廣東，東至山東的全國各地奇石六十八塊。館外設有東北最大的奇石廣場。官馬溶洞景區於二〇〇二年十月十九日成功地舉辦了「第一屆官馬蓮花山森林公園旅遊文化節」。同年，被吉林省旅遊局評為 2A 級景區。二〇〇三年十二月，官馬蓮花山森林公園被國家林業局批准為國家森林公園，占地面積五一四六公頃，包括官馬溶洞景區、蓮花山景區、黃河水庫景區。原隸屬關係、山林權屬、經營範圍不變。二〇〇四年九月十二日，全國第十屆洞穴學術會議在官馬溶洞召開。洞口外高大的「將軍壁」，以及楊靖宇將軍的遺物——用子彈殼做成的毛筆，令人觀後油然而生敬意。經過多年的大力建設，景區食宿設施齊備，現可

▲ 唐詩宋詞書法碑林

同時容納三五〇餘人就餐，一百二十人住宿。

　　唐詩宋詞書法碑林　唐詩宋詞是中國文學史上璀璨的明珠，千百年來一直為人們傳誦不衰。書法作為中華民族的國粹，從其誕生的那時起便以它無盡的魅力成為中華民族獨特的藝術瑰寶。用書法的形式展現唐詩宋詞的內容，人們已經司空見慣。然而能夠把百首唐詩宋詞以書法的形式鐫刻於碑卻是一次首創。

　　二〇〇二年，磐石人任海濤在歷經千辛萬苦蒐集國內百位著名書法家作品之後，出巨資將這些作品鐫刻於碑，立於官馬溶洞景區。從而建立了「千古絕唱——唐詩宋詞」書法碑林。碑林精選魯西南上等青石，並聘請了國內石刻能工巧匠精心雕琢，歷時半年建成，共有石碑一百二十五塊，其中唐詩七十五塊，宋詞四十塊。另有十塊鐫刻了磐石詩詞名人詠官馬溶洞的佳作，並由磐石

書法界名人書寫。碑刻完成後，按照官馬溶洞整體景觀的需求，隨形就勢，依山而建，盤旋婉轉，曲徑迴廊，錯落有致，古樸典雅。

碑林的建成為官馬溶洞增添了人文景觀，令遊人駐足觀賞，流連忘返。這些唐詩宋詞連同當代名家的書法作品將與石碑一同恆久樹立，流傳久遠。

蓮花山森林公園景區　蓮花山森林公園景區距磐石市區二十五公里，距長春、吉林兩市均一一〇公里，距煙筒山鎮約二十公里，位於煙筒山鎮石虎溝屯溝裡。地處長白山餘脈哈達嶺中段，公園面積二十三平方公里。景區山高林密，峰巒起伏，古木參天。景區內最高峰雞爪頂子，海拔 1049 米，另有海拔1000 米以上山峰三座，八百米以上山峰九座。登上最高峰遠望，眾峰巒環繞四周，猶如蓮花盛開，又似觀音台，故取名蓮花山。雞爪頂子附近還保存著2400 多畝的原始紅松林，樹齡多在三百年以上，其中最大的紅松，需四人合抱。此外尚有近萬畝珍稀的雲杉、冷杉林。森林公園內，林木資源豐富、林分結構複雜，森林季相分明，為典型的低山針闊混交林景觀，極具觀賞性。林中的空氣中含有大量的負離子，有助於促進人體的新陳代謝。松、杉、榆等樹

▲ 蓮花山景區

種，都能分泌植物殺菌素，使空氣得以淨化，松、杉在光合作用中產生的臭氧及一些樹木分泌出來的芳香物質，沁人心脾，頓感心曠神怡。色木槭、假色槭等樹木分泌出來的一種散發在空氣中的物質，被稱為「空氣維生素」，對人的身體健康大為有益。可見，蓮花山森林公園，是供人們進行保健的理想「森林氧吧」，且距吉林、長春二市較近，是城市一族休閒度假的理想去處。

蓮花山森林公園一帶，自古就是滿族先民肅慎人繁衍生息和進行漁獵的地方。附近的許多村屯名，都由滿語的音轉而成，如：驛馬鎮的「驛馬」一詞，為滿語「伊碼」的諧音，原義為「山羊」，指這一趟川在墾殖之前，經常有野山羊出沒，其近處的一座高山，至今仍被人們稱作「懸羊砬子」；官馬村的「官馬」一詞，為滿語「嘎曼」的音轉，原義為「蚊子」，指這一帶的水草林地在墾殖之前，蚊子特別多；滾馬嶺屯的「滾馬」一詞，為滿語「構馬」的諧音，含義為「長」，指這個屯子附近有一道長長的山嶺，流經附近的一條河原名為飲馬河（後更名為驛馬河），飲馬河名中的「飲馬」一詞，為滿語「伊爾們」的音轉，原義為「閻王」之意，即指這條河早年河道狹窄，雨季經常氾濫成災。上述地名，以及二〇〇八年第三次文物普查中，在景區附近的驛馬鎮兩道溝屯發現的新石器時代遺址，都充分體現了景區附近歷史文明之悠久。清朝封禁二百多年，原始森林密布，被稱為「林海」。新中國成立後，這裡被劃為「三二四」

▲ 蓮花山景區山莊

▲ 蓮花山景區

▲ 蓮花山滑雪場

兵工廠禁區多年，使這裡的生態植被得以完好地保存。春聞鳥鳴，夏觀響瀑，秋品野果，冬賞雪韻，醉人的景緻變幻如仙境。尤其是到了冬季，林海雪原，玉樹瓊花，遠近妝點著松柏的翠綠，特別是有滑雪健兒從「天」而降，使寂靜的山林煥發出盎然的生機。廣袤的林海，為眾多的野生動物提供了繁衍生息的場所，被吉林省列為野生動物保護名錄的有二五九種。景區內除大清觀革命遺址、佛殿外，西數第一峰上的風動石，人推不動，風吹則晃，可謂大自然造化的一種奇觀。景區內的吊水壺瀑布，是雨季自然形成的，水霧瀰漫，清涼怡人。

　　蓮花山滑雪場，於二〇〇二年十二月二十六日建成並投入使用。工程由著名的加拿大伊克森公司規劃設計。蓮花山獨特的地形地貌，受到了設計師的讚歎。這裡屬於大陸性季風氣候，由於受蓮花山周圍群山的阻擋，滑雪場的風速很小，寒冷的西北風吹不進來。滑雪場位於東北側最高峰的背陰坡，利於保存積雪。積雪期從每年的十一月開始，直到次年的五月初，厚度可達一點五米，雪質銀白鬆散，呈顆粒狀。滑雪場一期工程共開有八條滑雪道，一條長二百米的國內最長的雪圈道，坡度在五至三十五度之間。滑雪道交叉相連，地形高低起伏有致，既適於初、中、高級滑雪愛好者使用，又可以舉辦各類國內、國際

▲ 蓮花山景區正門

滑雪比賽。四條拖牽索道，一條吊椅索道，可把滑雪者送到雪道的任何地方。滑雪場備有近千副滑雪器材，如滑雪服、滑雪手套、滑雪鏡等，供滑雪者使用。從加拿大進口的雪地摩托，可讓遊客充分領略在林海雪原中風馳電掣、呼嘯而過的快感，親身感受到在電影、電視劇中才能見到的驚險與刺激。

二〇〇三年九月二十九日，蓮花山景區成功地舉辦了「第二屆官馬、蓮花山公園旅遊文化節」。同年，蓮花山景區被吉林市旅遊局評為最佳旅遊景區。二〇〇三年冬季，在這裡成功舉辦了全國「大眾杯」高山滑雪比賽。蓮花山森林公園風景區內古樸典雅的旅遊設施，給遊客提供了舒適的生活保障。國內、國際直撥電話，可以預定全國的機票、火車票，無線網手機轉發站，可為遊客提供方便、快捷的服務。春花、夏蓮、秋聲、冬韻相伴的原始森林「氧吧」，令人神往的滑雪天堂，蓮花山森林公園景區已成為商務旅遊、家庭旅遊、蜜月旅遊、團體旅遊的首選去處。

紅石砬山綠色生態旅遊景區　紅石砬山綠色生態旅遊景區距磐石市區二十五公里，距吉林、長春兩市均為一二〇公里。景區具有豐富的紅色旅遊資源和重要的開發價值。一九三二年十二月，楊靖宇將軍親手組建的中國工農紅軍第三十二軍南滿游擊隊，以紅石砬山、玻璃河套方圓百里的山區和溝谷平地作為抗日根據地，同敵人展開了游擊戰爭。根據地生財溝溝裡，有中心縣委和紅軍報社遺址、修械所遺址、紅軍醫院遺址、炭窯遺址，附近群山中的鹼草溝、大汞洞子、大炕山、八家溝等處的深山老林中均有當年紅軍進行抗日鬥爭的密營遺址。還

▲ 紅石砬子山

▲ 紅石砬山春季美景

▲ 紅石砬山谷溪水潺潺

有楊靖宇將軍於一九三三年九月十八日在豬腰嶺屯，原萬壽宮廟前宣布成立東北人民革命軍第一軍獨立師的遺址等。一九三三年五月中旬，中共滿洲省委秘書長馮仲雲曾在紅石砬山的最高峰，向紅軍南滿游擊隊的指戰員傳達了中共中央「一‧二六指示信」精神，使紅軍南滿游擊隊排除了「左傾」路線的干擾。山中的紅石砬子抗聯革命根據地遺址，被吉林省人民政府列為省級重點文物保護單位。

紅石砬山主峰海拔 878.7 米，相對高度 478.8 米，方圓六平方公里，南北走向，屬哈達嶺山脈老爺嶺支脈，為燕山期花崗岩地層。山的南、東、北麓，分別為柳子炕河、擋石河、玻璃河的發源地。山峰頂部為石頭砬子峰頂，因而得名為「紅石砬子山」。山中樹木旺盛，既有清新的純天然風光，又有豐富的歷史文化內涵。二十世紀五〇年代，在紅軍活動的遺址中經常能發現當年紅軍留下的有重要價值的遺物。景區交通便利，通訊網絡健全，電力水源充足。位於紅石砬山腳下的吉林省紅石鹿業有限責任公司，創建於一九五七年，養鹿歷史悠久，現有梅花鹿二千餘隻，總資產達一五〇〇萬元，是國內具有一定知名度的養鹿企業。因此，進一步開發紅石砬山綠色生態旅遊風景區，不僅有利於宣揚獨特的自然景觀和深厚的人文底蘊，而且具有重要的社會價值。按照本市旅遊發展總體規劃建設為「一基地」「二場」「三園」。「一基地」是愛國主義教育基地。

使人們通過緬懷先烈，進一步樹立熱愛祖國、熱愛人民、熱愛黨的思想感情，激勵後人珍惜生活、珍愛世界，為中華民族的偉大復興貢獻智慧和力量。「二場」是狩獵場和攀崖運動場。激發遊人戰勝自然、挑戰極限、敢於冒險、勇於嘗試的精神，增添生命色彩，品味人生。「三園」是生態觀賞園、世外家園和水上樂園。生態觀賞園種植奇花異草、庭院葡萄、蔬菜，養殖各種珍禽；世外家園建立活動板房、情人屋；水上樂園建水上遊樂場和天然浴場等。當你走進紅石山綠色生態旅遊風景區時，會在休閒娛樂、陶冶情操、感嘆之餘，領略大自然的神奇；在怡然自得、陶然自醉中，體會遠離世俗的輕鬆與快樂。

　　仙人洞森林公園景區　仙人洞森林公園景區，距磐石市區一點五公里，以仙人洞山及其東側的平地為主體，東西長一一八六米，南北寬一〇六八米，總面積八十五點七六公頃。仙人洞山海拔四八五米，山東麓有一個天然古洞，名為「仙人洞」，至今無人走到盡頭。清光緒八年十月一日（1882 年 11 月 11 日），在洞口修建了一座胡仙堂和一座藥王廟。在山的東側平地上，修建了一座仙峰觀（屬於道教龍門派）。共建有前後兩殿，前殿供奉關老爺，後殿供奉

▲ 仙人洞山秋季楓葉紅

娘娘。觀內另有廊房三間，為監院與道人起居間。每年農曆四月十八廟會，來此焚香祈禱者絡繹不絕。

一九三七年，《磐石鄉土志》中稱磐石老八景之一「洞府仙人」，即指仙人洞。公園地下水資源豐富，園內山高林密，棲息著鳥類十五餘種，其他野生動物二十餘種，有森林植物五十餘種，森林覆蓋百分之八十以上。「文化大革命」期間，仙峰觀在「破四舊」時被拆毀，洞口被堵死。此後經過多年封山育林，松濤、林莽、草坪、兀岩遍布仙人洞的溝溝壑壑，十分美麗壯觀。每年九九重陽節，附近群眾多來此處登高遊覽。

二〇〇二年六月，磐石市委、市政府結合中等城市總體規劃，決定建設仙人洞公園，聘請吉林省林業勘察設計研究院設計了仙人洞公園總體規劃，設計為四個景區，三十一個遊覽景點。

▲ 遠眺黃河水庫

黃河水庫景區　黃河水庫景區距磐石市區三十三公里，位於飲馬河上游，跨煙筒山與明城兩鎮。是以灌溉為主，兼發電和多種經營為一體的綜合性水利工程，是磐石市最大的中型水庫。一九五八年八月始建，截小黃河之水修築而成，最寬處一點五公里，長約五點五公里，集水面積七八四平方公里，壩高十三米，壩長五二〇米，總庫容三五〇〇萬立方米。黃河水庫景區是全省聞名的休閒、漁業和觀光旅遊風景區，庫水清澈，水域寬闊，已初步形成工程景觀、水域景觀、人文景觀和山地森林自然景觀融為一體的優美格局。水庫集山、水、半島為一體，水面呈 S 形，半島上野生動植物資源豐富，野鴨與灰鶴成群。黃河水庫旅遊區有得天獨厚的自然資源，它三面環山，一面臨鎮，西有二〇二國道橫貫庫區，北有高大的雙頂山相依。春天杏花初放，薄綠中襯著粉紅，冰雪消融，游魚戲水，微泛漣漪；夏天滿山油翠，山水相映，鳥語鶯啼；秋天山披五彩，水清如鏡；冬天雪舞長空，銀裝素裹。這裡空氣清新，環境優美，水產資源極其豐富，魚類品種繁多，有鱸魚、鱖魚、鯉魚、魴魚、鯰魚、鯽魚、鰱魚、鱅魚、青魚和其他各種野雜魚。特產有河蟹、河蚌、河螺等。

▲　黃河水庫景區

▲ 柳楊水庫

▲ 柳楊家園

景區有沿著曲折的水岸線依山傍水的觀水長廊（垂釣長廊），有碎石護坡的大壩、觀潮亭、歐式風格的電站、高大宏偉的輸水閘樓、休閒林地、林中涼亭、噴水池、荷花池、俄羅斯別墅式的露營地、風車假山。二〇〇二年，黃河水庫景區被吉林省旅遊局評為 2A 旅遊風景區；二〇〇三年，被吉林省旅遊局列為旅遊專線，被國家林業局列為官馬蓮花山國家森林公園景區之一，被國家水利部評為國家水利風景區。二〇〇六年，按三星級標準新建成的黃河賓館，可同時容納二六〇人住宿，五百人就餐，賓館內設施完整齊備，服務熱情優質，年接待遊客達十萬餘人次。

柳楊水庫景區　柳楊水庫景區距磐石市區十四點七公里，位於輝發河支流富太河上游的富太鎮柳楊村。水庫是一座以防洪灌溉為主的蓄水工程，是磐石市四大中型水庫之一。一九五七年八月始建，後經過多次擴建，目前壩高十三點二米，壩長八百米，是磐石市第一長壩，庫容一九一〇萬立方米，壩址控制流域面積九十二點五平方公里。柳楊水庫環境優美，景色秀麗，觀賞林植被生長茂盛，林間棲息鳥類四十餘種、其他野生動物十餘種。上游植被完好，庫內水質達到甲級標準。庫魚種類繁多，生長較快，而且味道鮮美。大鍋燉魚是柳楊水庫特色菜，各種魚餐佐以綠色山野菜，吸引了眾多遊客。一九九三年，柳楊水庫開始發展旅遊業，逐年增加旅遊投資，至二〇〇三年累計投資二百餘萬元。賓館寬敞明亮，餐廳、舞廳、包房、游泳池、檯球廳等設施設備一應俱全，可滿足遊客休閒娛樂需求，此外還備有遊船十艘。可同時容納一百人住宿、二百人就餐。

二〇〇七年，在水庫的西側修建了以旅遊、度假為一體的休閒娛樂場所──浩水山莊，並於二〇〇八年正式運營。

亞吉水庫景區　亞吉水庫景區距磐石市區三十三點七公里，位於飲馬河上游，吉昌鎮倒木屯西一點五公里處。亞吉水庫是以防洪灌溉為主，兼顧多種經營的綜合性中型水庫，始建於一九五八年三月。一九八六年加固後，壩高十四米，壩長四四〇米，總庫容達二一九〇萬立方米。水庫三面環山，森林繁茂，

▲ 亞吉水庫景區

風景宜人，多年來注重發展旅遊業。以魚餐為主，所產青魚，配以山野菜等天然純綠色食品，口味極佳。賓館可同時接待二百人住宿，餐廳一次可容納三百人就餐。遊樂設施齊全，有水上快艇二艘、遊覽划船四艘和可供四十人同時進行水上觀光遊玩的機械船一艘；乒乓球室、檯球室、歌舞廳等娛樂設施設備齊全；庫區附近有垂釣塘壩二個，可滿足垂釣愛好者的需求。

官馬水庫景區　官馬水庫景區距磐石市區二十九點五公里，位於輝發河的支流呼蘭河上游，呼蘭鎮官馬屯西北一公里處。官馬水庫是一座以灌溉防洪為主，兼顧發電和多種經營的綜合性中型水庫。一九五八年四月始建，壩高十四米，壩長三九三米，總庫容一一五〇萬立方米。庫區周圍天然林生長繁茂，林間棲息著各種野生動物，有珍貴鳥類三十餘種。水庫群山環抱，上游植被完好，庫水清澈，盛產多種魚類。水庫平均深度七米左右，最深處達十二米，水溫較低，魚類生長緩慢。在這種環境下生長的魚肉質細嫩、鮮美可口。官馬水庫大鍋燉魚獨具特色，並有品種繁多的純天然山野菜。

一九九三年起，官馬水庫注重旅遊方面的開發建設，旅遊設施不斷完善。

▲ 官馬水庫景區

擴建後餐廳一次可容納二百人就餐，賓館可安排八十人住宿。有舞廳、乒乓球、檯球等娛樂設施，重修了水庫綠化帶及壩下排滲台等景觀，是集觀光、垂釣、度假為一體的旅遊休閒場所。

　　松山鎮老營溝　老營溝地處松山鎮中南部，現有林地面積 1500 公頃，森林覆蓋率95%以上。內有一清澈河流，全長十公里，日均流水量一萬方。年平均氣溫 4.1℃，年平均降水量 676.5mm，年平均日照 2491.2 小時，無霜期約一二五天。據統計，老營溝林區內有野生植物五二〇餘種。林內有豐富的天然山菜、野果、稀有樹種、珍貴藥材、野豬、鹿、狍子、野雞、山兔、林蛙、冷水魚等。春季，綠草茵茵、百花競放，山野菜遍地，可盡享採摘之趣；夏季，層巒疊嶂、溪流淙淙，撲抓、登

▲ 老營溝景區

山、野外宿營，可盡享盛夏之爽；秋季，山分五色、層林盡染、紅葉映天，可盡賞秋韻之美；冬季，瑞雪鋪銀散玉、山舞銀蛇，可盡享踏雪之樂。

老營溝曾經是楊靖宇將軍開展游擊鬥爭的主要活動地之一，一九四六年磐石縣的縣委書記雷明玉、縣長朱光烈、秘書長霍明光等革命老前輩在江南東德、八鋪炕等地與國民黨反動派進行了艱苦鬥爭，直至一九四七年十二月磐石解放。老營溝內至今仍有遺址存留。

有詩贊曰：「溝縱十餘里，遮天老樹橫，聲聲鳴冷雀，點點亂黃鶯。野棗盈懷落，林風透骨驚，峰頭雲隱處，恍恍聽鏖兵。」

經過開發修建，老營溝現已成為磐石新八景之一，每年來此旅遊觀光的人絡繹不絕。

輝發七碴子　輝發七碴子，是指坐落在輝發河岸邊的七座石碴子。輝發河

▲ 老營溝澗水淙淙

流經磐石境內，從磐石市的黑石鎮和呼蘭鎮交界處流入樺甸境內。境內河段長四十九公里，寬度160-500米，兩岸奇峰林立，風光秀美。由於大河蜿蜒流於群山之中，岸邊形成大小砬子多座，有的因

▲ 輝發七砬子

形取名，有的因色定稱。其中廣為人知的順流依次為虎龍砬子、小白石砬子、大白石砬子、鷹嘴砬子、老鴰砬子、豬嘴子、影壁砬子，稱「輝發七砬子」。七座砬子風姿各有千秋，有的潔白如玉，有的形態如虎，有的如老鴰伏岸南望，有的像鷹嘴，有的似豬頭，有的立在岸上如影壁，奇形怪狀，不可言喻。石砬子臨河一側，峭壁陡立。人立砬子上，可見足下碧波滾滾與蒼天一色。水拍石崖，形成漩渦頻起，千姿百態，隆隆聲不絕於耳。俯視崖下，有石砬子逆流而上之感。砬頂苔蘚覆地，石花競綻。有樹生於石壁險處，可望而不可即。砬頭、石洞常有水鳥棲息，時而群起入水中覓食，時而紛集崖上抖翅長鳴。每個砬子都有動人的民間傳說。

　　冰窖山　冰窖山位於磐石市吉昌鎮冰窖村。山腰有一天然石洞，洞中盛夏結冰，酷暑不溶，人近洞邊，冷氣習習，謂之冰窖，可謂自然奇觀。因此，它所在的山得名為「冰窖山」。冰窖山上還有鴿棚和天橋兩個景點。鴿棚為空洞的石砬子，早年有野鴿群在此棲息，因砬頂向前探出如屋簷而得名「鴿棚」。後因附近土地不斷被開發，鴿群為避人們的驚擾而一去不復還。但從石壁上殘留的鳥糞來看，仍有其他山雀在此棲息。

山頂有一「天橋」，是兩個懸崖頂端相連接的一塊條狀岩石，長約五米，寬約一米，形狀似橋。橋下有一深澗，雨季有溪流淙淙作響，因而稱此石橋為「天橋」，頗為旅遊探險者所鍾愛。

▲ 冰窖山

▲ 冰窖山蘭花幽香

第五章
——

文化產品

　　古往今來，傳承人類文化使命的文學藝術家在「籠天地於形內，挫萬物於筆端」的同時給我們留下了豐厚的精神文化食糧。在流覽優秀文化產品的同時，定會喚起我們的認同感與責任感。磐石的文化人，在不斷的學習與創造中生成了自己的文化品牌，如星辰燦爛，似珠璣生輝。

編撰出版的史料書籍

珍愛歷史，做好史籍史料的保管與編修工作是一件無愧先人，惠及後人，功在當代，利在千秋的重要工作。磐石市檔案局、市政協文史資料委員會等單位和部門注重發揮存史、資政、育人的功能，經過多年的艱辛努力，形成了科學嚴謹的工作體系，在磐石的文化建設中發揮了不可替代的作用。

在保存史料工作中，注重結合磐石實際，重點做好志書和磐石革命鬥爭史料的編輯整理和出版工作。

一九九九年，在編纂人員歷時十五年的艱辛努力下，《磐石縣志》終於眾手成書。此書交由吉林人民出版社出版，為大十六開本彩色印刷，一四〇餘萬字。對磐石的地理、政治、經濟、文化、社會以及磐石人物作了翔實準確地

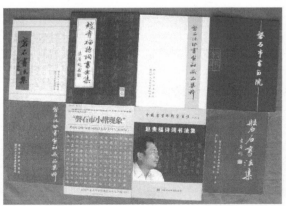

▲ 珍貴的史料書籍

記敘，集中全面地反映了磐石的歷史和現狀。記敘時間上自清順治元年（1644年），下至一九九〇年。是磐石人瞭解歷史，熱愛家園，勵精圖治，奮力前行的珍貴教材，同時也開創了磐石有史以來志書記敘最浩繁、體系最完整、編撰最科學的先河。

二〇〇六年《磐石市志（1991年-2003年）》由吉林文史出版社出版。此書是磐石撤縣設市以後的第一部大型志書。該書共設三十二篇，篇前設概述、大事記，篇後設附錄、索引，共一三五萬字，全面、系統、客觀地記述了磐石市十三年間的政治、經濟、社會和各項事業發展變化的歷史進程。本書記敘了改革開放之後磐石各項事業發展的豐碩成果，是一部磐石市情書、社情書、人情書，是一部存史、資政、教化的重要歷史文獻。

磐石縣有悠久的歷史和優秀的文化傳統。從古至今，磐石人在這塊土地上繁衍生息，勞動創造，留下了豐厚的物質和精神文化遺產。磐石具有光榮的革命鬥爭史，為了很好地傳承記敘磐石的歷史文化，從一九八七年開始政協磐石市文史資料研究委員會、史志辦公室、民俗民史研究會、組織部和文化部門等多家單位，組織專業人員編輯出版了多部文史資料專輯。這些史籍主要包括兩大類：一類是反映悠久歷史文化的，出版有《磐石史話》《吉林省民間故事集成・磐石卷》《關東物事》《石城舊業》《磐石西團山文化遺址》《磨盤山往事》等；一類是反映磐石革命鬥爭史的，出版有《磐石黨史資料》一、二輯、《抗日義勇第八路軍》《黨旗輝映在南滿大地》《從黑暗到光明》等。這些史籍有對磐石歷史的考證與研究，也有對磐石人民革命鬥爭歷史的記述和謳歌；有對磐石風土人情、關東習俗的詳實記錄，也有對歷史上磐石各業發展脈絡的梳理。為研究磐石歷史，以古鑑今、開創未來提供了寶貴的資料和精神動力。

獨具一格的「磐石小楷」

文化藝術界常把得到普遍認可、形成群體並且有影響力的藝術實踐稱為一種藝術現象。而要形成一種文化藝術「現象」，確實需要一番嘔心瀝血、艱苦磨礪的功夫。

磐石市的小楷書法歷經了二十餘年的積澱。從書法家于宇開始研修小楷，再經書法家傅新立的傳承和倡導，已經形成了獨具特色的「磐石小楷現象」。

首先，從小楷作品的質量上看，磐石的小楷水平已達到了一定的境界，能使觀者讚之，評者賞之。做到了出古入今，筆法精到，自成風貌。他們中的許多人曾反覆精研鐘繇、王羲之、文徵明、王寵等歷代名家的小楷，在汲取古人精華的同時，注重形成現代書風，從用筆、用墨、用紙以及章法布白上下功夫，從而形成了清麗典雅、氣韻暢達的書風。現已有傅新立、龍清洲、王愛軍、杜清軍等人的小楷作品多次入選全國書協舉辦的展賽，並憑此加入了中國書法家協會。

其次，在磐石市研習小楷已經形成了一個群體。現在磐石已有近千人學寫小楷，並形成了學習傳承之風。在現行加入中國書協的傅新立的指導和影響下，眾多書寫小楷的好手脫穎而出，郭洪明、李斌、佟啟珍、周萍、朱友、王斌、高忠志、付潔琦、楊秋穎等人已經加入了吉林省書法家協會。

再次，磐石小楷作者的作

▲ 傅新立小楷作品

品在省內已經具有較大的影響力。二〇一二年當代中國出版社以「磐石小楷現象」為題出版專輯介紹了磐石市十三位小楷作者及作品。二〇一三年舉辦了磐石市首屆小楷精品展覽，有十位作者的一一〇餘件作品參展。展覽期間有十餘件小楷作品以十五萬元的價格被收藏者收藏。二〇一四年七月十七日，吉林市文學藝術界聯合會、吉林市書法家協會、中共磐石市委宣傳部、磐石市文學藝術界聯合會在吉林市藝術中心舉辦了「墨鑄珠璣·磐石小楷書法精品展」，共展出磐石九位小楷作者的一二〇件作品。得到了專家與參觀者的一致好評，一部分作品被小楷愛好者當場預購。《中央書畫頻道》《央視網》《鳳凰網》《中國日報網》《吉林日報》《江城日報》《江城晚報》等十七家媒體介紹了這次展覽及磐石小楷的藝術成就。

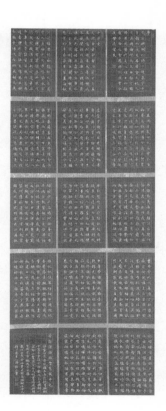

▲ 傅新立小楷作品

根植於民間的剪紙藝術

磐石民間剪紙藝術由來已久，從最簡單的用剪刀剪鞋樣到剪窗花，無論是對大姑娘還是小媳婦都是一種必備的本領，於是剪紙在不斷地沿襲和傳承中已經成為一種民間習俗。

簡單的剪紙流行於民間，但是要將剪紙昇華為一種藝術還需要經歷一番悉心揣摩的刻苦磨礪。在磐石眾多的剪紙好手中極具影響力的剪紙藝人有：韓鳳翔、于斐群、李植瑋及張連如母女。

韓鳳翔剪紙最早於日偽統治時期便開始了，由於東北地區冬季娛樂形式單一，久而久之，剪紙已成了她日常生活中不可或缺的一個內容，甚至於不管家務怎樣勞累，每天都要拿起剪刀剪上個把小時。由於條件的限制，有時找不到合適的用紙，她便隨手拿起當時日偽發行的《朝日新聞》當作剪紙用紙。她雖然沒有更多的文化知識，沒有用筆記錄每天的生活和經歷，可她卻用剪紙記錄了每天的生活，諸如下廚、挖野菜、田間勞動等場景成了她剪紙表現的對象。

于斐群的剪紙注重剪紙手法的藝術創新，在運用剪刀、紙張選擇上十分考究，由於他具有紮實的美術造型基本功，加上嫻熟的剪紙手法，他的作品在表現物象上十分生動準確，並絕無照抄模仿的抄襲之作。他尤其擅長於表現花鳥動物的翎毛羽翼，惟妙惟肖，纖毫畢現。因而，他的作品在參加國家和省市舉辦的各種美展和剪紙展中屢獲殊榮。

李植瑋的剪紙注重反映時代的主旋律，強調剪紙藝術的育人功能，作品主題鮮明，以小見大，並用其獨特的教師視角，觀察生活，剪輯事件，循循善誘，寓情於理，他創作的《文明禮儀系列》《迎奧運系列》《八榮八恥系列》等作品在學校、街道、軍營多次展出。中央電視台、北京電視台、《北京時報》等多家媒體也多次予以宣傳報導。

張連如母女的剪紙藝術常以表現磐石民間故事、反映當地風土人情為題

材，如《老鴰碴子的傳說》《黑石的傳說》《仙鶴祝壽》《連年有餘》等作品深受當地群眾喜愛。在藝術手法上注重造型準確，融入中國畫和西畫的元素，具有較高的藝術價值。

磐石的剪紙藝術，雖出自幾代人之手，但他們在發揮剪紙藝術價值上卻具有題材廣泛、手法新穎、貼近生活的共同特點，由此也形成了磐石剪紙藝術的主體風格和藝術特色。

▲ 多種題材的剪紙作品

▌奇巧天成的根雕藝術

天賜根木有龍吟，脫卻凡骨見精神。根木是大自然給予人類慷慨的餽贈。根雕藝術是將看似普通的根木化腐朽為神奇，變平庸為瑰寶的藝術。由於地域差異，根木資源的不同，便形成了不同藝術特色的根藝作品。磐石根雕藝術在獨具慧眼的根木藝術家的精心雕琢下，形成了尊崇自然、天然雕飾的藝術風格。

一九九〇年，根雕愛好者劉福林在北京亞運會之際贈送組雕「亞運如意」展於北京工人體育場主廳。一九九一年，縣裡舉辦首次根雕展，參展作品達近百件。同年十月，肖成義有八件作品參加國家第二屆根藝展，其中《三羊開泰》《雄雞報曉》分獲一、二等獎。一九九三年，全縣選取二十八件作品參加省舉辦的「關東熱鬧節」展銷會，售出十六件，收益一點三萬元。選出十二件參加「大連服裝節」展出，獲銀牌一塊、銅牌一塊，優秀作品獎五件。同年，

▲ 根雕作品《丹鳳朝陽》

▲ 根雕作品《長白神鹿》

張彥春的作品《斗》獲第四屆中國根藝優秀作品展「劉開渠根藝獎」銅獎。

一九九四年，成立磐石縣根藝研究協會，有會員一百多人。在建黨七十三週年之際，舉辦磐石市第一職業學校師生根藝作品街頭展。在吉林市舉辦的第五屆盆景、浪木、根藝、插花、奇石藝術展覽中，選送作品三十件，獲得一等獎二件、二等獎六件、三等獎七件，並獲得集體一等獎。一九九五年，磐石市文體局在九個鄉鎮開展根雕等特色工藝活動，並確定黑石、松山、取柴河三個鎮為「根雕之鄉」。同年，張彥春的根藝作品被電視劇《計中計狀元才》選用十二件置景，作品獲得第三屆長春電影節根藝特別藝術獎。

磐石得天獨厚的根木資源吸引了眾多鍾愛根木藝術的創作者。雖然他們的作品各具特色，但是從藝術風格上大致可以分為精工細膩與粗獷豪放兩種。

精工細膩風格的代表作者是肖成義，他是磐石土生土長的根雕藝術家。他自幼便對家鄉隨處可見的根木產生了濃厚的興趣，別人看來只能作為燒柴的「樹根子」在他的眼裡卻是寶貝，經過精巧地「擺弄」一番，便成了惟妙惟肖

▲ 群眾觀看根雕展

的人物、花、鳥、蟲、魚。經過多年的學習與實踐，他的根雕藝術已形成自家風範，其作品天然雕飾，隨形就勢，力求質勝而不尚浮麗。中國盆景根雕大師賀淦蓀贊其作品「根木奇巧增春色，磐石根藝勝三江」。其作品曾多次獲得國家和省市級各種獎項，並深受廣大根雕愛好者的喜愛。

粗獷豪放風格的代表作者是張彥春，他的作品取材於磐石本地。作品厚重大氣，自然天成，具有大寫意風格。他主張盡力發現根藝素材自身的特質，從而挖掘出獨具魅力的藝術價值。力求根木依天然、少施人工雕琢。他的作品主要包括肖形和書法兩大類別。歷年來，他多次參加各種展賽，曾獲國家級金獎五枚。其編寫的《中國根藝美術製作》已成為初學者的入門指導書籍。一九五五年他本人被列入《科學中國人·中國專家人才大典》一書。

多年來，磐石根雕藝術蓬勃發展。二〇〇〇年，在「中國吉林浪木根雕奇石藝術展」中，磐石有八名作者的三十多件根雕作品參展。其中，《千石益壽》《白痴山王》《根魂》《國寶》《喜迎豐收》《繁華什錦》等作品做工精細、形象逼真，贏得與會專家的好評。

獨具特色的磐石奇石

　　磐石因石而名，在磐石具有的眾多石種中唯有白石頭儲量最大，約占全國儲量的四分之一。白石頭主要是指硅灰石、方解石、石英石等。它不但具有較高的經濟價值，同時由於億萬年天然造化與自然的雕刻，其中有許多具有觀賞價值的奇石。

　　多年來，磐石眾多的奇石愛好者踏遍青山覓奇石，在自然中發現奇石之美，並用奇石之美來裝點生活。他們中有兩位幾十年來專情收藏磐石白石頭奇石者，一位是宋連祥，一位是李軍。宋連祥的收藏以大型奇石為主，小則七八十公斤，大則幾百公斤，許多作品在具象與抽象之間。他所收藏的奇石具有純天然、體積碩大、色澤鮮亮等特點。

　　許多奇石在灰白的基調上帶有淺白色花紋，既有北方奇石粗壯骨架的豪爽神韻，又有江南奇石柔美秀雅的空靈之氣。往往在看似平淡的石面上凸起嶙峭的石璞，起到了畫龍點睛、生動傳神的效果，從而極具觀賞價值。李軍收藏的磐石奇石以精緻細膩、小巧通靈為主。他的作品強調自然天成，不事雕琢。強

▲ 奇石作品《凝望》

調用獨特的藝術審美視角，發現奇石的觀賞屬性。在表達主題上常常是以小見大，啟迪遐想。他與宋連祥收藏的磐石奇石相較而言，宋連祥的奇石如中國畫中的大寫意，李軍收藏的磐石奇石猶如中國傳統的工筆畫，代表了磐石奇石不同的風格與特色。

　　二〇一四年十月，磐石市成立了「磐石市觀賞石協會」會員二百餘人，並成功舉辦了「首屆磐石市觀賞石作品展」展出觀賞石三百餘件。

▲ 奇石作品《遐想》

▲ 奇石作品《沉醉》

奇絕精妙的葫蘆燙畫

　　磐石的葫蘆燙畫是由吉昌鎮小學美術教師傅新政最先開始研究創作的，和他一起學習創作的有二十餘人，現創作各類精美作品二十餘種，八百多件。

　　受父親的影響，傅新政自幼對書法和繪畫產生了濃厚的興趣。從事美術教學後，書畫創作更是成了他最大的愛好。二〇〇五年的一天，在瀏覽書畫網頁時，一幅精美的葫蘆燙畫出現在傅新政面前，他被深深地吸引住。此後，他連續十餘天在網上瀏覽並細細品味，隨之產生了一個想法──自己親手創作葫蘆燙畫。於是，他就在網上認真比較、精挑細選，購買了葫蘆和燙畫筆開始了葫蘆畫創作，從此一發不可收拾。

　　葫蘆本身形態各異，造型優美，無需人工雕琢就會給人以喜氣祥和的美感，古人認為它可以驅災避邪，祈求幸福，使家業和順，人丁興旺。葫蘆燙畫是將燙畫藝術和葫蘆特質相結合，讓寓意吉祥的葫蘆登上藝術殿堂。在傅新政

▲ 傅新政專心創作葫蘆燙畫

看來，葫蘆燙畫和傳統的國畫創作一樣，最重要的是要有精巧的構思。所以，在他的諸多作品中不但葫蘆形狀千奇百怪，而且燙畫內容也是豐富多彩。有的是牡丹花開，有的是鳥鳴枝頭，有的是龍騰祥雲，有的是虎嘯山林……

在傅新政手中，一個個普通的葫蘆上不一會兒便出現了一幅山水景色，一座遠山初具輪廓，熏筆下又略施粉黛，氤氳繚繞，明顯的凹凸感使畫面更加栩栩如生。玲瓏精巧的葫蘆加上匠心獨運的構圖，一幅幅形態各異、精美絕妙的葫蘆燙畫不禁讓人嘖嘖稱嘆。

自從傅新政創作葫蘆燙畫以來，上門求要作品的人越來越多。他的創作也得到了學校的重視，不僅把葫蘆燙畫納入學校的特色教學課程，還提供了專門的教學創作場地。

傅新政和他的學生們以精湛的技藝創作的葫蘆燙畫讓人愛不釋手，已成為觀賞、收藏、饋贈親友的上好佳品。現周邊地區慕名而來求購葫蘆燙畫的人絡繹不絕，從發展趨勢和市場需求看，葫蘆燙畫將逐步發展成為極具潛力的新興文化產業。

▲ 傅新政的葫蘆燙畫作品

▌神韻飛揚的泥塑彩繪藝術

　　泥人是一種深得百姓喜愛的民間美術品，它創始於清代道光年間，流傳、發展至今已有一八〇年的歷史。期間經過創始、發展、繁榮、瀕危、再發展等幾個時期，幾經波折，泥人藝術逐步走向成熟，被民間、宮廷乃至世界認可。

　　彩塑是把傳統的捏泥人提高到圓塑藝術的水平，又裝飾以色彩、道具形成了獨特的風格。磐石彩塑的代表人物是鄭玉坤，一九八六年下崗後因興趣愛好開始自學捏泥人，之後赴天津拜師學藝，師承著名泥塑專家泥人張，學習二年後回磐石自創品牌。

　　鄭玉坤的雕塑在藝術上繼承了我國古代泥塑的優良傳統，並有所發展和創

▲ 鄭玉坤的泥塑作品

新，在畫東北人家鄉情上具有獨特的風格。他心靈手巧，富於想像，時常在生活中觀察各行各業的人，然後偷偷地在袖口裡捏製。他捏製出來的泥人個個神態逼真，一時傳為佳話。他繼承傳統的泥塑藝術，從繪畫、戲曲、民間木版年畫等姊妹藝術中汲取營養。經過二十多年的辛勤努力創作了多件作品。他的藝術因獨具一格而蜚聲四海，老百姓都喜愛他的作品，在吉林省已小有名氣。他的泥塑作品《焦裕祿》獲得了第五屆吉林市殘疾人職業技能競賽陶藝第一名。

▲ 鄭玉坤的泥塑作品

主要作品有：《小演唱隊》《養雞戶》《養豬戶》《一粒飯不能掉》《焦裕祿》《編織老人》《繡花女》《開拓者》《小姑娘》等。

鄭玉坤作品為泥塑彩繪，屬室內陳列雕塑，一般尺寸不大，高二十至三十公分，可放在案頭或架上，彩塑藝術是一個涉及面極廣，運用於各種環境裝飾的藝術形式，有著服務社會、美化環境的重要作用。它所用的材料取本地含沙量低無雜質的純淨膠泥，經風化、打漿、過濾、脫水，加以棉絮反覆砸揉而成「熟泥」，其特點是黏合性強，晾乾方法應是自然風乾。

鄭玉坤現在擁有自己的雕塑製品廠，每年出售雕塑品上千件，年收入數萬元。特別是省內各旅遊景點，每年都特別定製具有東北特色的彩塑。他說，自己搞泥塑不是為了錢，為的是繁榮弘揚家鄉的藝術。在漫長的藝術道路上，鄭玉坤飽嘗了艱辛與苦澀，他決心用勤勞智慧的雙手讓泥塑這朵塵封多年的藝術之花常開不敗，花香四溢。

▲ 鄭玉坤的泥塑作品《焦裕祿》

享譽國內外的廣盛木雕工藝品

早年，磐石的一些木雕愛好者就用木頭雕刻成動物、花草等各種工藝品，或擺放在家中，或餽贈親朋好友，只用來收藏和觀賞，並沒有批量生產銷售。

二〇〇二年，磐石人耿海燕投資五百萬元創辦了磐石市廣盛工藝品有限公司。主要採用手工雕刻，生產銷售各種工藝美術產品。產品有陀螺系列、精雕木工藝鴨系列、工藝木花盆系列、花園木花盆系列、花園動物花盆等多種木製工藝品。木雕原料以軟雜木為主，如椴木、楊木、松木等，也可以按客戶需求定製材料，如楠木、陰沉木等。產品不僅構思巧妙、造型精美，同時也體現出木雕藝術的趣味和環保的材質美。所有產品所需材料均經過高壓浸泡、烘乾、防腐、防水等技術處理，即使經歷數年的風吹、日曬、雨淋、浸泡始終保持不變形、不開裂，紋理清晰、外觀顏色和

▲ 模擬鳥

光澤度長久不變。不需要任何維護，可使產品在室外保持五年至十年。

經過幾年的發展，現在廣盛工藝品擁有占地面積三〇〇〇多平方米的廠

房，生產加工車間八個，固定員工二三〇名，技術開發菁英二十多人，固定資產 3000 多萬元。二〇一一年，廣盛工藝品建立起完整的網絡營銷體系，擴大銷售途徑，並利用北方資源及旅遊優勢，開發以陀螺系列產品為主的木製工藝品，得到了市場的認可。產品遠銷美國、加拿大、荷蘭、法國、英國和澳大利亞等國家。企業經過不斷地蛻變和進步，已從最初的手工小作坊發展成擁有多家國外客戶的股份有限公司，現已成為具有濃郁民族特色和深厚文化底蘊的優秀出口創匯企業。

▲ 木藝花盆

公司設計的工藝品融藝術性、文化性、裝飾性、實用性、觀賞性為一體，做工精細，風格古樸、典雅、美觀、大方，產品質量及生產工藝均通過專業機構認可，在同行業中始終保持領先地位。截止到目前，設計生產各種木雕工藝品共一〇〇〇餘種，擁有海外固定客商十餘家，訂單呈逐年增加的趨

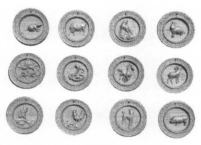

▲ 木藝十二生肖吊墜

勢。二〇一三年生產各種木製工藝品四十萬件，銷售收入二二六八萬元，利稅八五七萬元。

根據市場實際需求，廣盛工藝將進一步研發以智能陀螺、半自動陀螺、助力陀螺為主打產品的木雕工藝品，讓陀螺從兒童玩具躍入旅遊產業，跨出國門，走向世界，並且正在申請彩繪陀螺的發明專利和部分產品外觀專利。同時研發仿真鴨、鳥等系列旅遊工藝品，以滿足消費者的文化心理需求，使之與木雕工藝品產生親和力，激發其好奇心和對藝術的感染力，在視覺藝術上獲得感官享受的同時達到身心愉悅的目的。

如今，廣盛工藝品——盛開在大山裡的這朵奇葩，已經形成具有磐石特色的品牌文化產品，大力推動了吉林省文化產業和對外貿易事業的發展。

精巧編織的「伊尚小布丁」工藝品

　　手工編織技藝在磐石流傳已久。婦女農閒時就會三五成群地聚到一起編織沙發墊、拖鞋、背包等生活用品，樣式和花樣大家共同研究，有的婦女還把編好的產品拿到市場上銷售，深受人們的喜愛。

　　磐石市煙筒山鎮居民丁震覺得手工編織產品是個致富的好項目，於是決定把這些心靈手巧的婦女聚到一起，成立一家手工編織加工廠。二〇〇五年，磐石市伊尚小布丁工藝製品有限公司正式成立，公司位於煙筒山鎮內，建築面積八百平方米，主要以手包編織和手工編織汽車坐墊為主。手包編織系列主要有七彩包、卡通貓、美女圖、春季格子等十多個系列三百多款女包。隨著市場經濟的發展，產品也在不斷更新換代。

　　二〇一二年，公司擴大規模，新增了手編汽車坐墊項目。汽車坐墊採用純

▲ 精巧編織汽車坐墊

手工編織，它不僅裝飾性和舒適性都很強，還具有結實耐用、耐摩擦、耐高溫、無異味等優點。

目前，「伊尚小布丁」已是國內知名品牌，在全國擁有代理商近百家，網絡代理商幾十家，銷售網絡遍布全國各地，包括北京、上海、南京、杭州、瀋陽、鄭州等大中城市。

近幾年，企業不斷發展壯大，公司成立了磐石市伊尚小布丁手工編織培訓學校，基地常年對農村婦女進行免費編織技能培訓，為她們二次就業提供了廣闊的平台。

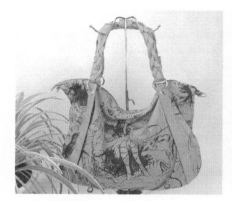

▲ 布藝七彩包

▲ 布藝包生產車間

▌廣為流傳的「奉尾大鼓」藝術

　　創立於十九世紀七〇年代的奉尾大鼓藝術深深紮根於民間，是富有地方特色和民族特色的曲藝類文學作品，它對文學藝術發展和社會進步有著深遠影響和重大意義。

　　奉尾大鼓源於東北大鼓，是磐石人張同林老先生根據奉派大鼓和奉調大鼓自創而成，屬中國北方曲種。盛行磐石，流行於吉林省各個地域。一三〇多年前，人送外號「小教主」的張同林老先生根據奉派大鼓和奉調大鼓的藝術特點，結合磐石的民風民俗及生活環境創立奉尾大鼓藝術。為了使這項藝術得到發展和傳承，他先後收揚云庭、李奉齊為徒，並到磐石各個地方進行演出。張同林老先生去世後，其弟子楊云庭、李奉齊將奉尾大鼓藝術進一步發揚光大，並迅速在吉林省境內傳唱。二十世紀四〇年代奉尾大鼓藝術的第三代傳人張明又將奉尾大鼓與吉林大鼓（東城調）相結合創立了奉尾大鼓神調，流傳至今，膾炙人口。

▲ 奉尾大鼓到吉林市演出

奉尾大鼓藝術以傳唱經典劇目和民俗傳說為主，展現風土人情和勞動人民淳樸、善良、積極、樂觀的精神風貌。奉尾大鼓藝術與「弦子書」有相融之處，還與滿族祭祀時薩滿在三弦伴奏下唱的「神歌」有著一定關係，其表演時的道具、伴奏、服裝都很簡單。一塊驚醒木放在木桌上，一呔子（扁圓形的木框皮面鼓）、一鼓戳（用幾根篇竹棍組成的鼓架子）、一順子（打板子），演員一手擊呔子一手打順子，伴奏有一把三弦即可。至於演員的服裝，和說評書、相聲一樣，外罩一件長衫即可，早期演出也不用化妝，弦子一響，鼓板一敲就可以開腔。

奉尾大鼓的精彩片段生動地再現了不同歷史時期各族人民的生活場景和可歌可泣的歷史事件，體現了勞動人民大無畏的奮鬥精神和民族氣質，對研究和探索歷史發展、文學創作具有極其重要的歷史價值。

奉尾大鼓綜合了多種藝術手法，與滿族祭祀時薩滿在三弦伴奏下唱的「神歌」、燒香單鼓以及東北二人轉「九腔十八調」的融合運用，可以配用多種曲調，用多種樂器伴奏演唱。奉尾大鼓藝術除傳唱傳統的經典劇目外，主要還傳唱了民間故事及神奇傳說等民風民俗作品，具有較豐富的文化內涵和極其重要的藝術價值。

作為磐石現有歷史曲目之一的奉尾大鼓，譜系健全，傳承完整，不但記載了磐石的歷史發展進程，更是磐石文化藝術殿堂的一塊瑰寶。二〇一二年十月被列為吉林省級第三批非物質文化遺產保護項目。

▲ 奉尾大鼓

風行東北的「左趙評書」藝術

左趙評書作為一種獨立的說書形式形成於明代。明朝洪武帝在位時重立四善堂，梅、青、胡、趙四姓藝人在四善堂內講說故事形成了評書這門藝術的雛形。磐石地區的評書藝術以趙氏為主，且以左手拍醒木，故稱「左趙評書」藝術。

清朝雍正年間，北京鼓曲藝人王洪羲繼承趙氏傳統技藝，成為北方評書的創始人。王洪羲所傳弟子有「三臣」「五亮」「十八奎」。磐石地區的左趙評書是「十八奎」的一枝。磐石人張鳴新、吳鳴岐、王孝傑等人拜在趙氏門下，把磐石作為正宗傳統北方評書的傳播基地，左趙評書在磐石得到了傳播和發展，成為磐石文化的一大亮點。

左趙評書以說傳統書目為主，擅長短打公案書，所用器具有扇子、醒木、符子，合稱三寶。磐石左趙評書用生動、精煉、準確、鮮明的語言塑造人物形象，表演具有「帥」「怪」「潑」「蔫」四種風格特色，具有顯著「評人評事，評情評理，解說掌故」的特徵。

▲ 左趙評書演出現場

評書不單單是說故事，更重要的是說故事後面的「評」，而「評」顯然是很重要的一個方面，是評書之所以為之評書的一個關鍵因素。

左趙評書藝人經常改換書目，編創續書，演說新書，以新鮮的內容和形式吸引聽眾。磐石左趙評書的風格以流派傳承為主體，以書目的傳承、增刪及創新而著稱。在磐石茶社說書期間說的新書有《野火春風鬥古城》《橋隆飆》《紅旗譜》等，有結合政治宣傳歌頌英雄人物的新書《歐陽海》《王傑》《劉英俊》等。

左趙評書是一種流傳於民間的藝術形式，它集口頭文學、曲藝及二人轉說口於一體，詼諧幽默。它使用當地人喜聞樂見的口頭語言，其藝術風格和形式與百姓不隔心，因此能長期存活於下里巴式的街頭巷尾、田間地頭之中，三五人可演、大型集體活動能上。在磐石尤其是在中老年人和兒童中，左趙評書的熱度不亞於二人轉。傳承人即興創作，大部分作品都是民眾身邊的事，或是民眾口傳的歷史，還有大量傳統段子。都具有記錄社會生活、弘揚傳統文化、傳承地方習俗的重要價值，是磐石地域文化的活化石。反映民眾心理，其內容和民俗相結合，以獨特的藝術手法評述古今，歌頌中國的優良傳統，樹立典型形象，寓教於樂。二〇一二年十月被列為吉林省級第三批非物質文化遺產保護項目。

▲ 左趙評書傳人王孝傑和吉林市文化局領導合影

▌民間絕活「于氏高蹺」藝術

　　高蹺秧歌又稱「高蹺」，是一種廣泛流傳於中國各地的漢族舞蹈，因舞蹈時腳踏木蹺而得名。高蹺秧歌的歷史久遠，源於古代百戲中的一種技術表演。于氏高蹺是在長期的歷史環境中借鑑了戲劇、雜技、體育、武術等藝術形式，經過融會貫通而誕生的高難度高蹺秧歌。創始於十九世紀末，盛行於二十世紀，並經過民間藝人的千錘百煉，變得更加完善。

　　于氏高蹺主要是反映勞動人民生產、婚喪、祭祀、慶典習俗。它的每一個絕活的創造都反映了人民群眾生產生活的場景，有的絕活還集中表現了一些反映現實生活的故事情節。一般以舞隊的形式表演，舞隊人數十多人至數十人不等，大多舞者扮演某個古代神話或歷史故事中的角色形象，服飾多模仿戲曲行頭。常用道具有扇子、手絹等。表達了

▲ 于氏高蹺演出現場

人們對真、善、美的讚揚，對假、惡、醜的鞭撻。隨著時代的發展，有的絕活得到了大力弘揚，如表現火爆、熱烈、吉祥的「立象」「雙肩象」等絕活，由於其象徵吉祥、平安、幸福、自由的美好寓意而得到繼承發展。目前于氏高蹺絕活歷經幾代藝人的勤奮演繹、錘煉，已經形成了一個完整的體系，它的整個演藝形式已被《中國民族民間舞蹈集成‧吉林卷》收錄。它的許多演出形式及絕活仍在磐石的一些鄉鎮流傳。

于氏高蹺是舞蹈者腳上綁著長木蹺進行表演的形式，技藝性強，形式活潑多樣，由於演員踩蹺比一般人高，便於遠近觀賞。優美的舞姿令人流連忘返，驚險高難的動作令人咋舌，是傳統與現代藝術的完美結合，具有很高的觀賞性，在當地有相當深厚的群眾基礎。在眾多東北高蹺中能夠獨樹一幟，無論從藝術性還是科學原理上都有待於深入發展和研究，有很高的學術研究價值。二〇〇八年，被列為吉林市級非物質文化遺產保護項目。

▲ 于氏高蹺演出現場

▍富有民族特色的「磐石農樂舞」

　　「磐石農樂舞」主要流傳在磐石西北部及東南周邊地區，它與朝鮮族舞蹈
既有共性，亦有不同的地區差異，形成了磐石特色。

　　磐石在清朝時期稱「圍場」。中國朝鮮族的祖先早在明末清初就已定居東
北境內，自十八世紀末清政府開禁放荒以來，磐石已有大批朝鮮族人民湧入，
有關農樂舞的起源，有研究者認為朝鮮民族是從事水田種植的古老民族，其民
族舞蹈具有農耕勞動的特徵。它是在古代的扶餘、高句麗及朝鮮半島的傳統文
化基礎上形成的，後又在中國北方地區特定環境中孕育成具有風韻、典雅、含
蓄等特色的民族舞蹈。

　　日偽統治時期，由於野蠻的文化侵略和血腥的並屯政策，農樂舞被迫停
止。在新中國成立後的近幾十年來，特別是「土地改革」「抗美援朝」「大躍進」

▲ 磐石農樂舞在磐石人民廣場演出

時期，磐石的朝鮮族人民翻身得解放、精神振奮、心情愉悅，農樂舞在村屯、集鎮異常活躍。「文革」時期，「忠字舞」取代了這種民族舞蹈藝術。

在黨的十一屆三中全會以後，各門類文化藝術復甦，農樂舞亦重新獲得了新生，群眾文化活動日漸興盛起來，農樂舞這一舞蹈形式得到廣泛流傳。

隨著農耕時期水田勞動的發展，農樂舞日漸豐富，並作為推動生產的一種手段承襲下來，成為朝鮮族適應生產和生活需要的一種組織形式。

農樂舞的表演形式有兩種：一種是情節舞蹈，由農樂隊的成年舞者、兒童舞者在先，獵人和帶假面具的土豪（兩班）等隨後，用舞蹈和啞劇等表演形式，諷刺統治階級內容的節目。第二種較為常見，是以技巧和動作為主的舞蹈，主要由農樂隊的舞者表演小鼓舞、象帽舞、長鼓舞、舞童舞等。其中分群舞、獨舞（個人技巧表演）及啞劇表演等。各場面的選擇、取捨及列隊組織均由小鑼者指揮。

農樂舞隊由持「會旗」者領銜，其後為農樂隊（其順序為：朝鮮族嗩吶、

▲ 磐石農樂舞在磐石人民廣場演出

太子簫、上劍、副劍、從劍、副杖鼓、首鼓、首法鼓、副法鼓，三至八面法鼓）。

音樂伴奏一般由十二段組成，「段」是構成農樂舞的基本樂章。一段還可分為三個支曲，整個農樂舞由十二段三十六個支曲構成。段的變化、轉換以舞蹈中的「陣法」「巫順」等，均由小鑼者指揮。

作品有：《豐收樂》《稻花香》《鶴舞》《小鼓舞》《象帽舞》。

▲ 磐石農樂舞在磐石人民廣場演出

兼容並蓄的磐石評劇藝術

　　磐石評劇藝術從清朝中期以來在東北三省及河北省廣泛傳播，具有豐厚的民族文化基礎，磐石評劇藝術有著漫長的形成和發展歷史。

　　磐石評劇近百年來逐漸形成了獨特的藝術風格，確立了磐石評劇的一整套藝術體系。磐石評劇藝術在西元十九世紀進入成熟發展期，不斷流傳演化至今，吸收了川劇、京劇等其他劇種的精華，無論從形式上還是內容上對磐石的文化發展都產生了深遠影響。

　　磐石評劇藝術的內容充分反映了人民大眾的生活，唱出了人間的喜怒哀樂、悲歡離合、善與美、醜與惡。載歌載舞是磐石評劇的主要特色，唱腔多種

▲ 磐石評劇藝人演出照片

板式、調式，節奏節拍並存，曲勢龐大，結構複雜，演員分生、旦、淨、末、丑等行當，樂隊分文武場。文場：大弦、二胡、三弦、琵琶、笙、嗩吶、低音胡等。武場：板鼓、大鑼、小鑼、鐃鈸等。一九五二年十二月二十三日正式成立磐石評劇團，以吳卓為團長，孫玉妨、周立娟、蒼鐵英、關松濤、李佩超、顧寶貴、劉麗霞等主要演員為骨幹，演出走遍了東北三省、河北省等周邊地區，主要代表劇目有《秦香蓮》《花為媒》《呂布與貂蟬》《七仙女送子》《呼延慶打擂》《紅樓夢》《楊家將》《聊齋》《小女媚》《十五貫》《唐知縣審誥命》《奇冤義膽》《智取威虎山》《年輕一代》《平原作戰》《李雙雙》等六百多個劇目。

▲ 磐石評劇藝人演出照片

▎甘洌醇香的永隆泉酒

　　吉林省永隆泉酒業有限公司位於長白山腳下，輝發河畔，磐石經濟開發區著名的仙人洞山下，該公司占地面積四點三萬平方米，員工六十八人，具有年生產萬噸以上純高粱優質酒的生產能力。

　　相傳乾隆十九年（1754 年），乾隆帝出巡。正值酷暑時節，燥熱難耐，路過磐石見一清泉湍流，環境舒雅，便在泉水旁稍作小憩，隨行侍從從幽泉中取出清澈的泉水給乾隆帝飲用。乾隆帝見水清見底，一飲而盡，頓時倍感透心清涼，甘美異常。大讚其泉水透涼甘甜，視為佳泉，便當即將此泉命名為「永隆泉」。其名字中含有乾隆的「隆」字，意味永盛隆昌，連綿不息之意。皇帝賜名自然非比尋常，百姓紛紛慕名前來，凡取自永隆泉所釀造的酒，酒色玲瓏清

▲ 永隆泉酒業儲料倉庫

透，酒味甘冽醇香。

「永隆泉」酒始興於嘉慶年間，自一七八〇年至今經歷五代傳承，有著聞名百年的釀酒文化及歷史，採用東北紅高粱、永隆泉水釀造，固態發酵，地窖儲藏的傳統釀造工藝。產品先後榮獲省級名牌稱號，通過「ISO9001-2000 國際質量管理體系認證」，獲「吉林省著名商標」，二〇一二年公司被吉林省評為「吉林省百姓口碑金獎單位」。

吉林省永隆泉酒業有限公司憑藉獨特的地理自然資源，擁有仙人洞及永隆泉兩大環境資源優勢，永隆泉亦因其清透的水質、甘甜的口感備受當地人的推崇。為進一步打造和傳播永隆泉品牌文化，企業投資興建了永隆泉酒文化博物館。擁有先進的全自動化的灌裝生產線，其永隆泉系列六種產品「永隆泉・泉釀優品」「永隆泉・泉釀臻韻」「永隆泉・泉釀雅韻」「永隆泉・珍品」「永隆泉・貢品」「永隆泉・帝品」已隆重推向市場。

吉林省永隆泉酒業始終堅持「在繼承中提高、在創新中發展」的核心理念，在激烈的市場競爭中鑄就了「永隆泉」酒的百年品牌。

▲ 包裝精美的永隆泉酒

▍濃郁醬香的郝家大醬

　　十七年，磐石人見證了郝家大醬食品有限公司從無到有，從小到大，從弱變強的發展過程。郝家大醬濃郁的醬香，成為一種家鄉味道，深深根植於石城百姓的味覺記憶中。

　　一九九七年，郝家大醬誕生於佟家道口的一間小作坊內。從那時起，「靠質量贏得市場」就成為了企業創始人周繼東持之以恆的追求。原料要用黑龍江品質最優的大豆，還必須是非轉基因的。菌種是來自上海的，實施的是定向接菌。十七年間，企業三易廠址，工人增加到十名，從當初的半機械、半手工到如今的流水線作業。市場風雲變幻，企業幾經沉浮，然而郝家大醬那紅潤的色澤，純正的醬香卻從來沒有改變過。郝家大醬一如石城人「實誠、實在、實

▲ 袋裝郝家大醬

惠」。

　　經過十七年的發展，郝家大醬食品有限公司從當初註冊資金五萬元發展到今天，已擁有固定資產二〇〇〇萬元，從開始的年生產能力僅一噸到現在的六百餘噸，公司發展迅猛，市場占有份額逐年增加，全國各地均有銷售。

　　如今，周繼東把接力棒交到了兒子手中，他叮囑兒子的只有一句：無論我們的市場開發到哪裡，但郝家大醬的「味兒」不能變！

▲ 郝家大醬生產車間

第六章 ———

文化風俗

　　民風民俗是一個民族在長期的生存與發展中形成的共同堅守，是民族文化的積澱與烙印，自然環境與社會環境的不同會造就和形成迥異的文化風俗。磐石的文化風俗，是清末放禁開荒，滿漢民族大融合之後的產物，同時也是磐石人積久而生、薪火相傳的文化遵循。

節日習俗

臘七臘八　新中國成立之前，磐石境內的勞動人民生活十分貧困，只能在過年的時候吃點肉、包點餃子、穿件新衣服，所以不管是大人小孩都盼著過個年。一進臘月門，年味就濃了。不過臘七臘八恰逢三九、四九，是東北最冷的日子，向有「臘七臘八，凍掉下巴」的說法。也許是為了避免凍掉下巴的緣故，人們開始吃用黏米做成的臘八粥。如果能買到大糖，還要吃點大糖，好把下巴黏住。

▲ 農民收黏豆包

進了臘月門以後，家庭婦女們忙著做黏豆包、烙黏餅子、蒸饅頭；男人們則趕著大車或馬爬犁到集鎮去辦年貨，俗稱「打年紙」，主要是買寫對聯用的紅紙、鞭炮、上供用的香、串親戚用的果子，以及過年用的山珍、海味、調料等。新中國成立以後，特別是改革開放之後，人民生活越來越富裕，吃肉穿新衣的問題隨時都可以解決，不用再等到過年。不過，吃臘八粥和農村蒸黏豆包、烙黏餅子的飲食習慣依然保留。

過小年兒　小年兒，是我國傳統的送灶王爺上天的日子。磐石在滿漢族雜居後，滿人也開始供上了灶王。傳說灶王是玉皇大帝派到人間監視每個家庭的神。所以，平時家中每個人對灶王爺都很尊重。灶王爺頭頂上的橫批上寫著「一家之主」，兩側的對聯寫著「上天言好事，下界保平安」，而且一供就是一年。到了臘月二十三這天晚上，方可畢

▲ 祭灶王爺

恭畢敬地將灶王爺的圖像請下來，在其嘴上抹一點大糖套個近乎，好讓他上天說好話。然後將圖像和事先用秫秸眉子和秫秸瓤紮好的小馬一齊燒掉，邊燒邊叮囑說：「灶王爺，本姓張，騎著馬，挎著槍，上天去，見玉皇，好話多說，壞話少說。」民間有「男不拜月，女不祭灶」的習俗，因此祭灶王爺只限於男子。

過了臘月二十三之後，家家開始打掃衛生，男人把院裡院外打掃得乾乾淨淨，把柴火垛整理的立立整整。女人把屋內收拾得乾乾淨淨，然後開始烀豬肉，蒸炸麵食。「二十四寫對子，二十五掃塵土，二十六烀豬肉，二十八把麵發，二十九帖倒有，三十晚守一宿。」其中「倒有」係將「有」字倒貼，寓意同「福」字倒貼相似。三十晚上守一宿，指三十晚上要守歲，不能睡覺。這些習俗，在磐石境內還都基本保留。

過大年　三十早上，人人早起把室內外清掃拾掇一遍，簡單地吃過早飯後，大人孩子換上過年穿的新衣，小姑娘和老太太忙著剪貼窗花，窗戶上開始出現龍鳳呈祥、喜慶吉祥之類豔麗的窗花；小男孩兒無事堆雪人、紮燈籠；女人們開始準備晚飯和做年夜飯的食材；男人們則往燈籠桿上繫燈籠、貼對聯（亦稱「對子」）、貼福字。早先年的對聯、福字都是用紅紙現寫的，而且屯裡會寫毛筆字的人很少。所以，一過臘月二十三之後，識字且寫一手好毛筆字的先生就會忙個不停，家家都來求他寫對聯。當年對聯的種類很多，如供家譜、供灶王爺、供天地牌、供保家仙用的；大門、二門、院門、倉房、馬廄、牛圈及大車、碾子、磨上用的；以及抬頭見喜、出門見喜、春條等。過年貼對聯在我國已有二〇〇〇多年的歷史，起源於戰國時期的桃符板，如早年的對聯所寫的那樣：「爆竹一聲除舊，桃符萬戶更新。」年三十的晚飯開

▲ 貼春聯

▲ 殺年豬

▲ 掛紅燈籠

得較早，約在三點鐘開飯，飯前要按長幼為序，為家譜或祖宗板上、祖宗牌位上供奉的各位先人焚香磕頭，未成年的晚輩則爭先恐後地給老人磕頭拜年，以便討到壓歲錢。早年，只要老人健在，兒孫們都要千里迢迢地趕回家過團圓年。

天黑後，家家的燈籠桿上都升起了紅燈籠。村子上空的紅燈籠星星點點連成一片。有的燈籠桿上還安上風車、風向標，風車在空中嘩嘩作響。這時，晚輩的婦女梳妝打扮，開始走家串戶為長輩拜年，特別是新媳婦，要由大伯嫂領著給親屬家的長輩拜年，俗稱「認認門」，長輩也給她們準備禮物。不拜年，則認為失禮。婦女為長輩親戚拜完年回到家中，開始忙著準備年夜飯。

傳說財神爺半夜子時下界。這時，人們早已在院子裡準備好了天地桌，放上供品，有的還在桌前用乾柴升起灶火，為財神進院照路。接完財神後，開始吃年夜飯，年夜飯的菜餚中必須有魚，以象徵著連年有餘。

年夜飯過後，就進入了新的一年。這時，男人們開始出去拜年，女人們開始包餃子準備大年初一的早飯，孩子們則打著燈籠東家走，西家串，湊熱鬧，見著長輩就鞠個躬，道一聲「新年好！」另外，年三十夜裡要點長明燈。

早先年，過年有很多禁忌，不准說不吉利的話。如問「餃子熟了沒有？」就是煮熟了也得說「生了」，以取「高昇」之意；碗碟打碎了也不准說壞了，要說：「碎碎（諧音「歲歲」）平安」；餃子煮成片湯也不准說壞了，要說「掙了」（含義為掙錢了）。另外，據說觀察正月初一到初十天氣的好壞，可以預測新的一年收什麼，不收什麼，表示這一說法的民諺是「一雞、二鴨、貓三、狗四、豬五、羊六、人七、馬八、九果、十菜」。

正月初一，菜中要有雞，一是因為初一是雞日子，二是雞象徵著新年吉祥。初一早飯前要放鞭炮，初五早飯前也要放鞭炮。俗稱正月初五為「破五」，這一天要重新包餃子，稱為「捏破」。正月裡忌動針線，但是唯有初五可以動

針線，稱為「縫破」。出了正月，年就算過完。只要不出正月，都可以到親戚朋友家去拜年。

元宵節　正月十五是元宵節，又稱燈節、上元節。到了這一天，家家都要吃元宵，家家要掛綵燈，顯得紅火喜慶。一些商家或作坊也是如此。

元宵節的另一項大型文娛活動是扭秧歌，秧歌分為踩高蹺和地蹦子兩種。在舊社會，婦女是不能出來扭秧歌的。秧歌中的女角男扮，稱為上裝，男角稱為下裝。配合秧歌一起表演的還有跑旱船、老漢推車、小媳婦騎毛驢、耍龍燈、舞獅子等。此外，元宵節晚上還要燃放煙花。

▲ 八〇年代磐石正月十五秧歌

正月十五，滿族人家用麵蒸出十二個象徵著十二個月的麵燈，往麵燈裡倒上植物油，放上棉花捻，點著後，看哪個月的燈花亮，預示著哪個月有喜事兒。

▲ 軲轆冰

打畫墨兒，其實就是抹黑臉兒。滿族的媳婦平時受的約束特別多，見了公婆、大伯子，得規規矩矩、畢恭畢敬。只有到了正月十五、十六這兩天天黑之後，才可以放蕩不羈地給叔公臉上抹黑，叔嫂間互相抹黑，見著就搶先給對方抹。

滾冰，又稱「軲轆冰」。正月十五、十六兩天，滿族青年男女都喜歡出去到井台邊或河面去滾冰。據說能夠滾掉身上的晦氣，迎來吉祥。早先年到了這兩天，滿族的姑娘也瘋狂地跟著年輕婦女到冰上去滾，滾了一身雪花冰碴子也不嫌冷。

走百病，也叫「遊百病」「散百病」「烤百病」「走橋」等，是一種消災祈健康的活動。元宵節夜婦女相約出遊，結伴而行，見橋必過，認為這樣能袪病延年。走百病是明清以來北方的風俗，有的在正月十五，但多在正月十六進行。這天婦女們穿著節日盛裝，成群結隊走出家門，走橋渡危、登城、摸釘求子，直到夜半始歸。此風俗在磐石一直延續，磐石人民至今仍在每年正月十五的晚上，扶老攜幼地上街走百病。

龍抬頭　農曆二月初二為春龍節，俗稱龍抬頭的日子。因為這時正值「七九河開，八九雁來」的季節，我國黃河流域已經可以見到春雨，但在寒冷的磐石仍是冰天雪地。人們都喜歡在這一天剃頭，稱為剃龍頭；在這一天吃春餅，吃龍鬚麵，啃幾口大蘿蔔，稱為啃春；同時要吃炒糖豆，吃豬頭肉等。孩子媽媽還要用五色的小圓紙片兒和剪成小段兒的細秫秸，交錯串在一起稱作「龍尾」，給孩子戴在身上，以寄託家長望子成龍的心願，祝願孩子長大能成才。時至今日，民間給孩子剃龍頭、戴香荷包，在手脖、腳脖上系五綵線的習俗仍在延續。

清明節　又稱「寒食節」「踏青節」，即人們在這一天不生火做飯，要吃寒食，要到郊外踏青，欣賞春天的景色。磐石縣城建有城隍廟，早年，人們要在這一天爭先恐後地抬著城隍的牌位出巡。同時，這一天也是人們掃墓祭奠先人的日子。

按照舊的習俗，掃墓時人們要攜帶酒食果品、紙錢等物品到墓地，將食物供祭在親人墓前，再將紙錢焚化，為墳墓培上新土，折幾枝嫩綠的新枝插在墳上，然後叩頭行禮祭拜，最後吃掉酒食回家。直到今天，清明節祭拜祖先，悼念已逝的親人的習俗仍很盛行。現在在文明祭祀的倡導下，掃墓時多以敬奉鮮

花和水果為主，不再焚燒紙錢。清明節前後，春風煦暖，磐石人民還會自發組織開展清掃烈士墓、放風箏、植樹等活動。

▲ 端午節包粽子

山神節　農曆三月十六是山神節，據說這一天是山神爺的生日。清朝末年，磐石一帶解禁開荒之後，進山伐木、挖參、打獵乃至淘金的人比較多了，他們都希望山神能保佑他們進山平安，出山順利，能夠獲得豐收。因此，到了這一天，無論是山下的山神廟還是在山上用石頭臨時搭的象徵性的山神廟，香火都很盛。此節在磐石又被稱為「木把節」，稱山神為「老把頭」。

端午節　陰曆五月初五是我國傳統的端午節，俗稱「五月節」「端陽節」，在我國已有悠久的歷史。據說，端午節「吃粽子」「泛龍舟」是為了紀念戰國時期投汩羅江自盡的愛國詩人屈原。磐石人民在端午節這一天，太陽沒出來的時候，就要趁著露水上山採艾蒿、折柳枝、採野花，還要到泉邊、溪水邊或河邊去洗手洗臉，據說可以祛災除病。回家後，要把艾蒿和柳枝插在房簷上，鮮花插在女人的頭上。這一天早晨未起床之前，媽媽要給孩子在手脖兒和腳脖兒拴上五色線，衣服扣上要掛上事先縫製好的裝香草的小荷包、小笤帚以及用極細秫秸串成的小蓋簾等。這一天，照例要吃粽子和煮雞蛋。端午節作為中華民族的傳統節日一直被磐石人民所重視。

雨節　早先年，陰曆五月十三被稱為「雨節」。關於雨節，磐石民間有兩種傳說，一種說法是這一天是龍王爺的生日；另一種說法這一天是關老爺磨刀日。傳說關羽死後被玉皇大帝封為風雨大神，從這一天起，開始行使呼風喚雨的使命。滿族人也信奉關帝，並呼之為「關瑪法」，即關老爺之意。磐石的氣候特點是：正常的年份，陰曆五月中旬之前為春旱時期，五月中旬以後就開始多雨，向有「大旱不過五月十三」和「有錢難買五月旱，六月連雨吃飽飯」的說法。

蟲王節　農曆六月初六為蟲王節，又稱「青苗節」。因為到了這個時候，青苗長得很旺，農業害蟲也經常發生。為了祈求蟲王保佑，不讓蟲災發生，能有個好收成，到了這一天，人們要到廟裡燒香、上供，甚至唱野台戲。

七夕節　農曆七月初七晚上，相傳是牛郎織女一年一度在天河相會的日子。據早先年的老太太講，七月七日夜深人靜的時候，如果心誠的話，蹲在黃瓜架或者豆角架底下，還會聽到天河邊上牛郎織女的竊竊私語聲。解放前，磐石一帶的未婚女子，也有在七夕進行乞巧的，期盼將來能找到如意郎君。近些年，青年男女越來越重視「七夕」節了，都會選擇這一天互表愛意，互訴衷情。

少數民族傳統節日

朝鮮族的傳統節日

　　磐石境內的少數民族人口以朝鮮族居多，並有民族聚居村落。朝鮮族的傳統節日有春節、清明節、端午節、秋夕節（中秋節）。朝鮮族過春節時要吃打糕、狗肉。過端午節和秋夕節往往要舉辦運動會或遊藝活動，如摔跤、盪鞦韆、踢足球、跳舞等。

▲ 朝鮮族人民歡度節日

漢族的婚嫁習俗

　　新中國成立之前，人們以早婚居多，俗話說：「年方二八，應該成家」，即男女青年十六歲左右骨骼尚未發育好的時候就成了家。其次，當時的婚姻多數是由父母做主，聽信媒妁之言，婚後多有不幸福者，也只得聽天由命。新中國成立之後頒布《婚姻法》，廢除封建包辦婚姻制度，自由戀愛也在磐石形成新風。

　　合婚與放定　磐石過去合婚，一般先由男方托媒人向女方家提親，女方父母則托可靠的親友探聽男方的家庭情況，認為門戶相當，便用庚帖將女方的生辰八字告知男方，看看屬相是否相剋，八字是否相合。合婚後，男女雙方主婚人互相探看，去男方家，稱為「相門戶」；去女方家，稱為「相媳婦」。男方

▲ 老婆婆接聚寶盆

去女方家，女方要備飯，姑娘要給客人裝煙。相妥後，男方要給女方金錢和首飾，稱為「放定」。放定，其實也就是訂婚。

新中國成立後，男女青年自由戀愛已成主流，但合婚與放定的習俗依然在磐石地域存在。

過小禮與過大禮　早先年，磐石有錢人家男女訂婚後，男方要備四盒禮和首飾、衣料、養錢（為聘禮的一半），同媒人一起到女方家送彩禮，俗稱「過小禮」。過小禮也稱「裝匣子」，內裝金銀首飾、梳頭篦子和胭脂之類；過大禮時，將錢物、妝奩和豬、酒交齊，送至女方家，並擇日迎娶。而窮苦老百姓則無上述的繁文縟節。

新中國成立後，廢除舊習，改為由男方設宴會親家，有關事宜均在席上商定。

迎娶與拜堂　早先年，磐石一帶辦喜事由男方置辦酒席，一般歷時三天。第一天稱作「落水桌」，第二天稱作「亮轎」，第三天為結婚「正日子」。正日

▲ 新娘坐福

▲ 新郎新娘步入婚禮殿堂

▲ 新郎新娘吃大棗和花生寓意早生貴子

子清晨早起，早飯後新郎十字披紅，由伴郎陪同，騎著一匹頭戴鮮花、尾巴上拴有紅、黃布條的高頭大馬，親友簇擁著一名男童（一般是新郎的小舅子），坐在後面緊跟的彩車或花轎裡，到姑娘的家裡去迎娶，迎親的隊伍要求去單回雙。這一天早飯後，姑娘要在伴娘的陪同下，穿上紅襖，並用線絞去臉上的汗毛（俗稱「開臉」），梳髮髻，蒙紅布於頭，並以棉被包裹新娘，尤其長兄或弟弟抱上彩車或花轎，俗稱「抱轎」。如今，都改成了新郎「抱轎」。如果雇了鼓樂班子，還要一路上吹吹打打地進行迎娶，迎親的隊伍要繞裡圈返回。

迎親的隊伍回到男方家門口時，要燃放鞭炮，以增強喜慶氣氛。新房的門上，早已貼上了喜慶的對聯，窗戶上也貼上了喜字。這時，老婆婆要從伴娘的手中接過「聚寶盆」，新娘要給老婆婆戴花。然後，新娘頭蒙紅布，懷裡抱著用紅布包的斧頭，在新郎用紅綢子牽引下，腳踏紅地毯向供在院子當中的天地桌走去。有的人家要在路上放一個紅火盆，象徵著日後的日子會過得紅紅火火。還要放一個馬鞍和一個蘋果，象徵著日後的日子會平平安安，新娘子要在火盆和鞍子上準確無誤地邁過。然後，夫妻在天地桌前行三拜禮，即一拜天地，二拜高堂，三是夫妻對拜，俗稱這個環節為「拜天地」。

新娘新郎進入洞房後，新郎揭下新娘的蓋頭，新娘上炕面對著鏡子坐「福」（即在被褥下面放著新娘抱來的那把斧子），也有夫妻同坐的。然後，新郎新娘共飲交杯酒，同吃由新娘家送來的小餃子，俗稱「子孫餃子」，而今都改成吃「寬心麵」了。

然後，新郎新娘雙雙步入宴席，給到席的親朋好友敬酒點煙。晚上入洞房前，男方有妹妹的要由妹妹（或其同輩女性）給鋪被，新郎的被頭要掀開 1 個角壓在新娘的被頭上，被窩裡還要放些棗、栗子、花生，寓意是「早早立子」，花搭著生，即表示姑娘、小子都要生。

磐石舉行婚禮都安排在上午。酒席上娘家親戚先上桌，吃完後即返回。返回時要帶上離娘肉，一般是由娘家帶來的有四根肋骨的五花豬肉，回去帶回一半。

新中國成立後，一些帶有封建迷信色彩消失，坐轎改成坐車，拜天地改成拜長輩、拜親友。改革開放後，人民生活富裕了，迎親多用轎車車隊，整個過程要錄像，婚禮由專門的婚慶公司的司儀主持。

回門按照常規，新婚後的第三天，新婚夫婦要帶上四樣禮品，一般是魚、粉條、果品和美酒，到女方家去看望老人。如果路近，吃完兩頓飯後，於太陽落山前返回。如果路遠，住一宿後，於第二天吃完早飯後返回。

少數民族的婚嫁習俗

　　滿族婚嫁習俗　清朝末期，滿族人的婚俗依然很講究。婚姻要擇門第相當者，先求年老的婦人為媒。得到女方家長同意後，男方母親到女方家看閨女，相中後予之簪珥、布帛。女方家長無疑義後，男方父親率子及媒人拜女方父母，並攜帶禮品和請宴席，稱作「下茶」。次日，女方父親亦同媒人進行答拜，並攜帶茶果、緞、布匹、妝奩、羊、酒、被褥之類，置高桌之上，兩人扛之。貧富不等，多至數十桌。娶親時用轎車，掛紅綠綢，新人入門時，只拜公姑，無夫妻交拜禮。宴客飲至半酣時，女人俱離席勸酒，以大碗斟滿跪於地相勸，一直等到飲盡乃起。滿族婚禮儀式上，要用滿語唱頌歌，如唱《吉日》《阿察而米》等歌。祝福新郎新娘「幸福和睦白頭到老」。同時，還要朗誦《結婚祝詞》：「一撒金，二撒銀，三撒驟馬成了群。大幫豬，滿院禽，黃犬把大門。」新婚夫婦就寢，被窩也放上了栗子和棗，祝福新婚夫婦能夠生「一對丫頭一對小兒」。

　　辛亥革命之後，散居在磐石一帶的滿族居民，其婚俗基本上已與漢族接近。

▲ 滿族婚禮

　　朝鮮族婚嫁習俗　早先年，朝鮮族青年訂婚也是先由媒妁提親。兩家滿意

後，男方家長向女方家長送「請婚書」，並附以包括小夥子出生的「年、月、日、時」在內的「四柱單子」。女方家長經過合對認為合適時，再經媒妁回覆「許婚書」確定婚約，否則，婚事將被取消。確定婚約後，雙方擇定吉日，舉行「冠禮」和「笄

▲ 朝鮮族婚禮

禮」，舉行冠禮是指男子將辮子在頭頂上挽成髻，戴上冠，以示成年；舉行笄禮是指女子把髮辮盤成髻，插上髮釵，同樣以示成年。

朝鮮族婚禮在女方家舉行，稱為「大禮」。新郎步入新娘家院內的喜桌前，新娘家把木雁放在彩布或小桌上，新娘用扇子輕推三下，然後站在桌邊。新娘有兩位伴娘攙扶來到桌子的另一邊，二人隔著喜桌相向而立，在司儀的主持下，新郎新娘互相跪拜，然後行合巹禮，即各斟一杯美酒，互相敬飲。

婚禮結束後，新郎走進新房，接受擺在炕上的大桌（即婚席）。上炕前，要站在外屋地往灶炕裡邊用力推動木雁，木雁如果趴著，預示頭胎生子。木雁如果仰著，預示頭胎生女。大桌上的菜餚中，最顯眼的是一隻昂首而臥的嘴裡叼著一隻紅辣椒的大公雞。公雞象徵著男性，辣椒象徵著多子多孫。酒席擺好後，新郎先要回答新娘家人遞上的「單子」，即按著紙條上寫出的簡單的詩句賦詩或作對。如果實在和對不上，也可由上賓和對。開席之前，新郎要把每樣菜都揀出一些奉獻給自己的父母和近親，謂之「打奉運包」。之後，才能同陪席的人一起用餐。此外，給新郎準備的另一個飯桌上，飯碗裡埋有三個剝了皮的雞蛋，新郎要留出一個或兩個給新娘。

新婚三天（古時為一年半載）後，新郎要攜新娘返回自己家，稱為「于歸」。一路上，新郎騎馬，新娘坐轎，新娘要給新郎的父母和近親攜帶一些禮

物，由新娘的父親或叔父擔任「上賓」進行陪伴。新郎家也準備了大桌，但大桌上的酒席要原封不動地帶回娘家，敬獻給新娘的父母和親眷。第二天早晨，新娘要下地為炊，以顯示自己的手藝。飯後舉行家宴，新郎的父母及親眷坐在一側，新娘坐在對側。在新娘家女眷的指引下，新娘向公公、婆婆等一一敬酒，並贈送布料、布襪等禮物。三天后，新郎陪同新娘回岳父母家進行拜訪，住上一至兩天，稱為「再行」。「再行」結束，婚事才算結束。

新中國成立後，送「木雁」、給新郎上刑等舊習俗已被廢棄。但在朝鮮族聚居的地方，還多少保留一些其他方面的舊俗。

生育習俗

　　落草　新中國成立之前，磐石沒有產院。婦女臨產時要把接生婆（俗稱老牛婆）請到家裡接生。接生時，要把炕席捲起，鋪上穀草，在草上進行分娩，生下孩子稱為「落草」。這本來是滿族的風俗，後來移居到東北農村的漢族居民，也採用了這種方式接生。孩子生下來之後的第三天，要請有威望的老太太給嬰兒洗浴，稱為「三朝洗兜」。洗浴要用銅盆，要放槐樹枝和艾蒿，前來祝賀的親友要把銅錢、花生、雞蛋放入水中，稱為「添盆」。生了男孩，漢族和滿族都要先去姥姥家報喜，姥姥家要給準備悠車子，給戴長命鎖；生了女孩子，要紮耳朵眼兒。早先年，給女孩子紮耳朵眼兒的方法是：把針紉上用香油浸過的絲絨線在耳垂上穿過，把線留在耳垂裡。紮耳朵眼兒，是為了在孩子長大之後能夠戴耳環。

　　新中國成立之後，醫院和專門為孕婦接生和護理的婦產院陸續建成，孕婦基本上都到醫院或產院去生孩子。

　　坐月子　磐石一帶，漢族和朝鮮族把婦女生孩子和婦女產後的一個月內稱為「坐月子」。坐月子時，產房要打掃乾淨，門窗要遮擋嚴實，防風和防噪音，以便產婦能夠安靜休息並防止受風。產後十天或半個月不准下炕，不准坐涼炕沿，生活由別人照顧。飲食方面，漢族以小米飯、雞蛋為主；朝鮮族以大米飯、海菜為主，另加雞、魚等用以補養身體。滿族生男孩要掛小弓箭於門左，生女孩要掛紅布條於門右。掛此標誌，一是為了向人們報喜，二是為了防止生人進產房。據說，生人進產房會把孩子的奶給帶走。如果生人進產房後，產婦真的缺奶了，進屋的生人就要買三尺紅布給產婦家遮鍋，並送些食物等，表示已經把奶送回。產婦在生下孩子的第二天，要請子女多、身體好的婦女給「開奶」。產後的第三天，要給產婦吃麵條。第七天給產婦包餃子，俗稱「捏骨縫」。一個月後，下地做飯。但是舊社會的窮苦百姓家，很少能按照這樣的

習俗去坐月子，有很多婦女生下孩子兩三天后就得下地幹活，就得操持家務。坐月子期間，親友來送衣物、雞蛋等，稱為「下奶」。辛亥革命之後，磐石一帶的滿族婦女生孩子，已不再在門旁掛弓箭或紅布條。新中國成立之後，坐月子奶被生人帶走之說，也逐漸被人們認為無科學依據。其他習俗，有的仍在延續。

滿月和百日　早先年，男嬰生下二十九天，女嬰生下三十天，視為滿月。到了滿月，要剪滿月頭。滿月頭的剪法是：留下頭頂的胎髮，將四周胎髮剪去或用剪子剪短一些。因為這種髮式同南方的馬桶蓋差不多，所以被稱為「馬子蓋」，東北地方多稱其為「小帽頭」。嬰兒生下來之後，頭芯（俗稱「呼搭搭」）多未長嚴，據說留這種頭髮能保護頭芯。嬰兒滿月，要請滿月酒以酬謝親友。同時，要把孩子抱到姥姥家住幾天，稱為「躲臊窩子」。姥姥要給孩子脖子上掛一縷白線，祝孩子白頭到老，還要給錢，以表示祝福。嬰兒到了百日，姥姥家也要送些禮物。有了照相行業之後，孩子到了百日，都要照個百日相留念。

新中國成立之後，給孩子剪「小帽頭」的少了，其他習俗，有些地方還在延續。

周歲與抓周　孩子到了一週歲時，大人要給孩子過生日、照相表示祝賀。

▲ 小孩周歲抓周

新中國成立之前，一些大戶人家在孩子一週歲時，流行著一種「抓周」的習俗。此風俗形成於關內，後由移民帶到東北。早先年，磐石一帶的居民常常用盤子盛著弓箭、珍寶、玩器、針線等物品讓嬰兒抓取，看他抓些什麼，以卜其一生的志趣。後來，乾脆把實物放到床上或炕上讓嬰兒去抓。如果孩子最先去抓刀劍，則認為孩子長大之後能成為武人；如果孩子先抓到了筆硯，則認為孩子將來在讀書方面能有所上進；如果男孩子先去抓胭脂、口紅等物，則認為孩子長大之後會成為酒色之徒等等。

新中國成立之後，因為此種做法毫無科學依據，已被人們拋棄，或僅僅視作一種遊戲。

起乳名與剃童頭　新中國成立之前，磐石一帶文盲特別多，孩子生下來之後起個什麼名字，常常成為一種難題。所以，常常先給孩子起個乳名，俗稱「小名」，以便進行稱呼。舊社會缺醫少藥，人民生活貧困，孩子得了病之後常因無錢醫治而夭折。因此，給孩子起乳名時也常常起一些表示命硬一點的乳名，如起「小石頭」「鐵蛋子」等，以期孩子能夠戰勝天災人禍，茁壯地成長。也有的為了祈求神仙的保佑，如起「關鎖子」「胡鎖子」「黃鎖子」等，祈求所謂的「保家仙」進行保佑。有的人家生了幾個姑娘沒有生小子時，常給最後一個姑娘起個乳名叫「帶弟」，希望她能給家裡帶來個小弟弟等等。由於重男輕女的思想，到了給孩子起大名時，很多家長只給男孩子起大名，而不給女孩子起大名，以致女大出嫁後，只能稱作張王氏（指王家的姑娘嫁給張家了）、楊李氏等等。當時，給嬰兒留一些怪髮型，如鬼見愁、王八辮兒等，也是為了圖個好養活，能夠長命百歲。等到頭髮長到三吋以上時，又給孩子剃成「狗拉車」「朝天沖」「墜根」「歪辮兒」「歪桃兒」等。上述嬰幼兒頭型，多半是在孩子小的時候體弱多病或有迷信講究的人家留的，不具有普遍性。

新中國成立之後，男女平等，男孩子和女孩子都起大名，給孩子留怪頭型也不多見了。

過生日與祝壽

　　漢族人為老人祝壽　新中國成立之前，磐石一帶，從老年人花甲時起，每逢生日，晚輩都要給老人祝壽。六十大壽，又稱「花甲大壽」，祝壽場面極為隆重。早先年，富貴人家要張燈結綵，懸掛壽幛壽聯，鑼鼓喧天，甚至要請說大鼓書的、講評詞的乃至唱戲的登台進行演出。壽誕之日，要按親疏、輩分、壽禮厚薄等依次接受親屬及來客的祝賀。祝賀之前，請老人穿長壽服，給老人獻長壽桃和吃長壽麵。除「花甲大壽外」，七十、八十、九十歲壽誕，均受到人們的重視。如六十歲的壽聯是「甲子重新如山如阜，春秋不老大德大年」，七十歲的壽聯是「從古稱稀尊上壽，自今以始樂餘年」，八十歲的壽聯是「卓爾經綸傳渭水，飄然風致並香山」，九十歲的壽聯是「瑤池果熟三千歲，海屋籌添九十春」。除此之外，老人六十六歲、七十三歲、八十四歲的壽誕也格外為子女們所重視，因為民間有些令人忌諱的俗語，如「六十六，不死也要掉塊肉」、「七十三（孔子活到 73）、八十四（孟子活到 84 歲），閻王不叫自己去。」因此，子女們都希望老人躲過這三災。如過六十六歲壽誕時，女兒要給老人包六十八個餃子，敬天一個，敬地一個，其餘六十六個老人要一次吃完等等。新中國成立之後，給老人祝壽的民間習俗保留。不過，一些帶有迷信色彩的說法和磕頭祝壽的禮節已不再保留。改革開放之後，人民生活富裕了，祝壽的場面比以前更為隆重，除了晚輩都到場外，有時還要到飯店訂酒席及買生日蛋糕進行祝賀。

　　朝鮮族人為老人祝壽　朝鮮族的花甲大壽，也十分隆重。老兩口中有一個人過花甲壽，另一個人也要坐在身邊陪伴。過花甲壽的人如有兄弟或同歲朋友，也要坐在正席陪伴。然後，按照先直系後旁系、先長後幼、先男後女的順序，一一敬酒磕頭祝壽。已成家的晚輩，可攜子女一同祝壽。祝壽時，只給過壽的人磕頭敬酒，其他陪坐的只敬酒不磕頭。祝壽結束後，眾人進餐並唱歌跳

舞，盡歡而散。而今，在磐石一帶朝鮮族聚居的農村，上述風俗習慣仍基本保留。

過生日　新中國成立之前，由於人民生活十分困難，給六十歲以下的人過生日，無非就是包頓餃子、煮幾個雞蛋。改革開放之後，人民生活富裕了，過生日的家宴要比以前豐盛得多了。有時，一些親友還要到飯店聚餐為之慶賀。在一般人過生日的活動中，最受老年人重視的是給孩子過生日。早年給孩子過生日，美食中必備雞蛋，以示「蛋住」，保佑孩子長命百歲。而今給孩子過生日，一般要擺家宴或到飯店吃飯，唱一曲《祝你生日快樂》歌。

▲ 朝鮮族老人過生日

▲ 朝鮮族子女給長輩敬酒

▎祭祀習俗

敬神祭祖，在我國已有五千多年的歷史，通過祭祀，「告其成功於神明」及托神明保佑成功。《詩經》「風、雅、頌」中的頌歌，就是我國在周朝及以前祭祀時所用的樂歌，其中也含有舞曲。

漢族人的祖祭與家祭　我國關內的許多世宦人家皆設家廟祠堂，用以供奉祖先靈牌。漢族人移居到磐石後，大多數大家族仍延續典祖習俗。舉行典祖儀式時，主辦家要擺供祭祀，供桌要放一個香爐、二個蠟台和二個香筒及一應供品。對於一般漢族家庭，無實力講究大的排場的，也要在除夕供家譜，以示慎終追遠。上供時一般擺放一方肉、二碗飯、二摞饅頭（一共 10 個）、五碟菜、一對紅蠟、二封香、一個香爐。除夕夜接完財神後，先要祭祖，然後吃餃子。一般要供到初五晚上，不過也有供到初二撤供的。無家譜的要供奉祖宗板兒，祖宗板上寫著「供奉×氏門中先遠三代宗親之神位」，供奉二字右起橫寫，其餘各字豎寫。比這還簡單的是，用紅紙寫一張「供奉三代宗親」貼在牆上即可。家中保存著譜書的人家，可按譜書中的輩分規定給孩子起名。譜書中規定的字為二十四個，二十四輩的字全部用完之後，再從頭循環使用。新中國成立後，上述做法在磐石一帶基本消失。

滿族人的家祭　滿族入關後，由於同漢文化融合，一改過去在西屋西炕供祖宗板的辦法開始供家譜，也稱為「三代宗親」。較大的家族設有祖先堂，供奉譜牒和家神。譜牒最上邊是一世祖，一般只有男女二人的姓名。二世祖系一世祖的幾個兒子、兒媳，名字占的位子也寬了一些，以下越來越寬，家譜也是這樣。滿族上供的供品中，一定要有煮好的豬頭，居住在磐石一帶的滿族家庭基本保留了這種習俗。新中國成立後，上述做法在磐石一帶基本消失。

行業祭祀　新中國成立之前，向有「三教九流」「五行八作」以及「三十六行」之說。在這些行業中，大部分都有本行業流傳很久的創始人或祖師。因

此，每到年節或行業特定的節日中，磐石一帶的各個行業對自己的祖師或創始人都要進行祭祀。如儒、道、佛教的創始人分別是孔子、老子和釋迦牟尼，木匠的始祖是魯班，鐵匠的始祖是李老君，理髮匠的祖師是羅祖，酒業的祖師是杜康等。不過，也有的行業不是一個祖師。情況各有不同，行業的祭祀方法也各有不同。新中國成立之後，各個行業的祭祀活動基本停止。

祭自然物　原始社會，人類對自然缺乏瞭解，也沒有抵禦自然的能力，對所發生的自然現象感到神奇不解，認為天有天神玉皇大帝，地有地神土地爺，日月星辰、山岳江河、花草樹木、野獸蟲魚等，都是神或受神靈主宰。如馬在我國生產、運輸及戰爭中出力很大，從周朝起就開始祭馬神，唐太宗還為他的坐騎雕了昭陵八駿石像。到了清朝，仍祭馬神，並確定農曆六月二十三為馬王爺生日，馬王爺被畫成三隻眼。磐石一帶養車馬的人，都要在這一天祭馬神。此外，還有供奉和祭祀保家仙、胡仙和黃仙的。新中國成立之後，上述活動基本消失。

居住在磐石一帶的滿族先民們，也和東北其他地區的滿族先民們一樣，崇拜許多自然物。如滿族樹在院內的神桿，主要是用來祭祀烏鴉，他們認為烏鴉是林海女神，看林子的格格。把老虎視為山神爺，農曆三月十六日祭山神時，祭的就是獸中王老虎。滿族人祭柳樹，稱為祭「佛多瑪瑪」「佛多」系柳樹枝，「瑪瑪」為祖母，敬柳樹如敬祖母。滿族人祭雪，一是在天寒無雪的季節，祈求雪神「尼英瑪瑪」降雪；二是在瑞雪連降數日，預示狩獵及農業都能豐收時，因感恩而進行祭雪；三是在春夏之際雪開始融化時，祭雪送雪到九天神樓休息；四是連降暴雪封山阻路時祭雪，以防雪崩，保佑人畜平安。另外，也祭聖火，祭關公等。

「打春牛」的習俗　清朝末年，磐石建縣之後也興起「打春牛」的習俗。這一習俗不是祭，而是「打」。每年到了立春的前一天，由老百姓紮一頭紙牛，抬到縣城東來門外，由知縣帶領民眾用鞭子抽打。意思是在告誡所有貓了一冬啥活也沒幹的懶牛，春天到了，該幹活了，不幹活縣官不允，老百姓也不

讓，就得挨打。

敬禮方式

跪拜禮與拱手禮　清朝末年，磐石一帶的漢族人行大禮為跪拜禮，跪拜禮用於祭祀或拜見尊長。平時相見，雙手抱拳，行「拱手禮」，亦稱「作揖」。滿族人行大禮，跪左膝，左右遙肘，滿語稱之為「襌珠喇」（俗稱打千禮）。此外滿人還有一種抱腰禮。

舉手禮和鞠躬禮　中華民國成立後，磐石一帶居民也緊跟形勢發展需要，軍人行舉手禮，官、商、學生行鞠躬禮。但有些老年人，仍行跪拜禮和拱手禮。東北淪陷時期，公職人員及學生在室外一律行舉手禮，在室內行鞠躬禮。民間以行鞠躬禮和拱手禮者居多，但祭祀時仍行跪拜禮。

新中國成立後，軍人行舉手禮，學生行鞠躬禮和舉手禮，少先隊員行少先隊禮。同志相見，行握手禮。民間祭祀時，行跪拜禮或三鞠躬禮。「文化大革命」結束後，只有軍人仍行舉手禮，行鞠躬禮的也少見了，學生也不給老師敬禮了。同志相見、師生相見，多是互相握手和互致問候。

▌娛樂習俗

　　平時的娛樂活動　新中國成立之前，磐石城內居民平時可以看看戲、聽聽評書，富貴人家聚在一起打打麻將。農村的農民，從春忙到秋，既沒有時間也沒有條件去進行遊樂活動，只能在地頭歇氣的時候，隨便地喊上幾嗓子、哼上幾聲小調，或坐在地頭上玩「下五道」「憋死牛」「老牛趕山」，乃至摔摔跤、掰掰腕子等。

　　春節前後的娛樂活動　新中國成立之後，勞動人民的地位提高了，生活得到改善。二十世紀五〇年代起，磐石城內陸續修建電影院和評劇院，各鄉鎮陸續修建俱樂部，放電影和演出戲劇節目，人民的文化娛樂條件不斷得到改善。改革開放之後，家家都有了電視，隨時都能看到各種文化娛樂節目。這個時期，人民群眾的文化娛樂生活越來越豐富了，扭秧歌、跳廣場舞、打太極拳、

▲ 八〇年代磐石秧歌會演

打麻將、玩棋牌等，這些形式多樣的娛樂活動基本滿足人們不同的興趣愛好。為了給中老年人創造適合於他們文化娛樂環境，社區和街道還成立了一些中老年活動中心。

新中國成立之前，磐石農村的文化娛樂活動主要集中在春節前後的農閒季節，農民可以扭扭秧歌、跳跳單鼓舞等。如果村裡來了一夥秧歌隊，人們聽到鑼鼓和喇叭聲後，會立即湧出家門，把道路圍得水洩不通，秧歌隊扭到哪裡，人們就跟到哪裡。如果趕上飯時需要向各家派飯，各家都是滿懷熱情地對秧歌隊進行招待。家境比較殷實的人家在婚嫁、祝壽時會請來鼓樂班子，在院內搭台演出一些地方戲的小節目。於是，左鄰右舍也有機會跟著一飽眼福了。其他時節，除了春天聽鳥鳴、夏天聽雷吼、秋天聽蟲叫、冬天聽風聲外，更無其他絲竹之音。以致村中突然來了一個搖著撥浪鼓的貨郎子，或者來了一位由小孩領路，敲著堂鑼的算命瞎子，都會引起人們極大的興趣。

歘嘎拉哈　「嘎拉哈」是滿語，意思是後蹄骨，漢語稱「骨子」。骨子有豬、羊和狍子的，以豬的最大，狍子的最小。小姑娘手小，喜歡玩狍子的，大姑娘和青年婦女常玩豬和羊的。骨子為不規則六面體，除去兩端，其餘四面分別命名為珍兒、背兒、坑兒、驢兒。玩時間長了，表面被磨得鋥亮。有的還染上各種顏色，看起來十分鮮豔醒目。每逢春節或得閒的時候，婦女和小姑娘們便圍坐在炕上，玩起來感到十分高興。早先年，用十多個銅錢串成的「錢頭」作輔助工具。新中國成立前後，磐石一帶多半用花布片作成方方正正的小口袋裝上糧食後，代替「錢頭」作輔助工具。骨子的玩法很多，如彈、

▲ 歘嘎拉哈

▲ 羊嘎拉哈

抓、搬、潑、趕等多種形式。玩時，少則二人，多則可分成幾伙。玩的方法也很多，如：彈珍兒、搬珍兒、抓對兒、大把抓子、「趕羊」等。玩時，要先定好玩的順序，稱作「爭老頭」。常用「爭老頭」的方法有「黑 白」「單奔兒摟我老頭」及「將軍誰」（即一直流傳至今的「石頭、剪子、布」）。「嘎拉哈」手腦並用，可以使手指靈活，大腦反應靈敏。

打箭杆　也稱穿箭桿，是男孩子的一種戶外活動，在冰天雪地的冬閒季節裡玩的時候最多。玩的用具是秫秸。當年，農村的孩子都會這種玩法，而且是成幫成伙，很熱鬧。參加玩的人，都要事先準備好兩種玩具，一個是「穿」，「穿」就是一根粗壯挺實、分量稍重的高粱秸；二是「箭桿」，「箭桿」是把高粱秸外皮扒光後，按著節折成一段一段的。準備完畢後，就可以用一隻手抱著「箭桿」，另一隻手提著「穿」，去參加遊戲了。一般是在村內的大道上或大院的院子裡進行。玩法是：先在道上用木棍畫一條橫線，在線的中央立一個脫粒後的苞米核，稱作「老督」，然後把入夥人的「箭桿」分兩堆擺在「老督」（指立在地上的）的左右。玩之前，每個人都站在線上把自己的「穿」用一隻手射出，射得最遠的是頭家，接著是二家、三家，稱為老頭、老二、老三。開玩時，誰射中「老督」，「老督」兩邊的箭桿都歸誰，後邊的人也就不用射了，便重新入夥重新玩。如果沒射中「老督」，射中箭桿堆了，被擊出堆的箭桿歸射者，未被擊出的留給後邊的人接著射。一週輪完之後，如果箭桿剩了很多，就要重新玩；如果剩得很少，不足以引起玩者的興趣，就把剩下的依然放在那，大家再重新入股，擺在「老督」兩邊重新玩。

這種玩法，動手又動腦。動手，要領會射「穿」的技巧；動腦，要認真考慮爭頭家時射的遠度。射得太遠了，往回射時的命中率就要低。

馬戰　馬戰是男孩子非常喜歡的一種遊戲，分三人馬和單人馬兩種。三人馬，由一人在前，二人在後。後邊人用內側手搭在前邊人的肩上稱作馬背，用外側手握住前邊人的手，稱做馬蹬，戰將蹬著馬蹬騎在馬背上，同對面的戰將進行征戰。雙方通過推、拉、擠、壓等方法進行格鬥，但不許用手打。哪一方

的戰將被鬥下馬或馬被鬥散了就算輸，需進行重新組合進行新的戰鬥。

單人馬，由個大體壯的孩子當馬，另一人騎在大個子的脖梗兒上，雙腿下垂，由當馬的人緊緊拖住，兩伙交戰時哪一方戰將落了馬，哪一方就算輸。單人馬運動活動迅速，有時可戰勝三人馬。因為三人馬，不僅馬要同戰將配合好，充當馬的三人之間也要配合好，進退、轉彎要協調一致，不然就散架子了。

放雪爬犁　磐石屬於半山區，冬季雪大，經常把山坡地的壟溝、壟台漫平。於是，山區的孩子就利用這種自然條件放起雪爬犁。玩時，選擇沒有障礙物坡度較緩的坡地，幾個人把沒有前輞的雪爬犁拉到山坡上，由一名力氣大反應機敏的孩子坐在爬犁前頭，兩腳著地，控制爬犁暫不下滑。待其他人都坐好後將腳一抬，爬犁便帶著人順著山坡下滑，而且越滑越快，風馳電掣，兩耳生風。控制爬犁前進的孩子有時用腳向左蹬一下，或者向右蹬一下，用以校正爬犁下滑的方向。待爬犁滑到坡底平緩處慢慢停止後，再反覆去玩。玩上兩三次，雖隆冬數九，也會累得滿頭大汗。

▲ 放雪扒犁

▲ 五顏六色的溜溜

放雪爬犁最忌諱的是碰到凍土地塊等障礙物，如果碰到障礙物，爬犁會被撞翻，人被甩落到雪地上。由於孩子們穿著棉襖、棉褲、戴著棉帽子，灑落在蓬鬆的雪地上一般不會受到傷害，只是虛驚一場。孩子們從雪地上爬起來，一邊用手打掃身上的雪，一邊大笑不止。

彈溜溜　溜溜有純色的也有帶顏色的，還有花瓣的（裡面有好幾種顏色，像花瓣一樣）。「彈」就是用手把它彈出去，這個動作一般都是由大拇指來完成。彈溜溜可是風靡一時的遊戲，這種遊戲大多數都是男孩子來玩，無論在學校還是在家

的院子，或是在路邊都能玩，而且還有好多種玩法。在地上畫一個圈（一般直徑 10 釐米左右），在圈大約兩米的地方畫一條線作為起始點，幾人或多人每人拿出相等的溜溜放在圈內（至少是兩個），每人再拿一個溜溜，這個一般要用大一點的，我們叫二溜溜或大溜溜，因為要用它把圈中的溜溜彈出。然後依次地用後腳跟踩著圈邊，向起始點的那條線扔出手中的溜溜。全扔完後再去看誰的離線最近，誰離的近誰就第一個彈，離線最遠的最後一個彈。彈的時候都是從起始點開始，讓自己的溜溜靠近圈，這樣才有機會把圈中的溜溜彈出。如果你的溜溜彈進了圈裡或碰到了線，下次再輪到你時就要從起始點開始彈，如果你和別人同時都在圈的邊上，你也可以故意地把他的溜溜彈到圈內，這樣做雖然不好，但是在戰術上或你想多贏點也未嘗不可。誰能把圈中的溜溜彈出就歸誰，所以離圈越近越有利。如果你彈出了一個還可以繼續彈直到沒彈出為止（就像打檯球一樣）。如果你的溜溜離圈很遠恰巧附近有其他人的溜溜，你也可以藉助這個溜溜往圈的附近走，具體方法就是可以一下一下帶著它往前走，也可以從它上面蹭一下過去，前提是必須碰到其他人的溜溜才可以繼續彈。這是我們最常玩的一種方法，也是一次能贏的最多的方法。

抽冰猴　冰猴又叫「陀螺」，是一種兒童玩具，而「抽冰猴」是用繩子繞在陀螺上，然後用力一拉，冰猴就在冰面或雪地上旋轉起來，接著玩者對它不停地抽打，使它在冰面或雪地上長久地轉動。

抽冰猴一開始就產生於冰雪文化之中，因為專門在冰天雪地的季節裡玩，木陀螺在冰雪上也發滑，所以是典型的冰雪文化。後來，這種玩具太好玩了，於是聰明的孩子們就在木頭疙瘩尖尖的底上安一個滾珠，這樣在夏天平光的土面上也可抽著玩了。如今，抽冰猴已進入了比賽和競技的行列，在冬季可以組織抽冰猴比賽，在相同時間裡，誰的陀螺旋轉的時間長，誰就是第一。現在，在磐石的各個小學、小區或是胡同內經常能看到孩子們圍成一圈玩這種遊戲。

▲ 抽冰猴

▊ 生產生活習俗

犁杖　古稱犁鑱或犁鏵。鑱和鏵是同一部件，但二者形狀性能不同。鑱狹而厚，前端尖銳，適合我國南方犁水田用；鏵闊而薄，前端稍平圓，適於耕旱田翻土用。當年來東北墾荒的移民，多半是居住在我國北方山東、山西、河北、河南、江蘇一帶的貧苦農民，所以基本上都使用犁鏵，本地稱為「犁杖」。

早些年的犁杖除了鏵子、犁碗子是鐵製的以外，其他部件多由硬木構成。其中犁轅子多由自然形成的彎木構成，也有的是把樹鋸倒之後，去皮火烤　彎而成。東北淪陷之後，湧入東北的日本開拓團使用的犁杖基本是鐵犁。抗日戰爭勝利之後，東北農村耕地仍以木犁為主。此後，鐵犁逐漸增加。木犁，農村幹粗活的木匠（俗稱「大眼兒木匠」）都能作，鐵犁則由鐵工廠製作。在磐石一帶山區，在不適於現代農耕機械作業的坡地，至今仍在使用。

扶犁難度最大的是「破茬」，「破茬」時一定要把犁杖把握好，讓犁頭走成一條直線。初學者把握不住，鏵子在土裡左右滑動，犁出的壟溝彎彎曲曲，壟台也有寬有窄，有高有低，需要重新打壟。扶犁最累的活是到了地頭磨彎時，需要用一隻手把犁杖連同埋在土裡的犁頭提起，俗稱「甩犁把子」。這樣犁一天地，甩一天犁把子，不僅胳臂疼得厲害，而且也拿不了彎兒。扶犁最害怕的事情是土裡有石頭，鏵子是由生鐵經過翻砂鑄成，碰到石頭後會破裂，俗稱「打了鏵

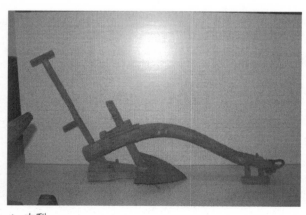

▲ 木犁

子」。遇到這種情況，就得卸犁停工，買新的鏵子進行更換。這正如俗話所說：「哪打鏵子哪卸犁」，不得不暫時停工。

穰耙　穰耙是東北農民早年播種穀物的農耕用具。兼蓄了中國古代播種用具「耬車」和東北地區無轅子爬犁所具有的優點。「耬車」駕駛時要手扶雙把，邊走邊晃動，讓種子播撒到犁出的溝內。 耙做成爬犁架的形狀之後，左右兩側的下緣置於壟台兩側的壟溝裡，行進時十分穩當，因此也沒有安上用人扶著的把柄。

據《魏志略》載：「黃甫隆為敦煌太守，民不知耕，隆乃教民作耬犁，用力過半，得谷加五。」史書所述的有三個犁的三腳耬，近年在山西省平陸縣發掘的漢墓壁畫中，就有用三腳耬播種的圖像。不用耬車進行條播，要經過開溝。播種、覆土三道工序，若用耬車耕種，三道工序一次完成。吉林省東部為山區和半山區，坡地多。用耬車在坡地上播種，易向下坡傾倒，不易控制。於是能工巧匠將其改為爬犁架子式的穰耙，也在上面安上一個裝種子的耬斗，下置三個犁，位於前方正中的犁，窄而銳，能將壟台中間犁出溝。犁後面的耬斗接著向溝中點種，後邊的兩個犁並排斜向，走過之後將壟兩側犁起的土翻到壟上將種子掩埋，畢其功於一役。

壓地滾子　壓地的磙子，有用又直又粗的圓木做成的，也有用石頭做成的，一般長可跨過兩條壟。磙子的兩端鑲有鐵製的軸碗，安上木製的長方形滾

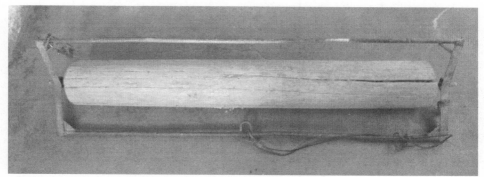

▲ 壓地滾子

架子之後，中間掛上繩套，套著牲口拉著壓地，把剛播完種子的新壟台上面壓實壓平，一方面利於防止鬆土中的水分被風抽乾，另一方面壟壓得平整到鏟地時好鏟。

鎬頭　農村常用的鎬頭扁而長，略呈梯形，窄的一端做成褲，用以安鎬把；寬的一端做成薄刃，用以刨地或培土。連續使用鎬頭刨溝培土修成壟溝壟台，俗稱「備地」，再在備好的壟上挖坑下種。時至今日，人們在下不了犁杖的房前屋後園子裡或者山上的小片荒種地時，還在使用這種鎬頭。據老年人講，早先年關裡人逃荒到東北墾荒時，很多人家沒有牲口，就得成天貓著腰用這種鎬頭起壟耕種。夏天幹活天太熱，只得挑一挑涼水置於樹蔭下，把布衫沾上水後披在身上幹活，過一會水分被蒸發乾了之後，再沾一下涼水接著幹。許多貧苦農民成年累月地這麼幹，其中有許多人到四五十歲時就累出了「羅鍋」。常言說：「壓腰葫蘆不是勒的，羅鍋不是摵的」，「羅鍋」確實不是摵的，是當年農民常年的過重勞動給造成的。

劈地鎬，與上述的鎬頭相似，但比上述常見的鎬頭要長出一半左右，前後的寬度相仿，厚而結實，常常安一個短把，稱為劈地鎬。早年開荒斬草時，常使用這種鎬。因為這種鎬份量稍重，落地壓茬，草根和較細的樹根可以一併斬斷。

牛心鎬，是早年菜園子裡常用的一種鎬。這種鎬呈牛心形，前端刃尖，越往後越寬。菜園子的地都是熟地，沒有太多的草根。給菜培土時，按著鎬把，一下一下地往後摟就行，可把壟溝裡的土摟到壟台上。

▲ 鎬頭

▲ 牛心鎬

洋鎬，是工地上用的一種鎬，鎬頭一頭尖一頭有刃，略呈弧形，褲在中間，用以安鎬把。這種鎬較重，用以刨堅硬的地面。

鐵鍬　鐵鍬中又分一般鐵鍬、拉鍬和平板鍬，鐵鍬也是農田特別是水田的常用工具。如用它挖溝排水，疊土楞子防水，以及水田地用它堵、放水口子等。

拉鍬，是用於修稻田地田埂的鍬。拉鍬鍬板扁平，前端尖圓，後端安一個長柄，鍬頭後邊兩側各有一個圓孔，拴兩根粗一點的長繩。工作時，前邊有二人拉動長繩，後邊由一人把握住鍬柄，用以修理稻田地的池埂子。

平板鍬，鍬頭是平的，兩側邊緣微微上翹，一般用於撮沙子撮土。

耙子　早先年的耙子是木製的，耙頭上一般鑲有四個木齒，中間安一個長柄，柄與齒所在平面形成一個銳角。春耕前整地時，可用耙頭砸掉刨下來的高粱「茬子」和苞米「茬子」上的土，然後翻轉過來使用耙齒把打好的「茬子」和雜草摟到一起裝車運到家裡，作燒柴用。因為耙子有把東西聚集到一起留著用的功能，人們常把男人會掙錢、女人會管錢的家庭說成是「外頭有個摟錢的耙子，家裡有個裝錢的匣子」。耙子的正面使用是齒著地，用以摟東西；如果翻轉過來讓耙子頭著地，則可用來打「茬子」、砸土塊。人們也常把這種使用方法稱作「倒打一耙」，用以比喻有的人本來自己有錯，卻要反咬一口誣陷好人。

點葫蘆　點葫蘆是一種比較原始的點種用具，主要用於點穀子、糜子之類

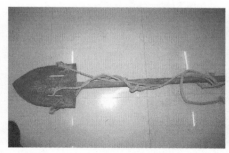
▲ 鐵鍬

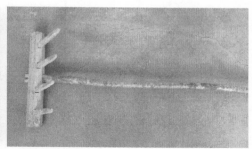
▲ 耙子

的種子。後邊是一個上方挖有一個孔的大葫蘆頭，前面葫蘆柄處切開，柄下固定一個長條形的小木槽，就構成了點葫蘆。點種時，先把種子倒進葫蘆頭裡，然後把點葫蘆綁好挎在左肩下邊，用左手把著點葫蘆並掌握好木槽的傾斜度，邊沿著壟溝往前走，邊用右手拿著的小木棍往木槽上敲，讓種子均勻地撒到新翻起的壟上。如今，點葫蘆已不多見了。

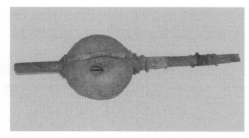

▲ 點葫蘆

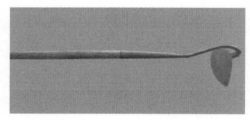

▲ 鋤頭

鋤頭　鋤頭是旱田常用的鋤草工具，由鋤板、鋤勾和鋤槓組成。鋤板、鋤勾是鐵做的，早年的一般鐵匠爐都能做。鋤板前邊的刃部呈弧形，關裡有些地方的鋤板略呈方形。鋤板除草時間長了變鈍了，就用廢棄的鐮刀頭子刮一刮再用。種穀子、糜子、線麻的大田地最好鏟，用鋤頭鏟淨壟幫兒就可以了，苗中間的草和需要間苗的地方，均由小工（多是女工）完成。條播的黃豆和高粱要按要求分好撮和株距，高粱株距約十釐米，最好留成「狗咬紋」式，可增加單位面積的株數。苞米要用鋤頭「串空子」，每垵可留一至二株。

如果有許多人同時在一塊田裡除草，就要有一個人打頭領著大夥幹，打頭的鏟得要快要好。解放前給地主扛大活時，打頭的掙得錢比一般人要多些。在平地幹活，緊跟著打頭的左右兩邊的兩個人，稱為「貼標的」。左右兩側最後邊的人，稱為「拉兜的」，「拉兜的」一般都是新手或者「半拉子」。如果鏟坡地，來回反覆輪流鏟，打頭的總在最下邊那條壟，一個「貼標」的緊隨其上，「拉兜的」在最上邊。

早先年旱田要鏟三遍，趟三遍。鏟頭遍地時，苗約一筷子高；鏟二遍地時，高粱、苞米已沒腰深；鏟三遍地時，人穿行在高粱、苞米構成的青紗帳中。

鏟二遍三遍，莊稼高過膝時就不能騎著壟鏟了，要站在壟溝鏟左右壟的內幫，並負責剔除一側壟上苗眼裡的草。尤其是鏟三遍地時最辛苦，天熱，身上的汗珠子直往下淌。胳臂被葉子劃破了，流進去汗水火辣辣地疼。此時，只有農民才能真正地體會到唐朝詩人李紳在《憫農》一詩中所描寫的那樣。「鋤禾日當午，汗滴禾下土。誰知盤中餐，粒粒皆辛苦。」

　　鐮刀　鐮刀是割地的用具，由刀頭和刀把構成。從形狀上分，刀頭有平直的，有呈月牙形的；從功能上分，有割莊稼的，有砍柴的。割莊稼多用草鐮，刀頭有平直的，也有月牙形的；砍柴用柴鐮，柴鐮刀頭平直刀背比較厚。朝鮮

▲ 鐮刀

族農民割水稻時都用刀頭呈月牙形的草鐮。過去的鐮刀，基本上是由鐵匠爐鍛造的，農民把刀頭買回家之後，自己上山去找粗細相應的樹的枝幹做刀把。一般都用硬木，結實耐用。秋天天氣變涼，手握刀把有些凍手，有經驗的農民喜歡選黃菠蘿的枝幹作刀把，手握刀把處的樹皮不扒，這樣握起來不感到涼。早先年，民間有這樣一句俚語：「鐮刀把，別害怕；扁擔勾，順草溜。」如果負責觀察情況的人說出了「鐮刀把」，就是在暗示執行任務的同夥沒發生意外情況，不要害怕，要放心大膽地幹；如果要說「扁擔勾」，就是告訴同夥有情況，趕快隱蔽地離開現場。

　　蔴刀　是一種專門用以刷線麻枝杈和葉子的長條形的刀。早先年，農村多數人家要種線麻，準備扒下麻皮子打麻繩。在線麻收割之前，要用這種又長又直的麻刀去刷枝葉，然後割倒捆成捆放到水泡子裡去漚，漚好了晾乾好扒麻。

　　此外，還有割煙葉子的小牛耳刀等。

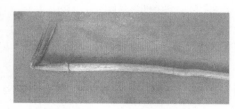
▲ 二齒鉤

　　二齒鉤　二齒鉤有二個稍粗的鐵齒，

鐵褲與鐵齒所在的平面成銳角形，鐵褲上置一柄。秋收時，主要用它起土豆、起地瓜。抹牆、脫坯、砌牆時可用它和泥。

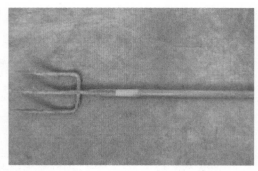
▲ 鐵叉

鐵叉　分細齒的和粗齒的兩種，細齒叉主要用在秋收時裝車、垛垛，平時可用它起牲畜圈的糞；粗齒鐵叉，用於起大蔥，起胡蘿蔔，蓋草房時用它叉牆，托坯時用它叉泥。

石滾子　石滾子是常用的畜力打場用具，一般用馬或牛拉著。打場用的石滾子比壓地用的石滾子粗而短，而且一頭稍粗一頭稍細，主要是為了讓滾子在場院裡繞著圈滾動，滾動時粗端在外側，細端在裡

▲ 石滾子

側。石滾子兩端正中鑿有圓窩，俗稱滾臍；外架著長方形木架，俗稱「滾架」。滾架兩側正中鑲有滾軸，滾軸正好嵌入滾臍裡。把牲口套拴在滾架的正面，便可拉著滾子繞著場院滾動。打穀子、麥子、豆子、高粱等，可將穀子、麥子、豆子和高粱頭呈圓形地鋪在場院裡。然後趕動滾子的人站在場院中間，一手牽著韁繩，一手執鞭趕著牲口，一圈一圈地從裡壓到外，再從外壓到裡。壓到一定程度時，要翻一下場再壓，直到壓好為止。老百姓中有一句俗語說：「這小子屬滾子的，光壓裡圈不壓外圈」，用來比喻有的人光顧自己，不顧別人。

連枷　連枷作為人力的打場用具，在我國已有數千年歷史。早在春秋戰國時期，位於山東半島的齊國農村，就普遍地應用連枷這種工具進行打場。宋

代，還一度將連枷的頭部改為鐵製的，並將其當作兵器在戰場上使用。用連枷打場，別有一番情趣。宋朝詩人范成大在《四時田園雜興、四十四》中寫道：「新築場泥鏡面平，家家打稻趁霜晴。笑歌聲裡輕雷動，一夜連枷響到明。」

早先年，一些沒有牲畜的小戶人家，打場都得用連枷打。某種作物種得少，不值得鋪場用滾子壓時，也得用連枷打。

連枷通常由木柄（俗稱「連枷桿兒」）、軸和連枷頭三部分組成。連枷頭通常用四根硬木條綁到一起成平面型，連枷軸一端有個粗的頭，穿進連枷桿一端的圓孔中不會脫落，然後把連枷頭固定在連枷軸細的一端，就構成了連枷。打場時，農民手持木柄高高揚起，讓連枷頭在空中翻轉一週後，再往下使勁，使連枷頭水平地重重地打在稻穀上，迫使稻穀脫粒。一場打下來，連枷發出的乒乓聲不斷。

木鍁 木鍁形似平板鍬，木鍁頭是用薄木板做的，鍁頭比一般的平板鍬鍁頭長，它是用來揚場的工具。糧食用滾子壓好或用連枷打完之後，糧食粒同糠皮子和秸稈的碎屑是混雜在一起的，需要通過揚場把糧食同雜質分開。揚場時，將成堆的糧食及雜質，沿著頂風的方向，一鍁一鍁地向

▲ 連枷

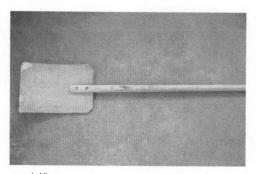

▲ 木鍁

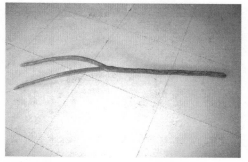

▲ 木叉

空中拋出。藉著風力，比重較輕的雜質被風吹走落到下風頭的遠處，籽粒飽滿的糧食顆粒垂直地落到地面。於是，藉著風力把糧食和雜質進行了分離。揚場是打場勞動中的技術活，穀物拋到空中，要自然地散開，不能成球；若是成球，球中間的糧食同雜質就不容易分開地落到地上。另外，揚場人還要憑著經驗，隨時判斷風力的大小和風向，隨時調整自己所站的位置和揚的角度和高度。

木叉　木叉是用來翻場的主要工具。打場用的兩個齒或者是三個齒的木叉，是用帶叉的枝幹去皮後直接將兩個叉撅彎而成。把鋪在場院上的莊稼用滾子壓或用連枷打到一定程度後，用木叉把壓過或打過的豆秸、高粱頭或穀子等，挑起來在空中抖落幾下，把糧食粒抖落到地上之後，再翻個個放到原處，俗稱「翻場」。翻完場後，繼續進行滾壓或用連枷打，直到把糧食粒都打落之後，再用木叉將剩下的秸稈叉到場院邊上堆著備用。

鍘刀　鍘刀是早先年鍘牲口草的用具。鍘刀由鍘刀、鍘刀床子、穿釘三部分構成。刀的本身約三尺長，刀寬背厚，一端褲中安個木耙，另端留一個圓孔用穿釘，同鍘刀床子連一起。鍘刀床子正上方掏一個窄孔正好放進去鍘刀，孔的兩側順長各鑲上一條厚鐵片。人握著刀的木把，一起一落進行鍘草。負責鍘的要會使一股「寸勁」，續草的必須精神集中，注意手的安全。稍不留神，就會釀成鍘刀鍘手之禍。

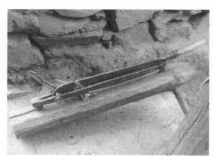

▲ 鍘刀

早年喂牲口的草基本是穀草和稗子草。後來因為這兩種作物的產量低，很多地方都不種了，都改用了稻草。

篩子　鍘完堆到草欄子裡面的草，有

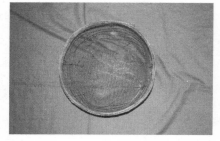

▲ 篩子

時含有泥沙，在給牲口拌料之前，先要用篩子把草篩一下，把混進草裡的沙子、泥土篩掉。早先年，東北地區的草篩子基本上是用二年紅笤條編成。圓形，狀如淺碟子，底的直徑約二尺左右，四周立沿高約半尺。篩子的底部，用一破兩半的笤條橫豎交叉編成。笤條與笤條之間留出一定的間隙，形成無數個小方孔。篩草時，混在草中的泥沙就可以從孔中漏掉。

篩子的另外一個用處是用它扣家雀（麻雀）。早先年，家雀特別多，家家草房子的房蓋和牆的銜接處，成了家雀安家的樂園。到了冬天天下大雪，家雀無處覓食，經常飛到住戶的草欄子前覓食。見此情景，孩子們就掃出一小塊空地，撒上一些穀粒，上面扣個篩子用以遮雪和扣家雀。篩子的一邊用一個小木棍支起，支起的縫正好能讓家雀進去覓食。小棍上綁一條細長的繩子，孩子手持繩子的另一端蹲在隱匿處觀察。當看到家雀鑽進篩子下面覓食時，便將繩子猛地一拉，支篩子的棍被拉走了，覓食的家雀被扣在篩子裡面飛不出來，成為當年吃不著肉的孩子的一頓美餐。

韁繩　韁繩是拴在牲口龍頭上的一根長繩，牽著韁繩走，就不會讓牲口跑掉。到了夏天，青草茂盛，牽著牲口到野外放牧時，可以把韁繩的一端拴在草地裡的小樹上，讓牲口圍著小樹附近自己吃草，主人可以乘機幹活或者到樹下乘涼。等牲口吃飽之後，再從樹上解開韁繩牽走。套牲口時，也要一手牽著韁繩，一手擎著牲口套。騎馬、騎驢時，也要一手把著韁繩（或拴在鞍子上），一手握著鞭子，驅趕著牲口前進。

牛鼻銨和馬嚼子　如果牛不太馴服，有時要在牠的兩個鼻孔之間穿一個用籐條或鐵絲做的圓環，稱作「牛鼻銨」。把「牛鼻銨」拴在韁繩上，再用韁繩牽著牛走時，牛就會乖乖地跟著走，不走會勒得牛鼻子疼。這正如俗語所說的：「讓人家牽著鼻子走」，

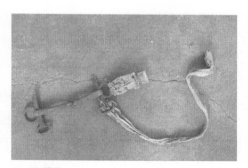

▲ 馬嚼子

用以指責那些做事總是被動的人。如果馬不太馴服時，就在龍頭上拴個籐條或鐵絲，橫在馬的嘴裡，稱作「馬嚼子」。不聽話時就拽一下韁繩勒得它嘴角疼痛，牠也只得乖乖地聽話了。

鞭子　趕牲口的鞭子常見的有兩種，一種是短鞭子，由鞭桿、鞭繩組成，常常是用來趕單個牲畜用的，如趕滾子、趕牛車、趕犁杖等。如果趕長途運輸的馬車時，除了有轅馬以外，前邊還有裡套、外套，戰線拉得較長，就得用長鞭子去趕。長鞭子結

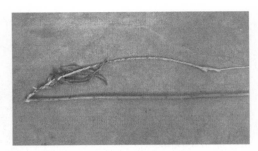

▲ 鞭子

構稍複雜些，由鞭桿、鞭桿尖、鞭繩構成。其中，鞭桿前端縛牢由三根竹子撐成的一段稱作鞭桿尖，尖端拴有長鞭繩。早年的鞭桿，是由粗細相當的抱馬子或水曲柳樹棍子做成的，結實、有韌性、耐用。鞭繩由鞭油、鞭身和鞭梢三部分構成，鞭梢用的是又結實、韌性又好的皮條。為了使鞭子看起來美觀，還在鞭繩和鞭桿的連接處拴上紅纓。用這樣的長鞭子坐在大車上一甩，可以甩到外套馬的頭上。

鞭子是用來催促牲口快速前進和教訓牲口用的。不過平時車老闆子也心疼牲口，看到牲口「偷懶」時，就搖動起鞭子，把鞭梢甩得嘎嘎響，牲口聽到響聲後怕挨打，就眯著眼睛使勁兒地往前拉。也許，這就是我們平常所說的「鞭策著我們前進」吧。如果遇到哪匹馬灼蹶子不聽話時，車老闆子就會把牠從套上卸下來，把韁繩拴到樹上，用鞭子狠狠地抽它的屁股，直抽到牠不灼蹶子為止，以此讓牲口長長記性。

騎馬用的馬鞭子，鞭桿非常短。因為人騎在馬上，策馬時用不著長鞭桿。

馬鞍子　馬鞍子是人們騎馬時用的坐具，左右兩端彎下，前後兩端向上翹，鞍面作得十分光滑，有的上面鑲上皮坐墊，有的鑲上棉坐墊，以免鞍子硌屁股（俗稱「剷屁股」）。馬鞍子兩側掛有馬鐙，利於蹬著上馬用。鞍子放在

馬身上時，也要放上厚厚的耷拉到馬
蹬之下的墊，以免硌壞馬背。騎馬出
門或騎馬從征，都離不開馬鞍子。

▲ 馬鞍子

　　旗袍　進入農耕時代之後的滿族
服裝，在歷史上延續時間較長的主要
有兩種，一種是「旗袍」（滿語稱「衣
介」），另一種是馬褂兒。旗袍有男
式、女式之分。

　　男式旗袍，圓領、窄袖（稱箭袖），向
左側捻襟，用扣絆鎖結。為了行軍騎射方
便，束腰，袍子下襟四面開禊，便於用手
撩起，敏捷地上馬、下馬。袖口狹窄，馬
蹄袖的袖口，上長下短。袖口狹窄可防止
冬季從袖口向裡面灌風。袖口上長下短，
行軍作戰時上面袖口長出的部分可護住手
背，以免凍傷。滿語稱這種帶箭袖的男式
旗袍為「哇哈」。冬季出行，一般都要在長
袍外面腰間紮上一條長長的布帶，同樣起
到良好的保暖作用。另外，那時的旗袍沒
有兜，隨身攜帶的物件如煙荷包、煙袋、
火鐮等，都繫在腰帶上。

▲ 長袖旗袍

　　旗袍最易產生污漬的地方是領子，因
此，當時的旗袍一般多安假領，其狀如「牛
舌頭」，多用綢、緞、布料做成。為了使其
挺直耐污，常常要在漿過之後捶得板板整
整。夏天為了涼快，多穿無領旗袍；春秋

▲ 短袖旗袍

兩季，多穿帶領旗袍；冬季，多用絨、皮作假領料，釘於袍領內側以禦寒。

女式旗袍，跟男士的基本相同，其不同處在於袖子不是箭袖式的。此外，女式旗袍選料要好一些，除了布以外，還有較華貴的綢、緞、絨等。有時，還要在旗袍上加上一些精美的刺繡，在領口、衣襟、開裾等處鑲上花邊、花條子，或緝上彩色牙子，顯得更加豔麗端莊。

穿女式旗袍，為了防止領子污損，常常用一條疊起的約六釐米寬的綢帶圍於脖子上，一端掖在大襟裡。領子分窄領和寬領兩種，但不論長袍、短袍，一般都要安假領。

女式旗袍束腰，外出不紮腰帶，而習慣帶一個精美的手絹。手絹一般掖在領子下邊第二個扣絆的大襟裡，有時也將手絹的一角拴在第二個扣絆上。拴在扣絆上的，有的將手絹掖在大襟裡，有的任其飄動在大襟外。不過，掖在裡面的顯得莊重，飄動在外面的顯得放蕩不羈。

早先年的旗袍，不管男式的還是女式的，除了有單的、夾的之外，北方冬季為了禦寒，也有絮棉花及用皮革做面料的。進入民國以後，旗袍仍為城市婦女，特別是文藝界婦女所喜愛。不過樣式上有了很大的改觀，開始以右捻襟的為主，以單的和夾的為主，夏天天熱時，以穿無袖的旗袍為主。

馬褂兒和坎肩兒　早年的俗話說：「天河分叉，該穿馬褂。」指到了八月中秋之後，天氣變涼了，該增加衣服了。其實，滿族人在春秋兩季，尤其是冬季外出時，常常要在旗袍的外面套上一件馬褂兒或坎肩兒，用以禦寒。

馬褂有無領和圓領（即立領）兩種，對襟，有開襟和扣絆，基本上是身長齊臍，袖長及肘，四面開裾。春天穿單的，夏天穿紗的，秋天穿夾的，冬天穿棉的或皮的。穿旗袍外罩馬褂兒，成為清朝一種時尚的裝束。料面多用布、絨、綢、緞，唯有冬

▲ 長袍

季用皮的。顏色多用金黃或明黃的。進入民國以後，很少有人用黃色的了。

坎肩兒與馬褂不同之處在於無袖，俗稱「搭護」，近代人稱之為「馬甲」、「背心」，也是一種罩在旗袍外面的禦寒便服。早先年，坎肩兒分巴圖魯式、琵琶式、直翹式、圓翹式、人字襟式多種。巴圖魯式，是清代八旗兵穿的一種便服，也叫「一字馬夾」。即在一字形的前襟上飾有排扣，兩邊腋下也有排扣，俗稱「三邊開禊」。琵琶式，大襟不到腋下，而是從第二個鈕絆起直通向下，但不到底，下襟部分缺一小塊兒。帶大襟式，也叫「捻襟坎肩」，即紐扣在左側上下排扣外。直翹式，對襟，排扣在胸前，左右兩側底角呈弧形翹首狀。圓翹式，對襟，排扣在胸前，左右兩側底角呈圓形翹首狀。人字襟式，分對襟和帶大襟兩種。其帶大襟的排扣在左側，對襟的排扣在胸前，左右兩側底角為人字形翹首狀。

長袍和大布衫　一九一二年，中華民國成立以後，人們不再穿當年窄袖的旗袍，改穿廣袖的長袍。其中男士穿的稱作長袍，女式穿的稱作大布衫，基本上都是用單色布做成，且一律是右衽。男士穿長袍，在脖子上圍個長圍巾，一端在胸前下垂，成為「五四」運動前後文人學者中男士裝束的一種時尚。男式長袍，以黑色、褐色的居多；女式的大布衫，以藍色的居多。普通人家，多以黑花旗布和蘭士林布做面料；有錢人家選料要華貴一些。長袍和大布衫，以單的居多，且均身長過膝。

大衣　民國時起，磐石的年輕人喜歡穿一種對襟大衣，東北人稱這種大衣為大氅。大氅中用呢子做面料的，最受年輕人青睞。用呢子做面料的大氅，用光滑面薄的衣料作襯裡。衣前襟的縫，如果開在胸前正中央時，一般只釘一排扣兒，且多用工廠裡生產的大黑扣兒。扣兒釘在右襟，扣眼兒扣在左襟的對應處。如果對襟的中縫設計偏右，則在左

▲ 男士大衣

襟的對應處釘上一排明扣，以保持左右對稱。

　　大氅　也分男式女式，男式立領，多用黑色、深藍色呢子做面料；女式帶一點小翻領，多用粉色、紅色、天藍色呢子做面料。大衣中除了呢子大衣外，還有風衣（一般是單層的）和棉大衣。

▲ 男士對襟上衣

　　對襟上衣　清末民國初年，大批的關內居民移居到東北，把關內的服飾文化也帶到了東北，而且很快地成為東北各族居民喜歡的衣服式樣。其中，男裝最有特色的就是對襟上衣。對襟上衣，立領，長袖，在胸前正中開襟。開襟處右襟要比左襟寬出寸許稱為延襟，扣扣時左襟在外面壓住延襟，以免向衣服裡面灌涼風。開襟處左右兩側要釘上紐絆。紐絆係用布繩手工做成。縫在左襟上的紐絆露出端，結有「算盤疙瘩」充做紐扣；右襟對應處縫的紐絆得露出端，留出一孔充做扣眼兒。這樣，穿衣服繫上紐扣、脫衣服解開紐扣就可以了。紐扣除了有用布繩作的以外，還有作坊用銅或玉石等做成的「算盤疙瘩」，價錢自然要貴一些。據清末考中進士作過翰林庶吉士、民國初年當過省長，家居在磐石笤條頂子的齊耀林（綽號「齊大翰林」）講：在朝庭為官，伴君如伴虎，一旦有閃失就會招致殺身之禍。有些大臣為了防備出現意外，胸前

▲ 女士對襟上衣

▲ 女式帶大襟衣服

的第二個紐扣不是用銅做的而是用金做的。這樣，一旦受到奸臣陷害招致殺身之禍時，就可以立即將第二個紐扣扯下吞入腹中自殺，免受各種酷刑。近年，有些婦女嫌鎖紐絆麻煩，索性買工廠裡生產出來的「悶扣兒」來代替紐絆。

對襟男裝，根據節氣的不同，又分單衣（俗稱「對襟小褂」）、裌衣（俗稱「裌襖」）、棉衣（俗稱「棉襖」）。對襟小褂，適合夏天穿。裌襖有裡有面，適合春秋穿。棉襖在裡和面之間絮棉花，適合在寒冷的冬季穿。

男士對襟裌襖，裡子多用白布，面多用黑色、藍色、棕色等單一色布，但也有用印有各種吉祥圖案的高級綢緞做的。對襟衣服，以五袢、七袢居多；武生的上衣紐袢釘得更多些密些。

帶大襟上衣　帶大襟上衣是典型的漢族女裝。清末民國初年，關內漢族居民大量移居東北後，右衽的帶大襟的女式上衣一統了東北女裝上衣的天下。現在從民間能蒐集到和商店裡能買到的，基本上都是右衽的，即左襟大，右襟小，左襟右捻在右側腋下繫扣兒。女式帶大襟上衣，四至七絆不等，童裝也有釘三個絆的。

女式帶大襟衣服在用料上和做工上，要比男士對襟上衣講究一些，特別是在面料選用上，年輕婦女多用花布、綢緞、絨絣等色彩鮮豔乃至比較華貴的面料去做，而老年婦女則喜歡穿用顏色暗一些、素氣一些的面料去做。帶大襟女裝也有單衣、裌衣、棉衣之分。

制服上衣　一九一二年，中華民國成立後，由孫中山提倡的被人們稱作制服的中山裝男士上衣，很快地在全國的士、工、學、商以及軍隊中普及開。這種衣服小翻領，五個扣，前胸左右兩側，上下各有一個兜，系扣兜，兜上邊有蓋，兜蓋可用紐扣扣緊。孫中山穿著這樣的衣服，毛澤東也穿著這樣的衣服。這種式樣的衣服，在中國流行七十多年，中山裝在磐石也曾風靡一時。

童衣　早先年，嬰兒的單衣、裌衣，均質地柔軟、用顏色淡淺的布或花布去做，一般不釘扣，而是縫二或三對布帶。穿衣時把布帶繫上，脫衣時把布帶解開。兒童到了四五歲以上時，男孩子開始穿對襟衣服，女孩子開始穿帶大襟

衣服，一般都用紐絆做結。

棉上衣　棉上衣又稱棉襖。早先年的棉上衣主要分兩種，一種是對襟的男式棉上衣，一種是帶大襟的女式棉上衣。這兩種棉上衣的樣式，與前面所述的對襟上衣和帶大襟上衣基本一樣，只是在裡和面之間絮了棉花。棉衣服髒了不好洗，所以在穿棉上衣時，一般都是內穿襯身，外穿襖罩。襖罩也因男女有別，分別做成對襟的和帶大襟的，一般也有釘紐袢的。

▲ 中山裝

二大棉襖，比一般棉上衣要長一些。東北冬季天氣很冷，有時在外面幹活要彎腰，彎腰時冷風最容易從後腰部灌進衣服裡，使人著涼，因此特意把男人的棉上衣做得長一點。一般棉上衣身長在臀部以上，二大棉襖身長在臀部以下。

▲ 男士帶大襟棉上衣

涼帽和暖帽　涼帽上尖下圓，無簷，狀如早先年農村蓋醬缸的醬帽子。旗人男子的涼帽多用一種名叫「得勒蘇」的草編製而成。「得勒蘇」被列入貢品後，居住在農村的旗民作涼帽時，則用麥秸代替。近年因演清朝的時裝戲所需，趕做出來的涼帽均用尼龍絲代替，有時也用麥秸編成。涼帽春季、夏季戴，秋季、冬季戴暖帽。

暖帽呈半球狀，有簷。周邊簷寬二吋左右，略微上翹。至今在賣民族服飾的地方有時還能見到。面料分呢、絨、氈數種。當年的暖帽，寒冷季節要鑲嵌上毛皮、呢絨之類。一般百姓，多用貂皮、鼠皮、呢絨鑲簷；有錢有地位的人

多用貂皮、水獺皮作簷。涼帽和暖帽，被稱作清代的禮帽，制式上有貧富貴賤之分。

涼帽和暖帽，中老年男子皆宜。

瓜皮帽　瓜皮帽，又稱「六塊瓦」，據說這「六塊瓦」象徵著上下四方於一統。秋冬兩季多用黑色緞料作面；春夏兩季，多用黑色的紗料作面。其狀上銳下寬。分有簷的和無簷兩種，有簷的簷寬一吋左右。頂部用絨繩結個疙瘩，紅黑不等，稱作「算盤結」。帽的前下方靠近簷處釘有「帽正」，富者釘翡翠、瑪瑙、各種寶石之類，貧者則用玻璃、銀片、燒藍作「帽正」。清朝時的八旗紈褲子弟，還在帽上嵌有一尺左右長的「紅縵」（即紅絲絨穗），以示家世不凡。

▲ 瓜皮帽

進入民國以後，有些守舊的商人和地方紳士還戴著瓜皮帽。一九三一年，東北淪陷以後，日本侵略者要求公職人員穿協和服，磐石縣立初級中學的國文教師於振民，偏偏穿著長袍戴著瓜皮帽，以示不與日本侵略者苟合。

瓜皮帽，以紳士、商人、財主男士戴者居多，尤其是老年人。

▲ 草帽

草帽　關內農民大量湧入東北進行墾荒之後，在松花江流域種上了漫山遍野的大豆、高粱。高粱收割後剩下的高粱秸（俗稱「秫秸」），扒了外皮，用水浸泡後用刀子破開刮掉中間的瓤，然後破成眉子，其中寬的用來編炕席、編子，窄的用來編草帽。草帽的形狀與清朝時的涼帽差不多，可防雨、防日曬。農民春夏秋到地裡勞動，都要戴這種草帽。草帽多是自家編的，心

▲ 草帽

靈手巧的人也有的編好之後拿到集上擺地攤賣的。草帽是早先年農民上地裡幹活時戴的帽子，男女皆宜。

洋草帽　洋草帽是一種圓頂、周邊有大簷的草帽。帽簷平整，寬約十三釐米，一般用麥秸或鉋花子編成，多為城市工地的工人、游商和打魚、釣魚的人所戴。個別的商店，至今仍有出售。男女均可以戴，女人戴的洋草帽有時要在帽上拴個彩色飄帶做裝飾品。

氈帽頭　東北的大片土地進行墾殖之後，農民在秋冬季習慣於戴氈帽。

▲ 氈帽

氈帽，吉林一帶俗稱「氈帽頭」，為當時農村男性公民所戴的一種帽子。帽子前後各有一個舌頭，左右各有帽扇子（俗稱「耳扇子」）。舌頭和帽扇子，春秋可以翻起來，冬天大冷時可以放下來，前後兩個舌頭遮住前額和後脖梗子，左右帽扇子可護住兩個耳朵。冬季為了防寒，可在帽扇子、帽舌頭上掛上毛皮，如兔皮、貉子皮、狐狸皮、貓皮等。天暖時，可把帽扇子、帽舌頭都撇上去，形成了真正的氈帽頭。當皮帽子流行起來以後，農村戴這種帽子的人越來越少了，只有老年人還帶這種帽子。

一九四六年秋，國民黨軍隊向我磐石縣江南根據地發起進攻時，一天早晨，江南根據地一位農民到輝發江沿打水準備飲牲口時，被駐紮在江北沿黑石鎮裡的一名國民黨哨兵發現，當即開了一槍。可是子彈射到農民那裡時，已是強弩之末，只穿透了農民的氈帽頭兒的一層就停止前進了。農民覺得頭部被石子輕微地擊了一下，他用眼睛前後左右仔細地搜尋了一下，沒發現有人跟他開玩笑。在他摘下氈帽頭仔細看時，忽有一個硬東西掉在了地上。他撿起一看，是一顆子彈頭，再看氈帽頭，被穿出了一個眼兒。他好後怕呀！急忙跑到村裡進行報告，縣大隊開始作了迎戰準備。縣大隊長尉茂有開玩笑地對他說：「你這個氈帽頭功勞不小啊！是他救了你的命。」

棉帽子和皮帽子　棉帽子，帽盔裡絮上棉花，左右兩個帽扇子在脖後互相連接，前邊的帽舌頭釘在帽盔上不往下放。帽盔和帽扇子的面料以布的居多，也有用呢子、趟子絨做的。帽盔子的裡子用白布的居多，帽扇子的裡子用同面一樣色的布，棉帽子就構成了。如果在帽扇子和帽舌頭上都釘上毛皮，就構成了皮帽

▲ 皮帽子

子。清末時，多用兔皮、貉子皮、狐狸皮等，忌用狗皮。由於農村家家養狗，狗皮易尋且價廉，民國開始後，農村多用狗皮做皮帽子，尤其是一些家庭活貧困的人。當年，窮人娶媳婦多少有些困難，以至當時流行著這樣一句俗語：「狗皮帽子靰鞡腳，對象不好找。」

吉林以北，冬季特別寒冷，戴皮帽子的多，戴棉帽子的少；遼南冬天較暖，有些人戴棉帽子。棉帽子和皮帽子老少皆宜，是男士冬季戴的帽子。棉帽子和皮帽子興起以後，氈帽頭便很快地退出了市場。棉帽子和皮帽子在磐石流行了很長時間。新中國成立後，樣式和用料逐步有所改進，如用黑色的羊皮做面，皮毛

▲ 棉帽子

用羊剪絨等，而且還引進了國外品牌，如短帽扇子的哈薩克帽等。

靰鞡　靰鞡有時也寫作「烏拉」「兀剌」，滿語稱作「古喇哈」，是滿族人用皮革縫製的鞋。最早用豬皮，後來又出現了用牛皮、馬皮、鹿皮作的靰鞡。靰鞡是滿族男人冬天穿的鞋，據說最早出現於四百年前長白山下、松花江畔的烏拉國（今吉林市的烏拉街）一帶。關於最早出現靰鞡的傳說有很多，其中有些是與歌頌清太祖努爾哈赤的功績有關的，有些是跟勞動人民在實踐中不斷地摸索改進有關的。其中一則是：當年的烏拉國，有一位家有萬畝良田和三套馬車的大財主，雇了好幾位車老闆子為他趕車拉腳。其中一位關把式老實厚道，

肯吃苦，深得東家喜歡，一有重要的活，東家就派他去。因為他給東家掙了不少錢，東家就賞給他一雙牛皮靰鞡。當時的牛皮鞋、魚皮鞋，只有富貴人家才穿得起。出於感恩，關把式幹活更加賣力。不過，一晃兩年，他也沒捨得穿這雙新的牛皮靰鞡。這年正月初五有一趟急活，東家指派他去。因為恰逢新年時節，他決定穿這雙新鞋出車。可是，這天早起出村沒走多遠，腳就凍得受不了啦。再加上鞋大腳小，腳在鞋中逛來逛去磨起了泡。正在一籌莫展之際，忽見路旁溝邊林中的雪地裡，露出一簇簇毛茸茸的黃綠色的細長小草。他急忙地薅來一些楦在鞋裡腳的四周，腳立刻暖和起來。鞋裡塞滿了草，腳不逛蕩了，也不涼了，舒服得很。走起路來，十分輕便跟腳。這樣，一傳十、十傳百，冬天穿靰鞡外出幹活成為一種時尚，很快地在東北的農村普及起來。與此同時，烏拉草也抬高了身價，成為當時東北民謠中「關東山，三件寶，人參、貂皮、烏拉草」中的一寶了。

▲ 帶毛的棉帽子

▲ 男士靰鞡

　　木底鞋　木底鞋是早先年滿族婦女穿的鞋。滿族先民久居偏遠的東北地區，用布需要從中原購入，而木材則十分充盈，所以，當年滿族婦女穿的鞋都是木底鞋。滿語稱作「薩拉」。直到入主中原以後，仍保留著穿木底鞋的習慣。木底鞋主要有馬蹄底鞋、花盆底鞋和平底鞋三種。

　　馬蹄底鞋和花盆底鞋，屬於木底的高跟鞋。這種鞋，可以說是世界上最古老的高跟鞋。但它與現代的高跟鞋在形狀上迥

▲ 女士靰鞡

然不同。現代的高跟鞋是後跟高，穿上之後腳後跟要比腳前尖高出許多。而這種木底高跟鞋的高跟是安在木底的中間，把整個鞋托起離開地面。穿上這種鞋後，整個腳掌子還是水平的。這兩種鞋都是生活優裕、平時無所事事的貴族婦女穿的，而且幾乎延續了整個清代。其中，馬蹄底鞋的跟高三吋左右，中間稍細，下端肥大，如馬蹄型。高跟鑲嵌在鞋底的中部，用白細布包好，然後在面上繡上花或嵌上珠子進行裝飾。花盆底鞋的高跟呈橢圓形，狀如花盆。餘下的鑲嵌、包跟等工藝與馬蹄底鞋相同，只不過在裝飾上要素氣一些。

穿木底高跟鞋，走路一定要穩，否則會失去平衡。滿族貴族婦女和小姐、格格喜歡穿馬蹄底鞋，因為這種鞋樣式別緻新穎，裝飾高雅；老年的貴族婦女多穿花盆底鞋，穿這種鞋走路相對平穩些。一些未婚的小姐、格格聚在一起時，難免有時瘋鬧，瘋鬧時一時躲閃不及就會摔倒。於是，其他小姐、格格則會惡作劇地戲之曰：「叫你慢走你不慢，歪了蹄子怎麼辦！」表面上是在抱怨歪了鞋的高跟兒，實際上是在嘲諷其崴了腳脖子，且把腳說成了蹄子。

平底的木底鞋，是當年滿族農村勞動婦女最常穿的鞋，多用天藍、藍、綠、紅色的麻布或大絨作面料。色澤的選擇，多以不同年齡的愛好而定。

布鞋　清末，隨著關內漢族居民大量地移居東北，漢族同胞也把具有幾千年歷史的布鞋製作技藝帶到了東北。東北居民，包括滿族在內的少數民族，也都開始做布鞋、穿布鞋。

一九七三年秋，在青海省大通縣孫家寨一座古墓中出土的一件陶器上的人的圖像中，足上已著鞋，而且鞋尖上翹。經過碳的同位素測定後可知，其製造年限應為距今 5000 年至 5800 年前的新石器時代，相當於傳說中的炎黃時代。這一發現證明，在 5000 年之前，我國的祖先們，就掌握了做鞋的技術開始做鞋穿了。不過，因為當時生產技術和社會經濟十分落後，能夠穿上用麻布或絹布做成的鞋，也只能限於貴族了，廣大的奴隸和後來的農民也只能穿用草編織的鞋。《詩經·葛屨（jù）》中有句詩曰：「糾糾葛屨，可以履霜。」其意是用葛草編的草鞋穿破了用繩綁，兩隻腳還怎能穿著它去踩地上的霜。此後，隨著

社會經濟的發展，即使是普通勞動人民，也都走進了布鞋時代。布鞋，從鞋幫到鞋底都是由布做的。早先年，布鞋基本上都是由家庭婦女自行生產和自家穿用。

布鞋的樣式，主要表現在鞋面上，男式布鞋常見的有「平面鞋」「擠臉鞋」「大毅鞋」三種。平面鞋中，鞋幫開口的前端呈半圓型的，稱為圓口鞋；前端開口略呈方型的，稱為方口鞋。如果鞋臉上方正中用皮條或大絨布縫成一道楞的，稱為「擠臉鞋」。「擠臉鞋」以棉鞋居多，因為鞋幫裡面絮上棉花之後，做成「擠臉鞋」比較方便，且鞋的前臉有道楞在遮擋，更為耐磨一些。還有一種鞋的前臉有兩道鞋眉子，即有兩道楞兒的，上端會聚於鞋口的前面正中，向左右分開下至鞋底的接合部，兩楞之間呈一等腰三角形。民間管這種鞋叫「大毅鞋」，同時還給這種鞋編了一句歇後語：「莊家佬不認識大毅鞋，拉臉子造。」並用以諷刺那些不講情面、不顧影響地拉著臉子做事的人。大毅鞋鞋臉上有兩道鞋眉子（即兩道楞兒），增強了鞋臉在草叢中跋涉時的耐磨程度。男士布面鞋的鞋面，多用是黑布，但也有趟子絨面、呢子面乃至皮面的。

▲ 女士布鞋

▲ 男士擠臉布鞋

▲ 男士布鞋

女式布面鞋的鞋臉都是平面的，沒有「擠臉」和帶「鞋眉子」的，此外還有一個重要的特點是帶鞋帶。鞋帶由鞋幫的裡側起，扣於釘在外側鞋幫的卡子上。女子穿的較高貴的鞋，也有綢緞面的。女式鞋的裝飾在鞋面上，女子喜歡漂亮，常常在鞋面上繡花和各種圖案。

童布鞋也有男女之分，男童布鞋無帶，女童布鞋有帶，女童布鞋常在鞋臉上面繡上花，男童布鞋常在鞋臉兒上縫上一只絨或布做的虎頭。嬰兒穿的布鞋，幫和底兒都比較軟，幫只有裡外兩層布，底在兩層布之間夾一層薄袼褙。

▲ 女士繡花鞋

布鞋陪伴著中國人走過了幾千年的歷史。在那些困難的年代，每年能穿上一雙夾鞋和棉鞋，將是十分不易的了。爛泥道最費鞋，早先年在農村下雨爛道的時候，無論大人和小孩兒，經常是拎著鞋光著腳在爛泥道裡走，儘管腳紮上了刺兒，也不願把鞋穿壞。不過，為了建設新中國，一九四七年，東北戰場上的夏季攻勢開始後，解放了的磐石婦女，共做了軍鞋 7400 雙支援前線；秋季攻勢開始後，又做軍鞋 13367 雙，占整個吉南解放區支前總數的 72.3%，走在吉南解放區支前工作的前列。

草鞋　草鞋自《詩經》中的《葛屨》一詩對其有了記載以來，也伴隨著中國勞動人民走過了幾千年。其中如：一九一〇年起，朝鮮族同胞大量地移居到東北之後，都是穿著自家編的草鞋下水田勞動。這種草鞋用細稻草繩編就，樣子有點類似現在的涼鞋。

不過，東北地區還有一種穿著能夠過冬的草鞋。這種草鞋，是用生長在沼澤地裡的蒲棒草的水下軟葉褲兒編成的。這種草鞋樣子像布棉鞋，又輕又暖。為了使鞋底耐磨，鞋底下面要縫上一塊豬皮。割不到蒲棒草的地方，也可以用緊護著苞米棒子的軟褲去編，穿上之後同樣溫暖如春。早先年，磐石一帶農村的孩子，有很多人是穿著這樣的草鞋過冬的；有些不能下地幹活的老年人，或

者經常在家幹活的家庭婦女，也穿著草鞋
過冬。

▲ 小孩草鞋

氈鞋　氈鞋是北方人特有的一種防寒
用品，約興起於清末至民國初年，係用純
羊毛做成，沒有縫合的痕跡，一般作坊是做
不出來的，唯有有經驗的專業工匠才能做
得。氈鞋厚實板正，有高勒、矮勒和無勒之
分。其中，高勒的又稱氈靴，經常在冰天雪
地裡幹活的男人，好穿這種氈靴。婦女和小
孩則穿矮勒的氈鞋，矮勒的氈鞋又稱「氈疙
瘩」。氈鞋在穿之前，要先在鞋底縫一塊
皮子，以延長其使用壽命。

套袖　明末東北滿族設立八旗制時，
八旗兵穿的衣服都帶馬蹄袖。馬蹄袖袖口
手背位置袖頭長，手掌子位置袖頭短，做

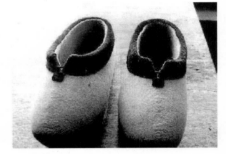

▲ 氈鞋

這種袖頭的目的就是為了利於行軍作戰時防寒。清末民初關內的漢族同胞到東
北墾荒時，冬天在外邊有時疼得拿不出手，又不習慣穿帶馬蹄袖的衣服，於是
就發明了套袖。

套袖成圓筒形，有用皮子作的，有用布中間絮棉花作的。皮套袖多用羊皮
或狗皮，也有用狍皮的。皮套袖毛朝裡，皮板朝外。凍手了，就把兩隻手從套
袖的兩端伸入套袖中暖和一會，然後再拿出來幹活。特別是冬天趕大車搞長途
運輸的車老闆子，出門都要帶著套袖。手凍得厲害了，就把鞭子往腋下一夾，
兩手伸進套袖中暖和一下。套袖的缺點是，把手伸進套袖之後，就無法繼續幹
活，要想幹活，就得把手拿出來挨凍。

棉手悶子　棉手悶子比套袖出現得晚，俗稱「棉手巴掌」。裡外用布，中
間絮棉花。形狀如手掌，大拇指同其他四指分開。通常一對手悶子之間縫上一

個帶兒，掛在脖子上，冷了把手伸進去，熱了就把手拿出來。不過，也可以戴著手悶子幹活，這一點要比套袖優越得多了。

套袖和棉手悶子，是早先年東北最常用的護手防寒的用品，家家都能做。

▲ 女士棉手悶子　　　　　　　　　　　▲ 男士棉手悶子

手套　一般所說的手套是五指分開的。民國初年，市場上就出現了針織的白手套，一些官員和比較講究的人士，在有一定禮儀要求的場合，都要戴上白手套，女士則戴類似的薄紗做的手套。新中國成立以後，白線手套一直作為勞保用品向工人發放。此外，市場還有用趟子絨作面料的手套和用皮子作面料的皮手套。

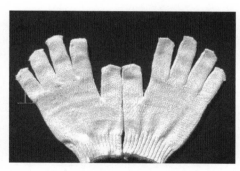

▲ 白線手套　　　　　　　　　　　▲ 羊皮手套

鬆軟甜香的胡家煎餅

胡家煎餅是朝陽山鎮紅五月村胡家屯的傳統產業，以作坊式加工為主，一直靠民間的手藝傳承至今，常常是石城人民餐桌上必不可少的美食。

▲ 胡家煎餅

　　胡家煎餅透著一股純天然穀物的香氣，麵糊均勻，火候適當，狀若朗夜之圓月，晶瑩如白雪，輕薄似蟬翼，柔韌筋道，其味入口難忘。胡家屯人人都會

▲ 攤製胡家煎餅

攤煎餅，他們堅持使用燒柴火的傳統做法。攤煎餅是一門手藝活，關鍵在於火候的把握和對刮板的使用，恰到好處的火候就會使烙出的煎餅奇香無比，鬆脆適度，刮板是掌控著煎餅的薄厚程度。煎餅的材料一般用玉米、高粱米、小米等，用小磨磨碎和成粥狀，發上幾天，待有微微的酸味便可上烙鐵開攤。攤煎餅的烙子更是有講究，是一塊帶三足支起的生鐵，鐵片中間微凸，下可生火加熱，待到烙鐵均勻受熱後，盛一勺麵糊，澆在烙鐵上，用刮板輕輕刮勻，片刻之間，隨著一股撲鼻的香氣，鬆酥而香脆的煎餅就攤好了。

　　胡家煎餅起初的材料還有些侷限性，僅限於大米、玉米、高粱、黑米等糧食作物。如今，隨著市場的擴大和消費者的需求，花生、胡蘿蔔、芹菜、紅棗等各種口味的煎餅也大量上市，並深受消費者的歡迎。胡家煎餅現已從單一的品種發展為多個品種，從村民零散銷售經營發展為村鎮的支柱產業。

　　「煎餅卷大蔥，美味無窮！」獨特的胡家煎餅正伴隨著豐收的喜悅萬里飄香。

肥美濃香的吉昌紅燜肉

　　一九八五年，磐石市吉昌鎮居民曹振山開了一家飯店，這家飯店的招牌菜「紅燜肉」遠近聞名。不僅在磐石縣，甚至是吉林市、雙陽縣的很多人都對吉昌紅燜肉「愛不釋口」，特地從遠道來吉昌，只為一嘗曹振山家紅燜肉的肥美濃香，以解唇齒之饞，走時還要打包帶上幾盤，讓親朋好友也過過癮。更有甚者，自己不能親自前往，讓路過的朋友、出租車師傅捎帶一些回去。吉昌紅燜肉──那才叫一個火！

　　據曹振山介紹，當初他家開飯店時他還在供銷社上班，他妻子雇了一名叫梁順法的河南師傅上灶，梁師傅酷愛烹飪，尤其是擅長自創菜式，吉昌紅燜肉就是梁師

▲ 吉昌紅燜肉

傅的獨創。

　　吉昌紅燜肉原材料選用的是豬的肘子、前槽、五花部分，改成五公分左右的方塊，熱水焯後控淨，放入肉扣、桂皮、香葉、八角等藥材煨好後，再文火進行燉製約兩小時，一盤盤肥瘦相間、肥而不膩的紅燜肉就做好了，趁熱食之，唇齒留香，回味無窮。經過特殊配料加工的吉昌紅燜肉含有豐富的優質蛋白質和人體必須的脂肪酸，並具有提供血紅素（有機鐵）和促進鐵吸收的半胱氨酸，改善缺鐵性貧血的功效。

　　據曹振山講，每盤紅燜肉需要生肉二斤，改好刀燉熟盛盤也就十來塊，很多客人一個人就能吃上一盤，再就上一杯酒，二兩飯，很是過癮。那時候去他家吃飯的客人紅燜肉是必點菜，平均每天能賣一百餘盤。

　　目前，曹振山家的小飯店早已經變成了專門包辦酒席的大酒店，兩口子年齡大了，忙不過來，不再接待散客，但紅燜肉卻是每桌酒席必不可少的招牌菜，有種離了紅燜肉不成席的感覺。

綿長豆香的呼蘭乾豆腐

　　提起磐石特產有一個不得不提，那就是「聲名遠颺」的呼蘭乾豆腐。不管是外省來的朋友，還是省內的市民只要經過呼蘭鎮，都會帶上一些。

▲ 呼蘭乾豆府

　　乾豆腐每天伴隨著人們的飲食生活，千百年來深受東北人民的鍾愛。它不但是各種美食的製作材料，本身也是一道精美的菜餚。呼蘭乾豆腐既不同於南方出產的豆腐皮、千張兒，也不同於腐竹和豆腐乾。它是家庭小作坊採用傳統製作工藝製作而成，其薄如紙，豆香綿長，口感筋道，百吃不厭。

　　呼蘭乾豆腐好吃的秘訣：一是整個製作過程使用的都是深井地下水，無污染，水質好。二是原料大豆是來自黑龍江無公害基地，品質有保障。「豆皮

薄豆皮香，泡豆適時細打漿，輕點滷水巧加壓，筋透薄軟有市場。」這是形容呼蘭乾豆腐的特點。

「拉的細，鋪的薄，壓的乾」，除了水，製作工藝也很重要，泡、拉、熬、潑、壓、起、疊、包裝，每一項都不能落。大豆要選品種好、油脂高的，這樣做出的豆腐香味濃。泡豆子的時間也有講究，要想保證乾豆腐的口感好，出漿率高，必須要經過長時間的浸泡。更重要的是還要嚴格控制豆渣含量，保證口感。

呼蘭乾豆腐以其獨具的特色，深受全省人民的喜愛，並遠銷全國各地。

▲ 紫龍盤果

脆爽異香的紫龍盤果

紫龍盤果是明城鎮七間房人的驕傲，因為在全省乃至全國，出產於七間房灣溝的紫龍盤果也是獨一份。它外形像磨盤，成熟時呈紫黑色，因此得名紫龍盤果。

紫龍盤果屬龍豐蘋果的一種，二〇〇五年引進栽種。普通的龍鳳蘋果成熟

時為紅色，而紫龍盤果卻是紫色。據栽種專家介紹，這與灣溝獨特的地理環境是分不開的。灣溝是一條近二千米的狹長溝川，坐西北，朝東南。這裡的光照、溫差、降水與其他地方都有很大不同，可以說是紫龍盤果絕佳的生長之地。

紫龍盤果呈紫黑色，不光是視覺上好看，其營養價值更值得稱道。營養學上認為，紫黑色水果含有能消除眼睛疲勞的原花青素，這種成分還能增強血管彈性，防止膽固醇囤積，是預防癌症和動脈硬化最好的成分。相比淺色水果，紫黑色水果含有更豐富的維生素 C，可以增加人體的抵抗力。

此外，紫黑色水果中鉀、鎂、鈣等礦物質的含量也高於普通水果，這些離子多以有機酸鹽的形式存在於水果當中，對維持人體的離子平衡有至關重要的作用。每逢「明城金秋文化採摘節」的時候，人們便會從四面八方湧來，向酸甜可口，脆爽異香的紫龍盤果伸出青睞之手。

磨盤山的傳說

磐石縣城西北有一座磨盤山。這座平地凸起的孤山，前面是漫坡，後面是懸崖峭壁，山梁當腰有個缺口，山頂上有一巨石似磨盤。關於這磨盤，有一個動人的傳說。

▲ 磨盤山山頂

早先在這山下是奉天（瀋陽）通往船廠（吉林）的大道。相傳有一對夫妻在山下叫東林子的地方開了一個小客店，來往趕大車的、馱運的都在這餵馬打尖，小店越開越興旺，後來這家生了一個小男孩兒，起名叫興旺。說也奇怪，興旺生下時嘴裡叼個銅鑰匙。這鑰匙可不能離身，一拿開他就哇哇哭個不

停，興旺媽只好用個紅絨繩給他拴在脖子上。

興旺三歲時，從山裡來了一夥強盜，領頭的叫老二哥。他們開頭雖不傷害興旺一家人，只搶劫來往客商，但使這條大道斷了來往行人，沒有了客商，興旺全家的日子也就窮了，夫妻二人只好領著興旺上山打柴、開荒。興旺長到六歲，時常一個人到山上去玩兒。有一天，他聽到山裡有馬駒叫聲，還聽到拉磨聲，於是就順著響聲找過去。可是走到近處，既沒磨房也沒有磨盤，那麼是哪兒傳出來的聲音呢？興旺細聽了一會兒，發現在石頭縫裡，他趴在石縫上往裡瞅，只見裡邊是空屋子，有個黃橙橙的小金馬駒在拉磨。可是門在哪兒，怎麼能進去呢！他瞅著瞅著，石頭縫變成了一個大門縫，他用力推拉，但卻怎麼也沒辦法把門打開，無奈之餘，驚奇地看到門上有個大銅鎖，他就用石頭砸銅鎖可怎麼也砸不開。突然，他想起脖子上不是有一把鑰匙嗎？他摘下一試，鎖開了，他高興地推門走進去，卻被眼前的景象驚呆了。一匹金馬駒正在磨金豆子，滿地都是，真多呀！他摘下自己的紅兜兜，只兜了一點金豆子就回家了。媽媽問他是從哪裡弄來的，興旺就把金馬駒拉磨的事說了一遍。媽媽說：「那是神馬駒，不能強搶它的寶貝，強搶，神馬駒就會怪罪的，走，快把金豆子給神馬駒送回去。」可是母子二人來到山裡卻怎麼也找不到門縫了。只聽到裡邊說：「拿去吧！買點衣食好度日。」說完再沒有動靜了，母子二人只好拿回家，買糧、買衣，又修理了破房子。這事被老二哥他們知道了。強盜們一聽有這樣的好事，就要興旺的鑰匙，興旺不肯給，強盜們就硬搶下鑰匙奔向後山，興旺「哇」的一聲昏了過去。說也怪，強盜們到山上真又見那個大門了，他們急忙用鑰匙捅開大門，一窩蜂似地擁了進去，霎時有的搶金豆子，有的搶金面子，有的去搶金馬駒。金馬駒生氣了，一聲嘶叫拉著大磨盤衝上屋頂，飛上了天空。立時，「轟隆」一聲巨響，石屋衝塌了，把強盜們壓在了裡面，接著「咔嚓」一聲巨響，磨盤從空中落了下來。從此，那山梁的中段塌下去的缺口和山頂上的磨盤樣的巨石就永遠留在那兒了。

仙人洞的傳說

　　磐石縣城西有座山，叫仙人洞山。這裡是一望無邊的原始森林，山裡有各
種珍貴藥材和野生動物。傳說有一年，從南方來了一個叫王二的小夥子到這裡
放山打獵。王二大高個，黑臉膛，兩隻大眼睛炯炯有神。身穿黑褲黑褂，頭上
紮著一條黑色壯士巾，腰間繫著豹皮圍腰，腳穿鹿皮快靴，手拿一把藥鋤，斜
挎一把寶劍，一身武生和獵人打扮。王二來到仙人洞山的一棵大榆樹下，搭起
了一個馬架住了下來。

　　夏季挖參、採藥，冬季打獵。時間長了，很多人都知道王二在山裡採藥，
而且又懂醫術，誰向他求醫、討藥他都會熱心幫助，慢慢地王二的醫術也就出
了名，求他給治病的人也就越來越多。

　　一年春天，王二上山採了一天藥，晚上回來沒吃飯就睡下了。大約半夜時

▲ 樹高林密的仙人洞山

分，聽見小房後有痛苦的呻吟聲。起初王二沒有在意，可是聲音越來越大，而且有些像人的聲音。王二穿上衣服，點著一根松明，手裡拿著寶劍，順著聲音走去。近前一看，在草叢中躺著一隻全身潔白的狐狸，身上受了重傷。王二把牠抱到小屋裡，仔細觀察了一陣後，馬上煎了一副草藥，給小狐狸吃下。說也奇怪，小狐狸很快就不叫喚了，過了不多時安安穩穩地睡著了。天亮，王二又給牠餵了點狍子肉，小狐狸吃飽了，立起兩隻前爪朝王二拜了三拜，便跑回到樹林子裡去了。從此，王二再也沒有見過小狐狸。

　　轉眼第二年的夏天到來了。一天王二採藥回來，剛到家門就聞到屋內有一股飯菜的香味。王二很奇怪，掀開鍋一看，裡邊有一隻煮好的山雞，還有熱呼呼的饅頭。王二想可能是被自己看好病的人為了報恩給他做的。可是，從此以後，天天如此，王二很納悶。有一天，王二鎖好門，躲到樹洞裡，等到太陽就要下山時，王二偷偷地從樹洞裡爬出來，悄悄地走到房後，用手指把窗戶紙洇濕，捅了一個小眼兒，往裡一看，原來屋裡做飯的是一個仙女一般的姑娘，姑娘聽到外面有響聲，剛想要走，王二已經推門進屋了，姑娘忙用衣袖掩面躬身施禮，說道：「哥哥不要驚慌，我是來報恩的。我受了重傷，多虧哥哥及時的治療，救了小妹一條性命。」王二聽後，不管怎麼想，也想不起來什麼時間救了這樣一位如花似玉的姑娘。王二問什麼，姑娘都是對答如流，這才知道姑娘姓胡，小名叫妹兒。姑娘說你以後叫我「妹兒」吧。「妹兒」不僅長得漂亮，活兒也幹得乾淨利索。吃過晚飯，王二送「妹兒」回家，送到山頂，「妹兒」讓他停步，他只好目送這位姑娘。只見「妹兒」走了不遠，在一塊大黑石頭前面不見了。他悄悄來到大黑石頭跟前，發現有一個只能一個人爬進去那麼大的洞口。王二決定到洞內看個究竟，他把寶劍一順就爬了進去，爬了不遠，見洞內非常寬敞，挺起身來往前走。只見洞內燈火輝煌，洞內有方方整整的一個小廳，廳裡有石泉、石凳，擺設古樸典雅，順著小廳往下走十幾個梯階，是一個很漂亮的大廳，大廳兩邊放著一個很大的石床，石床上躺著一隻雪白的狐狸。王二一眼便認出是那年自己給治傷的那個銀狐狸。狐狸見王二進來，「啊」的

一聲急忙跳下石床，變成了「妹兒」的模樣，王二這下全明白了。「妹兒」說：「我就是那年你救活的那隻小狐狸，要好好地報答你的恩情。如果你不嫌棄的話，我就嫁給你，永遠侍奉你。」王二早就看中了「妹兒」，倆人便選個黃道吉日結為夫妻。人們都說王二得了一個仙女一般的媳婦，結婚後倆人恩恩愛愛。整天上山採藥，下山給人治病，窮人家看病不要分文。說來也怪，只要百十里有人得重病「妹兒」全知道，他倆就親自登門醫治。有了「妹兒」的幫助，不管什麼病都是藥到病除，他們仙人般的醫術越來越出名。轉眼又到了冬季，「妹兒」和王二決定搬到石洞去住，由於洞口小，不便行醫，他倆動手把洞口擴大，上廳為行醫廳，下廳為寢室。轉眼間幾十年過去了，他們堅持採藥、行醫。民國時期，還有人在磐石縣城見過他們。

據說，日本人占領磐石時，聽說他倆醫術高明，想把他們掠到日本去。然而他們說什麼也不肯，後來派人去抓，倆人從此無影無蹤了。人們為了紀念他們，在洞內雕塑王二和「妹兒」的泥像，這樣經常有人來到洞內燒香上供。因為上邊小廳裡原有用四塊石頭墊著的一個大方石，人們都管它叫醫桌。下面那個大廳西邊放著一塊長條石，人們都把它叫仙人床，石洞叫仙人洞，從此這座小山得名叫仙人洞山。

黑石頭的傳說

磐石縣黑石鄉的輝發江中有一塊巨大的黑石頭，它有著神話般的傳說。

據老年人講，很早以前，長白山裡有一個水牛精，修練了上千年，得道成仙，能變成人形。每逢天和日暖之時，它總是變成一個憨態富有的大公子到山下各地閒逛。有一天，它來到城裡，看到滿街紅男綠女的花花世界，便動了凡心。站在十字路口胡思亂想起來。正在這時，有一輛華麗的馬車停在它的面前，丫環打開車簾，扶一位亭亭玉立的小姐下車。小姐長得實在好看，瓜子臉似粉團，大眼睛直忽閃，輕輕一笑兩個酒窩，全身打扮光彩照人。她剛站穩腳就看見了憨公子，有意無意地朝他這邊嫣然一笑走了。這邊憨公子卻神魂顛

倒，真想一下子撲向小姐。他閉上眼睛清了清神，便走向車旁問趕車的老闆說：「這位是哪家的小姐？」老闆瞅了他一眼說：「你是外來的吧？當地人誰不知道她是張千戶家的大小姐！」憨公子又問：「張千戶家在哪住？」老闆說：「東門張府人人知道。」憨公子聽完後無心逛城，馬上化作一縷清風到張千戶家，看準了小姐的繡樓，便回長白山休息。好不容易等到半夜時，它施展法術，化作一縷清風來到張千戶家的後花園，落在繡樓之上，變作一位美貌的公子和小姐暗暗地成了親。

　　一天，長白山天池龍宮中的蛟龍主帶領金、銀二龍來查水族，當查到水牛洞時發現水牛精不見了。蛟龍主立即派金龍、銀龍去查訪水牛精的下落。說也巧，金、銀二龍駕著祥雲來到城東門，一眼就看到水牛精變的公子和張小姐在後花園觀花。金、銀二龍把鎖仙繩撇下雲頭，水牛精「噪」地一聲顯了原形，順著雲梯爬上了雲頭，不多時來到長白山天池龍宮中，蛟龍主知道水牛精混入人間與凡女成婚，便減了它五百年的道行，叫它重新修練。可是因為它有了凡

▲ 磐石黑石境內輝發江

心，無心再修練，它趴在水牛洞口，偷看九天仙女們在天池洗澡被發現，仙女們報告了蛟龍主。蛟龍主命令金、銀二龍把水牛精拿下，用鎖仙繩將它捆住，罰它到輝發江中受罪三百年。此後，九天仙女洗完澡經過此處時，便收住雲頭，落在輝發江邊，每個仙女抓一把砂子向水牛精扔去，這一來水牛精的皮變成了黑色的石頭。它邪心不滅，凡心不死，隨著水勢沉浮就想逃跑，但因有鎖仙繩拴在江底，終未得逞。

有一年，仙女們到天池洗澡經過此處，水牛精看到天空的仙女們又動了邪心，對空長鳴一聲。這一聲可把仙女們氣急了，她們拔下頭上的金簪向水牛精打去，水牛精慘叫一聲死去，於是變成一塊黑石頭沉到江底再也不能隨著水勢浮動了。這樣，又黑又大的石頭就孤立於磐石境內的輝發江中了。

官馬溶洞的傳說

磐石縣官馬鎮西南粗榆頂子屯的後山東坡上，有一個很深的溶洞。溶洞內奇珍異寶，金碧輝煌。銀堆玉砌的石柱、石筍形如飛禽走獸。石槽、石桌擺放有序，石龜、石佛栩栩如生，偌大的石幔自空中直垂洞底，洞頂掛著一串串五光十色、璀璨斑斕的石筍、石葡萄。洞天石府千回百折，奇妙的景色令人讚歎不已。

相傳遠古時，粗榆頂子這個地方，方圓數十里，十年九旱，老百姓一年四季生活得十分困苦。一年春天，連續三個多月滴雨未下，井乾田裂，瘟疫不斷，老百姓實在沒有辦法，就到海邊擺上供品求雨。他們不分白天黑夜，舉著燈籠火把，數日求神、求雨，可一點兒也不管事。餓死的、渴死的到處可以看到。

單說有這麼一天，東海水族鼓樂齊鳴，魚鱉蝦蟹正在給老龍王祝壽。這時，擔任巡海的小白龍好像隱隱約約地聽到岸上有哭喊聲。於是小白龍搖身變成一個貌美的少年郎來到了人間。

小白龍看到民間這副慘景，心裡很不是滋味，它急忙返回龍宮，把自己所

見所聞面奏龍王，而且還苦苦懇求龍王開恩降雨。龍王聽後勃然大怒，呵斥道：「大膽孽子，竟敢無法無天，膽大妄為，我豈能饒你。」於是，小白龍被關進牢裡。

清明節那天早晨，看牢的蝦兵們喝醉酒後，睡倒在牢門旁。小白龍心想，這個機會我可不能錯過。它悄悄地摸出了掛在蝦兵腰間的牢門鑰匙。打開了牢門後，它縱身躍出了水面。一隊隊求雨的鄉親們說：「今天是三月三，又是清明節，龍王爺一定會開恩降雨的。」小白龍一聽，便駕起一朵濃雲來到了人間。

百姓們望著那東海飄來的濃雲，都喜出望外地喊：「龍王爺開恩要降雨了，真是大恩大德呀！」頃刻間，大雨如注，小白龍澆完農田，又澆山林，約摸兩個時辰過去了，大地潤飽了雨水，小河流水潺潺。

天晴了，太陽露出了笑臉。這時，東海龍宮卻露出了屋脊。魚鱉蝦蟹就像熱鍋上的螞蟻，不知如何是好。巡海兵卒報告龍王，小白龍施術行雨，攪盡了

▲ 官馬溶洞洞口

海水。老龍王一聽，氣得頭昏腦漲，立即下旨捉拿小白龍。

一時間，東海岸邊雲遮霧障，小白龍與蟹兵蝦將撕打一陣後被擒。在牢房裡，小白龍受盡了嚴刑拷打，可它一直沒有屈服，老龍王狠心地把小白龍打入死牢。而且在牢內劃地成河，指派海龜把守洞口，還在洞口貼上兩道神符。從此，小白龍就這樣被永遠囚禁在這裡了。

多少年過去了，百姓們依然懷念著小白龍，多次進山尋找。但是，由於龍王封了洞口後又貼了神符，誰也沒有找到洞口。

相傳，從那時開始，小白龍就在洞內修練，洞內就變成了溶洞，所以仙境般的官馬溶洞，一直到現在都被人們所嚮往。

玻璃河的傳說

相傳，在很久很久以前，磐石縣北部的一條河裡住著一條可怕的孽龍。它興妖作怪，害得百姓家破人亡，整日提心吊膽。人們把它恨透了，都盼著能早一天把它除掉。

村子裡有對年輕人，男的叫楞娃，十八歲，能開三石力的寶雕弓，慣使一支三股鋼叉，是一個遠近聞名的好獵手。女的叫銀鈴，十七歲，模樣長得好，

▲ 清澈的玻璃河

聰明伶俐，心地善良，十里八村沒有不誇她的。楞娃和銀鈴兩人情投意合，早就定下來終身大事。但是男的發誓「不除惡龍不娶親」，女的立志「孽障不除不嫁人」，所以婚事一直還擱著。

這天，銀鈴獨自來到河灣，只見一潭黑水深不見底，一勁翻花，直往上湧。她瞪大眼睛看著，覺得奇怪。忽然，水中露出一對犄角，然後一個龍頭露出水面，樣子十分凶暴。它衝著姑娘說：「要再跟我找麻煩，就叫你嘗嘗我的厲害！」銀鈴憤怒地說：「只要能除掉你，千死萬死算個啥！」孽龍皺皺眉頭，嘿嘿冷笑道：「只要你找不來東山的寶葫蘆，量你小小的凡胎，能把我怎樣？」銀鈴一聽孽龍怕寶葫蘆，心中高興。孽龍後悔不該把寶葫蘆說出，於是它咬著牙惡狠狠地說：「你敢把寶葫蘆的事告訴別人，我就把你變成石頭！」說罷，沉入了潭底。

銀鈴知道了用寶葫蘆可以降服孽龍的祕密，急忙去找楞娃哥，想把這事告訴他。當她拉住楞娃正要開口時，突然想起孽龍末了的那句話——「我要讓你變石頭！」銀鈴心一橫，腳一跺，拉著楞娃跑到了黑水潭。她把發現孽龍的事兒告訴了楞娃，並催促說：「快！快去東山找寶葫蘆！」銀鈴剛說完這句話，就變成了石頭人。

「放心吧，銀鈴妹，等我找來寶葫蘆……」楞娃說不下去了，他含著眼淚告別了石頭姑娘，離開了黑水潭。

楞娃回到家，立即準備了乾糧和水，背上寶雕弓，操起三股鋼叉就上路了。一直走了三天三夜，看看晌午已過，他實在累極了，只好坐下來歇歇乏。眼瞅著水就剩下一口了，乾糧已經吃光了，什麼時候才能爬到山頂呢？他望著山頂發起愁來。忽然，身後一聲吼叫，他轉身看去，只見一隻猛虎正向一隻梅花鹿撲去。楞娃趕忙搭弓在手，照準虎頭「嗖」地就是一箭，老虎受傷，倉皇逃竄。楞娃跑過去，抱起受傷的梅花鹿，從衣襟上扯下一條布把傷口包紮好了，把僅有的那口水送到了梅花鹿的嘴邊。他把梅花鹿抱在懷裡輕輕地撫摸著，梅花鹿吃驚地望著他。忽然，他看見梅花鹿變成一個美麗的姑娘。她說：

「好心人，是你救了我，我拿怎麼感謝你呀？」楞娃把所有的事情一五一十地告訴了梅花鹿。

梅花鹿激動地扯下了紮在身上的布條，這布條已經沾滿了血。她說：「你把它敷在銀鈴姑娘的心口上，她就會活過來。」說罷，姑娘不見了。楞娃又是奇怪又是高興，他揣好布條繼續往山上爬。他翻過了荒草坡，穿過了荊棘叢，越爬越高。不一會兒，他身前身後站著無數的仙姑，她們自稱靈芝姑娘。一位綠衣仙姑來到楞娃面前問道：「勇敢的人，你到這兒幹什麼來啦？」楞娃把找寶葫蘆的事前前後後向姑娘說了一遍。姑娘摘下一片草葉遞給楞娃，「只要你站在上頭，你想到哪裡，它就會送你到哪裡。」

楞娃接過草葉，他飛到山頂的一個石砬子跟前停下了。在石砬下，有一個大石洞，他進到洞裡，只見左有金山，右有銀山，方圓不知有多大。紅寶石，綠瑪瑙，遍地都是，可就是沒有他要找的寶葫蘆，他只好空著手失望地走出洞口，難過地流下了眼淚。這時一位白鬍子老人拄著龍頭枴杖迎面走來。「年輕人，洞裡有很多寶貝，幹嗎還要哭哩？」楞娃說：「老人家，我只要寶葫蘆。」老人說：「寶葫蘆是喜歡大公無私的人，但願神仙保佑你。」說著，老人不見了。

楞娃抬頭四處張望，只見石砬子頂上搭著一根葫蘆藤，一隻丫腰葫蘆就掛在那青藤上。楞娃站在草葉上，飛上懸崖摘下了那顆丫腰葫蘆。

這到底是不是寶葫蘆？他衝著寶葫蘆輕聲地說：「寶葫蘆，你能降服孽龍嗎？」葫蘆沒有回音，卻放出萬道金光。

寶葫蘆終於找到了。他滿含著熱淚向石砬子連磕了三個響頭，踏上草葉飛到了石頭姑娘面前。把那條沾滿梅花鹿仙姑鮮血的布條敷在了石頭姑娘的心口上，銀鈴姑娘真的活了。於是兩個人捧著寶葫蘆，對著黑水潭使勁兒晃起來。這一晃可不得了，整個黑水潭就像翻了個兒，孽龍在潭裡待不住了，它突然躍出水面，張牙舞爪地向楞娃和銀鈴撲來，兩個年輕人毫不畏懼，高舉著寶葫蘆迎面向孽龍照去，只見萬道金光像利箭一樣直射孽龍的雙眼，孽龍的兩眼瞎

了。二人齊心協力把孽龍除掉了，它那巨大的身軀變成了十幾里的土山，人們都叫它土龍山。

楞娃和銀鈴姑娘的誓言終於實現了，鄉親們為他們舉行了隆重的婚禮。婚後，他們繼續為鄉親們辦好事。天旱了，他們用寶葫蘆降雨；地澇了，他們用寶葫蘆汲水，年年風調雨順，五穀豐收。打那以後，這條河也變得溫順善良了，銀鈴和姑娘們經常對著明淨的河水梳妝打扮，河水就像姑娘梳妝時用的鏡子。為此，人們都叫它玻璃河。這個名字就這樣一代一代地流傳下來了。

抗日響馬小白龍的故事

「九一八」事變後，東北淪陷，磐石人民在日本帝國主義鐵蹄的踐踏下，生靈塗炭、民不聊生。為了救民於水火，爭取民族的解放和自由，中國共產黨舉起抗日鬥爭的義旗，與日本侵略者展開了血雨腥風的戰鬥，磐石境內的一些匪絡和綠林幫紛紛響應中國共產黨的號召，加入了抗日救亡的戰鬥隊伍。其中赫赫有名的，令日寇聞風喪膽的綠林抗日神奇人物「小白龍」王正坤（中國最後的「土匪」）的抗日故事一直傳誦至今。

「小白龍」所在的綠林幫報字「交人好」，大首領叫陶希聖。由於「小白龍」年輕氣盛，身手敏捷，且練就了「神槍」絕技，在幫中充當了「炮頭」（戰鬥指揮員）。一九三二年，正是日寇統治嚴酷的時期，在中國共產黨聯合起來一致抗日主張的感召下，這支綠林幫走上了抗日的道路。在一次對日作戰攻打徐家大院的戰鬥中，大首領陶希聖不幸中彈身亡，十八個弟兄被日寇殘忍地割下了頭顱。「小白龍」怒火中燒，義憤填膺，在弟兄們的推舉下，他毅然擔當了大頭領，決心帶領這支隊伍與慘無人性的日寇血戰到底。

抗日初期，小白龍所在部隊缺少彈藥，便帶領手下在磐石老爺嶺一帶，利用地形優勢截獲日軍供給物資的軍車，用所截獲的物資武裝自己隊伍。小白龍還參加了抗日救國軍，參加過圍攻日本駐磐石守備隊的戰鬥，跟隨楊靖宇將軍開闢抗日根據地。在抗日戰爭最艱苦的時期積極積蓄力量，與日寇迂迴作戰，

身經大小戰鬥百餘次，斃傷日偽軍上百名，繳獲槍枝彈藥無數。

小白龍在磐石的山山嶺嶺與日寇進行鬥爭，為抗擊日寇做出了突出的貢獻。小白龍和一群關東漢子拉開了東北人民武裝抗日的帷幕，儘管這場戰鬥是慘烈的，但他們仍然義無反顧地接受了血與火的洗禮。

根據「小白龍」抗日的故事，作家曹保明寫了《關東最後一個響馬》一書，作家王宗漢寫了《馬賊的妻子》一書，作家李吉明寫了《龍行林海》一書。這些文學藝術作品以王正坤為原型，記敘了磐石人民抗日鬥爭的一個側面，謳歌了磐石人民不屈不撓的抗日鬥爭精神，是進行革命傳統教育的生動教材。

鍋盔山的傳說

在磐石縣城西南面有一座山，樹木蔥鬱，怪石林立，每年春暖花開時，粉白色果樹花、粉紅色的山杏花、紫紅色的山丁子花、白地黃芯的山梨花漫山遍

▲ 鍋盔山遠景

野。在大自然的襯托下，顯得格外美麗。特別山南的半山腰有一個山泉，泉水冬夏不停，水流如同一條白色的玉帶，真有唐詩中「飛流直下三千尺，疑是銀河落九天」的壯觀景象。這就是人人皆知的鍋盔山。

提起鍋盔山流傳著這樣一個美麗動人的傳說。相傳在很久很久以前，這裡是一個平禿的大山。山上有三個很大的山泉，泉水噴高數丈，如同三條巨龍，從山南直流入輝發江，三大山泉是輝發江的發源地。

有一年天宮中特別炎熱，王母娘娘實在受不了這炎熱的氣候，要在天宮中修一座涼爽珍珠宮，就下令讓北海龍王十日內進貢上好的珍珠上萬顆。北海龍王領旨後，回到北海問手下蝦兵蟹將什麼地方河蚌多、珍珠多，蝦兵蟹將說輝發江中上游河蚌多。於是北海龍王領著蝦兵蟹將來到輝發江，下令要河蚌自願獻珠。河蚌雖然知道龍王親自來繳珠，不交是不行的，但珍珠是自己體內之物，取珠要剖腹，弄不好就會喪命，所以河蚌遲遲不交。龍王一氣之下命令蝦兵蟹將殺蚌取珠，蚌類為了活命只好鑽到泥裡去，眼看就要到繳珠期限，龍王只好到天宮中去找王母娘娘回報。王母娘娘問北海龍王用什麼辦法取珍珠最快，北海龍王說竭澤挖蚌取珍珠最快，於是王母娘娘就派大力神，搬石添土想把泉眼堵住。可是土石堆了很高還是堵不住，王母娘娘只好派二郎神搬了三口金鍋扣到泉眼上，泉眼堵住了，輝發江乾涸了。王母娘娘派天兵天將挖取珍珠，河蚌叫苦連天，罵聲不絕。王母娘娘本打算取完珍珠把金鍋取回，可是河蚌漫罵王母娘娘竭澤挖蚌太狠毒，王母娘娘一氣之下，決定金鍋不取了，讓輝發江永遠乾涸，把河蚌全都乾死，河蚌為了活命只好多多地蓄水。輝發江乾了，河蚌命在旦夕。一隻老河蚌變成一個白鬍子老頭，上岸後找到一位老石匠叫劉志功，他為人心地善良，白鬍子老頭把王母娘娘取珍珠的事講給了劉志功，讓他幫忙把金鍋鑿開，聽了老河蚌的哀求，劉志功馬上同意了。第二天他就在從南數第一口金鍋旁建起紅爐，打了很多鋼釺，晝夜開鑿，終於把石頭鑿掉了一半，金鍋打了一個豁口，一股清泉直流而下，河蚌得救了，河蚌的歡呼聲驚動了天宮。王母娘娘把劉志功抓到天宮處罰。河蚌為了感謝劉志功，就在

泉邊寫了「劉志功修」幾個蒼勁有力的大字，一直到現在字跡仍然存在。後來金鍋一直留在山上，天長日久上面蓋了好多沙石，便形成兩個圓圓的一個帶個豁的三個山峰，由於金鍋在山上遠看又像三個盔，鍋盔山因此而得名。

白水泉子的傳說

磐石縣長崴子鄉有個前白水泉子和後白水泉子。

相傳在很多很多年以前，有個老媽媽雙目失明了，到處醫治無效。孝敬的獨生兒子聽人說：到長白山天池去洗眼睛就會復明。兒子回家和媽媽一說，媽媽聽了搖頭說：「不行不行，又沒車馬又沒錢，怎麼能去了呢！」兒子說：「沒錢不要緊，可以帶乾糧，沒有車馬更不怕，我背著媽媽走。」

這樣，母子二人商量了一夜，第二天走出家門，直奔長白山天池而去，走呀走不知走了多少路。有一天，母子二人走累了在一棵大樹下坐下來吃乾糧，可是兒子一摸乾糧袋只剩兩塊了，兒子把乾糧節省下來給媽媽吃，自己去挖野菜吃。他正挖野菜，突然一隻雪白雪白的兔子，跑到他的面前，流著眼淚向他哀求救命。善良的兒子伸手把它抱了起來，這時從天空飛來一隻老鷹直撲下來。小夥子飛起一腳把老鷹踢走，忙把白兔交給媽媽，並用衣服蓋上，這時老鷹又一次撲來，小夥子用石塊打去，不偏不斜，正好打在老鷹頭上，老鷹翻了一個跟頭，掉在地上死了。小夥子從媽媽手中接過白兔一看，白兔已昏了過去，一摸白兔肚內無食，小夥子對媽媽說：「白兔餓得不會動了。」媽媽說：「把咱們的乾糧拿出來餵餵牠吧！」兒子說：「只剩一塊乾糧了，餵了它，媽媽吃什麼呀？」媽媽說：「不怕，先救白兔要緊，咱們再想辦法。」他們把僅剩的一塊乾糧餵了白兔，並把它抱到水溝裡去喝了水，不一會白兔清醒過來，站到地上向他母子二人拜了三拜便奔前面去了。一邊跑一邊回過頭示意這母子二人跟它去。

小夥子背起媽媽，跟著白兔走去。也不知走了多久，天漸漸地黑了，兒子正愁沒有地方住，忽然前面有了燈光，母子二人走過去一看是一個大院，小夥

子輕輕一敲門，裡邊出來一個小丫頭，把他母子二人領了進去。進屋一看有一位穿白衣的姑娘坐在炕上。姑娘很熱情地讓小丫頭端來飯菜招待他母子二人。當姑娘知道母子二人去長白山天池治眼睛的事就說：「老媽媽不用去天池了，我們家的左右各有一個泉子，用左泉水洗左眼，用右泉水洗右眼，早晨太陽剛一出頭就去洗，洗一次就會好。」母子二人聽了非常高興，並問這叫什麼地方。姑娘說：「因為我家姓白，兩邊又有泉子，所以都叫白家水泉子，後來為了方便，就叫白水泉子，今晚你們住下，明天一早去洗吧！」

　　母子二人謝過白姑娘，到另一個屋去睡覺了，睡到天亮睜眼一看是在一個大樹下住，房子不見了，白姑娘也不見了，身上蓋的是厚厚一層樹葉子。兒子起來找了找，真有兩個水泉子，媽媽說：「這是遇見神仙了。」兒子背媽媽到左邊泉子一洗，左眼就能看見了，又背到右邊泉子一洗，右眼也能看見了。不巧，這事叫當地一個大惡霸知道了，他領著打手，站在水泉邊：「我叫白大爺，這泉子是我家的，今後洗眼睛得拿錢，不給錢不准洗。」說也怪，自從那個惡霸占了白水泉子以後，這個泉子的水就不能治眼睛了，變成了普通泉水。

▲ 清澈的白水泉子

黑魚泡的傳說

　　當你坐上煙樺線的火車從煙筒山出發到前鋒車站時，抬頭往西觀望，可以遠遠地看見一座小山，小山雖無綠蔭覆蓋，但在夕陽餘暉的映照下，會自然發出金燦燦的光，好像金鑄的駝峰。在駝峰山下有一很大的泡子，遠遠望去碧波粼粼，特別在天降落日的時候，晚霞把駝峰山的倒影映在水上，水中就像有一座金鑄的駝峰。特別是近幾年泡子裡又養了魚，捕魚的小船在水中擺動，更使佳景增添了美色，使人看了流連忘返。它就是人所共知的「黑魚泡」。提起它，在磐石民間流傳著一個神奇的故事。

　　在很久很久以前，這里根本沒有什麼駝峰山，只有白茫茫的大湖，大湖與黃河相通，裡面盛產魚蝦，人們在這裡捕魚度日，生活富足。有一年清明節，天特別的黑，突然雷聲大作，下起了傾盆大雨。頃刻溝滿壕平，大約在半夜時分，猛然聽見大風伴隨著隆隆的響聲凌空而來。人們走出房門，只見從西面雙鳳山方向來了一個怪物，兩眼如銅鈴般放出碧藍的亮光，長長的身軀挾著狂風暴雨，在半空中發出隆隆的聲響，直奔大湖方向而來，到大湖上空轉了一圈，落入水中，驟然間發出震耳欲聾的響聲，接著湖水猛漲，淹沒了沿湖人們的房間，沖走了漁船和生活用品。昔日富足的魚米之鄉蕩然無存，人們叫苦連天。大約六七天後，水消了，可是多數人走了。

　　堅持下來的少數漁民繼續下湖捕魚，可是，一連捕了幾天什麼魚也見不到了，漁民只好另謀生路，在沿湖養鴨鵝放牧來維持生活。鴨鵝要下水，牛羊要到湖邊吃草，可是當禽畜來到湖邊時馬上就不見了，人們整天為生活發愁。有一天，由南方來了一個道士，自稱能看清水底，並能除妖降怪。人們把他當作神仙。按照他的吩咐，在湖的南面水中用土堆起法壇，安排鞭炮、供品和狗油燈，選了七個童男童女，男穿黃衣，女穿白色道袍。選在一個晚上，三更後道士身穿黑袍，登上神壇，吩咐童男童女點起七七四十九盞油燈，每人手中拿一把桃木寶劍。待貢品擺好後，道士吩咐，童男童女可照著他的樣子做，如果水中出來什麼東西，由童男放鞭炮。吩咐完後，自己拿著一把真劍，面向西南口

中念了「安巴呢吧刺令黑」，然後又用寶劍在空中轉了幾下，童男童女跟著轉了幾下，接著用寶劍在空間轉了幾下，童男童女跟著轉了幾下，接著用寶劍向水中指去大聲念真言，就看寶劍和水中連成一體，很像美麗的彩虹。大約半個時辰水面露出一個黑呼呼的東西，好像一個戴卷的婦人頭，接著童男點起鞭炮，正在人們看得出神的時候，突然聽到老道「啊」的一聲口吐鮮血不省人事了，童男童女馬上抬人。就在這時，大湖裡出現了一個磨盤大的甲魚，身上坐著一個老太婆手裡拿著一對棒槌，大笑一聲說：「老道完了！你們聽著，我是修練了五千年的黑魚精，你們每年四月十八必須得給我送七七四十九頭牛羊來上供，否則和這法壇一樣下場。」只見她一隻棒槌打甲魚，一隻棒槌朝法壇一指，只聽湖中水聲隆隆，波浪滔天，大土壇馬上不見了，看熱鬧的人也嚇跑了。從此，人們每年四月十八按照黑魚精的吩咐上供，人們生活越來越窮，

人們都有故土難離的習慣，窮也不願離開這裡。有一年大旱水草不生，眼看到了上供時間牛羊還沒有備齊，人們只好抓小牛小羊來代替。當大家正要用小牛小羊上供時，不知啥時候來了一個白鬍子老頭。只見他長臉大眼睛，滿腮銀白色鬍鬚飄灑胸前，手中拿著一個蠅甩子，走路飄飄然，來到這裡。問明情況後老人很生氣，口中不斷的罵「畜生、畜生！」對上供的人們說：「你們把畜生牽回去吧，回去告訴一聲，今晚誰也不能出來，不管聽到什麼聲音也不能出來看，我給你們想辦法，除掉這個魚精。」人們牽著牛羊高高興興地回家，到了晚上半夜時，聽到湖裡狼哭鬼叫，接著一聲巨響把房子震動的直晃動，再就什麼聲音也沒有了。第二天起來都到湖邊來看，看到湖中長出一個金燦燦的像駱駝一樣的大山，湖水和黃河分開了，大湖變小了，黑魚精再也不見了。上歲數的人都說，上天派太白金星搬來一座駝峰山，把黑魚精壓到山底下了。

從此，人們就叫它黑魚泡了。

萬寶山的傳說

位於磐石西部七十里處有座山名叫萬寶山，它雖不是名山大川，但這裡風

景宜人，尤其山中間有條玉帶，每逢清晨，雲霧沿著玉帶徐徐上升，好似一條巨龍直上青天。

相傳，很久以前山腳下住著一戶人家姓劉叫長生，一家四口靠開荒種地為生。這一天，他從外地買回一頭毛驢，十分健壯，走路疾風，劉老漢喜愛的勁兒就甭提了，他更是精心飼養。說來奇怪，這頭毛驢到家十幾天，就發現它脾氣有些怪，每天吃完草料就兩眼圓瞪，目視前山，兩蹄跪地「啊啊」大叫，劉老漢以為毛驢發現了什麼野物，便回到屋中拿出弓箭到山上走了一圈，卻什麼也沒發現。可這毛驢的脾氣越來越怪，總想脫韁而逃，連主人也不敢靠前，劉老漢只得用長長的勺子餵牠。

這一天，來了個南方蠻子，他圍著這頭嘶叫的毛驢走了兩圈，又看著對面的山，對劉老漢說：「你這頭毛驢賣不賣？」劉老漢感到這毛驢留著也沒什麼用處，就說：「你給個價吧。」

蠻子說：「錢我不少給，但你給我精心餵養七七四十九天，先給你五兩銀子，四十九天後我來取毛驢時再給你一百兩。」劉老漢很高興，覺得錢確實沒少給，於是他倆就這樣談定了。

南方蠻子走後，劉老漢對這頭驢更是精心餵養，日夜守護看管，可這頭驢鬧得越來越狠，後來竟日夜嚎叫，弄得一家人不得安寧。

時間過得很快，這天已到四十八天了，劉老漢感到十分睏倦，依著房山打盹。這時，只見這頭毛驢使足力氣又叫一聲，掙斷韁繩，向前山跑去，它圍著山跑了一圈又一圈。劉老漢哪裡追得上，當毛驢跑到九十九圈的時候，只聽山中一聲巨響，山在顫動。只見山中間出現一道裂縫，徐徐向西邊拉開，裂縫中出現道道金光，十分耀眼。這時，毛驢大叫一聲，臥倒而死，劉老漢跑到驢的身邊，只見毛驢全身汗如水流，鼻口竄血，活活地累死了。第二天南方蠻子趕到了，他喋喋叫苦，埋怨劉老漢精心不夠，這時只見這山裂縫徐徐靠攏又合在一起，靠攏處出現一條白帶。

據南方蠻子說，這頭驢是開山之寶，如果養到七七四十九天，毛驢能圍山

跑一百圈，山就能自然拉開，山裡有金銀玉石萬寶之庫，如今這開山毛驢已死，山再也開不開了，這蠻子說完下山而去，從此這座山取名為萬寶山。至於山中究竟是否有金銀財寶，至今仍是個謎。

降龍山、引龍潭和截龍壁

磐石縣東面有兩個屯，一個叫柳楊屯，一個叫張大院，兩個屯相距只有幾里路。從前，兩個屯的關係很好，處理什麼事情都和和氣氣。俗話說，和氣生財。所以，兩屯生活都相當的富裕。

有一年，柳楊屯的柳老三大名叫柳來福，在耕種村東頭的田地，剛種了幾壟地，就聽「咔嚓」一聲，犁鏵被埋在地下的石頭打啦，柳老三很生氣地說：「真見鬼了，種了這麼多年的熟地，從沒打過犁鏵，怎麼回事？」柳老三把牛栓在地上，拿了把鐵鍬在石頭處挖了起來。當他把石頭上的土全部挖掉，見是一塊很方正的石板，不像地裡常見的自然石頭，柳老三很納悶，他把石板用力一掀，發現下面有個大罈子，罈子裡面還有東西，他伸手拿出來，一看是一個金黃黃的人身像，柳來福高興得一蹦多高，拿起人像就往家跑，回家經兩個哥哥一看，認為確實是的真金人像。哥仨商議，這麼大的金身不可久留，決定讓老三裝扮貨郎到西圍金行去賣。

話說柳來福到了西圍金行，把金身人像交給小掌櫃稱了一下，說可以兌換銀子五百兩，因為沒見過這麼多的銀子，所以，柳來福也不討價，買賣馬上就做成了。

這時，金行來了個身穿長袍的先生，看了金身人像許久說：「老兄，你這貨很有來頭，你家都有什麼人？」此人問了柳來福的祖宗三代，把柳來福問的直髮毛，先生問罷搖了幾下頭，似乎不相信地說：「你家如沒人在京當大官，是搞不到這東西的，此貨何處而來？」柳來福只好把如何耕地打了犁鏵，挖石得金身人像的全部經過如實地說了出來，長袍先生看柳來福誠實便說：「看你老兄是個老實人，實話告訴你，你的這個人像能值大價錢，我給你銀子五千

兩。」說罷，拿出銀票寫好交給了柳來福，柳來福簡直驚呆啦，他怯生生地問：「老先生，您花這麼大價錢買此金像做何用？」長袍先生看看小掌櫃，又看了看柳來福慢慢地說：「這金貨不是普通的金身人像，這是雍正皇帝的金身，它已失傳多年啦。」

再說柳來福得了銀子，什麼祕密他全不管它，僱車把銀子搬到了柳楊屯，本著有錢不露富的陳規，回家把銀子藏到了地窖裡，細水長流地用，蓋瓦房，修院牆，柳楊屯漸漸地富了起來。

看著柳楊屯一天天比張大院富，上了歲數的人常到一起議論，論土地咱們比柳楊多，論糧產咱比柳楊高，可為啥咱不如他們富呢？過去的人迷信，說張大院沒柳楊屯風水好，可也說不清什麼原因，只好找了個風水先生，風水先生說柳楊西邊有個崗，崗是一條龍，龍頭伸進張大院，把張大院吸窮了，上歲數的人問有什麼破法？風水先生就讓張大院在龍頭處挖一大潭，龍要入潭，把龍引進屯裡就富了。張大院按風水先生的指點，在西崗下挖了一個引龍潭。這事讓柳楊屯知道了，但人家張大院的地方沒辦法。柳楊屯雖知自己富起來的原因，但也迷信，說是龍給他們帶來的福，他們也請了風水先生，看後認為龍奔潭早晚會跑的，如不採取措施早晚要受窮的。風水先生給了主意讓他們可用石頭做一個石壁，埋到崗頭地界裡，把龍截下來，引龍潭就不靈啦。接著，柳楊屯找了好石匠刻了截龍壁，晚上偷埋在了所謂的龍頭下。沒有不透風的牆，此事，讓張大院的人知道了，他們派人偷挖了截龍壁，並在上面澆了黑狗血和婦女生孩子的髒水，截龍壁被破了。從此，兩屯互不往來，連小孩子碰頭也罵架。後來，柳楊屯又按風水先生的旨意，在崗的中間，用人工修了座土山，叫作降龍山，龍又一次被柳楊屯降住了。兩屯的矛盾日趨激化，就連修房子時，楊柳屯的房背上都要放把鐵弓，而張大院的房背上也安上了盾牌。

常言說，一股氣一股窮，兩個屯整天光找茬生氣了，地裡莊稼沒人管，生活變得越來越窮，兩村打架的事仍日趨增多，仇越結越深，這事驚動了縣裡的黃縣長，黃縣長深入兩屯瞭解情況，揭開了柳楊屯致富之謎，黃縣長狠狠地處

置了風水先生，並向兩屯人說了土崗不是龍的道理，還把引龍潭、截龍壁和降龍山修好，作為兩屯和好如初的紀念，人們忘不了黃縣長的恩德。降龍山、引龍潭和截龍壁作為這和好的見證物也永遠留在那裡。

吉林文庫 A0703A20

文化吉林：磐石卷

主　　編	莊　嚴	
版權策畫	李　鋒	
責任編輯	林以邠	
發 行 人	陳滿銘	
總 經 理	梁錦興	
總 編 輯	陳滿銘	
副總編輯	張晏瑞	
編 輯 所	萬卷樓圖書股份有限公司	
排　　版	菩薩蠻數位文化有限公司	
印　　刷	維中科技有限公司	
封面設計	菩薩蠻數位文化有限公司	

出　　版　昌明文化有限公司

桃園市龜山區中原街 32 號

電話　(02)23216565

發　　行　萬卷樓圖書股份有限公司

臺北市羅斯福路二段 41 號 6 樓之 3

電話　(02)23216565

傳真　(02)23218698

電郵　SERVICE@WANJUAN.COM.TW

大陸經銷　廈門外圖臺灣書店有限公司

　　電郵　JKB188@188.COM

ISBN 978-986-496-273-0

2018 年 1 月初版

定價：新臺幣 420 元

如何購買本書：

1. 轉帳購書，請透過以下帳戶

　　合作金庫銀行　古亭分行

　　戶名：萬卷樓圖書股份有限公司

　　帳號：0877717092596

2. 網路購書，請透過萬卷樓網站

　　網址　WWW.WANJUAN.COM.TW

大量購書，請直接聯繫我們，將有專人為您

服務。客服：(02)23216565　分機 610

如有缺頁、破損或裝訂錯誤，請寄回更換

國家圖書館出版品預行編目資料

文化吉林. 磐石卷 / 莊嚴主編.-- 初版.-- 桃
園市：昌明文化出版；臺北市：萬卷樓發
行, 2018.01

　　冊；　　公分

ISBN 978-986-496-273-0(平裝). --

1.文化史　2.人文地理　3.吉林省

674.2408　　　　　　　　　　　107002182